师范院校一线教材系列

现代教育技术基础

主　编：陈声健　许思贵
副主编：胡天文　马维启
编　委：张应奎　陶　杰　周庆芳
　　　　吕　琼　何云亮　杨瑞明
主　审：张忠玉

云南大学出版社

图书在版编目（CIP）数据

现代教育技术基础/陈声健，许思贵主编．—昆明：云南大学出版社，2009（2011重印）

ISBN 978-7-81112-899-4

Ⅰ．现…　Ⅱ．①陈…②许…　Ⅲ．教育技术学—高等学校—教材　Ⅳ．G40-057

中国版本图书馆CIP数据核字（2009）第133903号

现代教育技术基础

主　编　陈声健　许思贵

策划编辑：张丽华
责任编辑：张丽华
封面设计：丁群亚
出版发行：云南大学出版社
制版印装：云南大学出版社印刷厂
开　　本：787mm×1092mm　1/16
印　　张：14
字　　数：380千
版　　次：2009年8月第1版
印　　次：2011年2月第2次印刷
书　　号：ISBN 978-7-81112-899-4
定　　价：32.00元

地　　址：昆明市一二·一大街云南大学英华园内（邮编：650091）
发行电话：5033244　5031071
网　　址：http：//www.ynup.com
E-mail：market@ynup.com

序　言

21世纪，信息正改变着社会政治、经济体制，以及生产方式、生活方式。在这场变革中，教育必须适应信息化社会的发展要求。新中国成立以来的第八次基础教育课程改革正在如火如荼进行中，这次改革要求把现代教育技术作为深化教育改革的突破口和制高点，大力推进信息技术在教学过程中的普遍应用，促进信息技术与学科课程的整合，逐步实现教学内容的呈现方式、学生的学习方式、教师的教学方式和师生互动方式的变革，充分发挥信息技术的优势，为学生的学习和发展提供丰富多彩的教育环境和有力的学习工具。现代教育技术介入新课程的改革必将引起教学内容、教学材料、教学方式、学习方式、考评方式等方面的根本性变革，在学生能力培养和促进学生个性发展等方面有着非常重要的作用。因此未来教师必须掌握现代教育技术的新理念和基本技能，为此，各级各类师范院校对师范生开设了“现代教育技术”公共课，但目前该课程使用的教材存在着内容陈旧、结构不合理等缺陷。针对这种情况，我们编写了《现代教育技术基础》作为高等师范院校“现代教育技术”公共课的使用教材。

本教材具有以下特点：

(1) 任务启动，在做中学。体现在两个方面，一是，在每章开篇的“学习活动建议”里均设计了本章的学习活动，学习活动具有较前的实用性和任务性，学生通过学习活动任务的完成达到掌握学习目标的目的。二是，在介绍各种课件制作技术及软件应用时，采用实例模式介绍，这样学生在完成实例的同时学习相应的技术和软件。

(2) 立体化出版。本教材还开发了与之相配套的基于Moodle网络教学平台的互动式网络课程和资源库（与作者联系便可免费使用）。

(3) 突出师范性。在介绍各种媒体技术和软件的使用时，尽可能以课件实例的形式讲解，而不是为了学技术而学技术，以增强学生的学习兴趣。

(4) 先进性与实用性相结合。理论部分重点介绍与教育技术密切相关的先进的教育思想和理念的核心。相关技术、软件选用目前比较流行的为主，比如选讲“Flash课件制作”，删弃很多教材的利用Authorware制作课件。另外，考虑到教材通用性与专业性相结合，增加了“物理画板”、“几何画板”两部分的内容，以满足物理、数学类专业学生的需要。

本教材得到了云南省教育科学“十一五”规划项目资助、云南省教育厅科学研究基金项目资助和曲靖师范学院自编教材立项资助教材。全书以基础理论→现代教育技术媒体与环境→多媒体课件制作素材的获取与编辑→多媒体课件制作→信息化教学设计与评价为思路编写，共分为8章。第1章、第2章由马维启编写，第3章由陈声健编写，第4章由陶杰编写，第5章由许思贵编写，第6章由胡天文编写，第7章由杨瑞明、吕琼、陈声健编写，第8章由周庆芳、陈声健编写，何云亮对全书做了校对。全书由陈声健统稿，张忠玉主审。

本书主要作为高等师范院校教育技术公共课教材使用，也可以作为各类学校教师培训的现代教育技术教材。

本书在编写过程中，得到了曲靖师范学院教务处和物理与电子工程学院的领导的大力支持，同时感谢张桂琴、陈光学、陶淑芬对本书的编写所提出的宝贵意见，感谢刘靖等老师对教材的编写所做的工作。本书主要参考引用了白凤翔、罗滨主编的《现代教育技术技能教材》，以及湖南工业大学、安徽师范大学、济宁学院教育技术网络课程等同类资源，对于书中引用的国内外资料，我们尽量注明出处，若有遗漏，恳请原谅。

教育技术所涉及的内容相当广泛，再加上作者水平有限，时间仓促，缺点错误之处在所难免，采用此书作为教材的教师和同学，以及其他读者，敬请不吝指正，以便将来有机会再版时，进一步改进完善。

编　者

2009 年 7 月

目　录

第 1 章　教育技术概述

任何学科都有其自身的核心概念，它对于建立整个学科的理论体系框架具有重要意义。理解教育技术的基本概念及其内涵、研究范畴，并进一步理解教育技术的本质特征和应用领域对这门学科的学习具有非常重要的意义。

学完本章后，你应该能够

1. 掌握教育技术、现代教育技术、电化教育的相关概念及内涵。
2. 掌握国内外教育技术产生和发展各经历了哪些阶段？
3. 了解教育技术的发展趋势。
4. 认识师范生学习现代教育技术的重要性。

学习活动建议

1. 请用 PowerPoint（演示文稿）设计展示掌握教育技术、现代教育技术、电化教育的相关概念及内涵；国内外教育技术产生和发展各经历了那些阶段；教育技术的发展趋势。要求演示文稿第一幅幻灯片注明个人信息，其余内容尽可能使用图文并茂的形式表现内容。

2. 以“师范生为什么要学习现代教育技术”为题，写一篇小论文。论文写作要求结合自己的专业，有自己的见解，格式规范。

1.1　教育技术的概念与内涵

1.1.1　教育技术的概念

教育技术（Educational Technology）一词于 20 世纪 60 年代首先出现在美国，随后引入许多国家，并逐渐发展成为一门学科。1994 年，美国教育传播与技术协会（the Association for Educational Communication and Technology，简称 AECT）出版了西尔斯（Seels）与里奇（RiChey）合著的《教学技术：领域的定义和范畴》，书中提出了教育技术的最新定义。该定义是在 AECT 主持下，由美国众多教育技术专家共同参与，并经 AECT 正式批准使用的，它在一定程度上反映了当前国际教育技术界的看法。

关于教育技术的 AECT’94 定义是：

Instructional Technology is the theory and practice of design，development，utilization，management，and evaluation of processes and resources for learning.

目前国内一般将上述定义译为：教育技术是为了促进学习，对学习过程和学习资源进行设计、开发、利用、管理和评价的理论和实践。

上述定义明确指出了教育技术的两个研究对象（学习过程、学习资源）和五个研究领域（设计、开发、利用、管理与评价）。我们用图 1－1－1 来表示 AECT’94 定义的结构。

定义中没有直接描述媒体，表明教育技术已从硬技术进化到软技术，即以技术方法和方法论为主体的学科。当然，这并不排斥媒体在现代教育技术中的作用，它实际上是学习资源与学习过程的支撑技术。

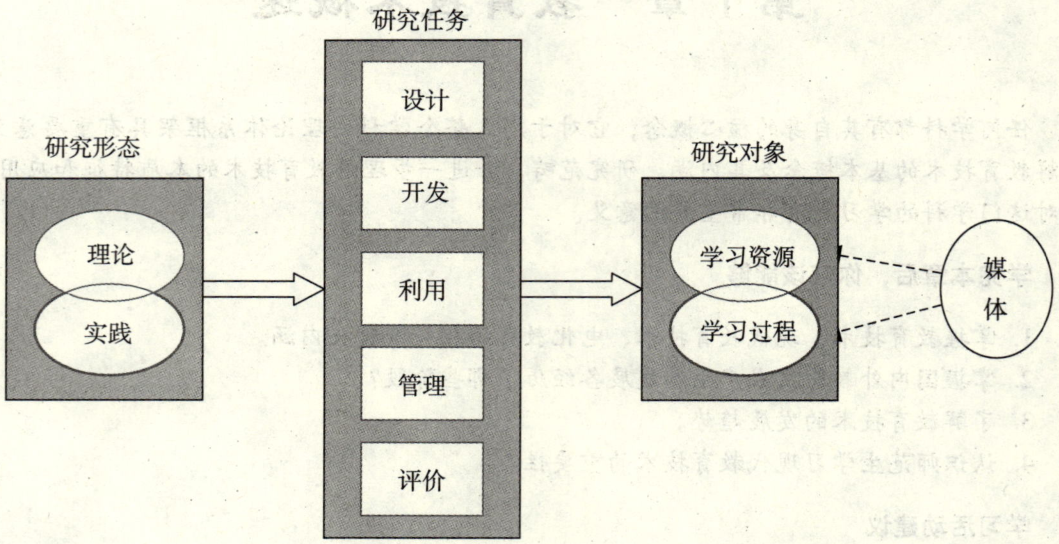

图 1-1-1 教育技术 AECT'94 定义结构

1.1.2 教育技术的内涵

从 AECT'94 的定义看出，该定义包括以下内涵：

1. 教育技术是一门理论与实践并重的学科

教育技术在视听教育理论、学习理论、传播理论、系统科学理论的基础上形成并发展了自己的基本理论。教育技术以其理论指导教学实践活动，并且又在实践的基础上进一步发展教育技术自己的理论。

2. 教育技术研究和实践的对象是学习过程和学习资源

研究学习过程，就是研究人类学习新知识和掌握新技能的认知过程，建立认知科学发展学习理论；研究学习资源，就是探讨为人类各种各样的学习创建最优学习环境和条件的途径。

3. 教育技术研究和实践的领域是设计、开发、利用、管理和评价（如图 1-1-2）

学习过程与学习资源的设计：为达到既定的教学目标，首先要进行对学习者的特征分析，然后制定教学策略，在此基础上对教学信息和教学系统进行设计。

学习过程和学习资源的开发：将视听技术、计算机辅助技术以及多种技术综合应用于教育教学过程的研究开发。

学习过程和学习资源的利用：对各种信息资源利用，并加以制度化和法规化，以保证教育技术手段的正常使用和不断革新。

学习过程和学习资源的管理：包括教学系统、教育信息、教育资源和教育研究计划与项目的管理。

学习过程和学习资源的评价：及时对教育、教学过程中存在的问题进行分析，并参照标准进行测量与比较，进行形成性评价和总结性评价，并以此作为质量衡量的主要依据。

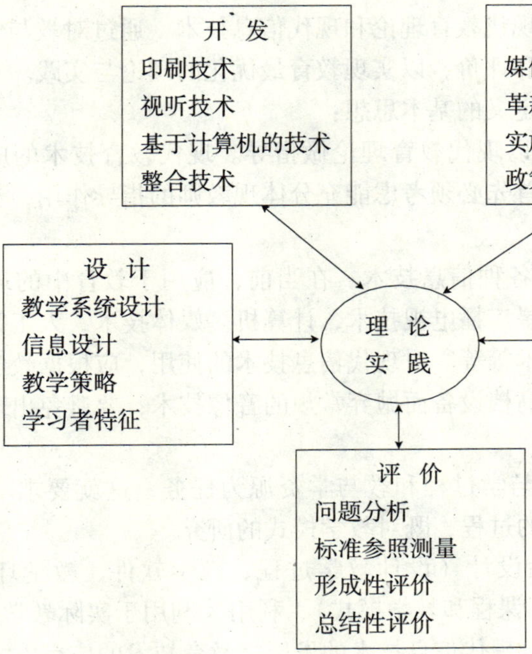

图 1－1－2　AECT'94 定义研究和实践领域

4. *教育技术研究和实践的最终目的是优化教学，促进学习者的学习*

教育技术研究的目的是优化学习资源和优化学习过程，以学习者为中心，最终实现教育教学效果的最优化。

1.1.3　电化教育

电化教育是我国特有的名词，它出现于 20 世纪 30 年代，1936 年，我国教育界人士在讨论为当时推行的电影、播音教育的定名问题时，提出并确定了“电化教育”这个名词。同年，南京教育部委托金陵大学举办“电化教育人员训练班”，第一次正式使用了这个名词。以后，“电化教育”这个名词便逐渐被引用开来，一直到现在。

在电化教育发展过程中，在各种杂志报纸中多次出现有关电化教育的不同定义。一般认为，电化教育就是在现代教育思想、理论的指导下，主要运用现代教育技术进行教育活动，以实现教育过程的最优化。

这一定义明确指出，现代教育思想、理论与现代教育技术是构成电化教育的两个基本要素，两者缺一都不能取得成功的电化教育。这里所说的现代教育技术是指现代教育手段和方法的体系，包括三要素：现代教育媒体、媒体教学法、教学设计。

1.1.4　现代教育技术

“现代教育技术”是 20 世纪 90 年代以后在国内被大量使用的一个术语，它与教育技术在本质上是指同一个概念。但是现代教育技术带有强烈的现代化、信息化色彩，以现代信息技术（计算机、多媒体、网络、数字音像、卫星广播、虚拟现实、人工智能等技术）的开发、应用为核心。所以，在定义上与教育技术稍有不同。

所谓现代教育技术，是指运用现代教育理论和现代信息技术，通过对教与学过程和教与学资源的设计、开发、利用、管理和评价，以实现教育最优化的理论与实践。

可以从以下四个方面来理解该定义的基本思想：

（1）现代教育技术应用必须要以现代教育理论做指导。现代教育技术的应用，是教育思想的体现。应用现代教育技术，首先必须考虑能充分体现教师的指导作用，充分发挥学生作为认知主体地位的新教育思想。

（2）现代教育技术要充分运用各种信息技术。在当前，应用于教育中的现代信息技术主要包括模拟与数字音像技术，卫星广播电视技术，计算机多媒体技术，人工智能技术，互联网络通信技术和虚拟现实仿真技术等等。对现代信息技术的使用，应根据教学实际的需要加以选择，同时，不能一味地追求高档设备而抛弃常规的音像技术，要避免出现高级设备低级使用的现象。

（3）现代教育技术是以优化教与学过程和教与学资源为任务，这就要求不仅要研究教与学资源，还必须重视研究教与学的过程，既对教学模式的研究。

（4）现代教育技术的应用包括设计（设计教学过程、教学软件、教学环境和教学模式）、开发（开发教学软件、硬件、课程和教学模式）、利用（利用于实际教学过程中）、评价和管理五个基本环节。而且，随着现代信息技术的发展，教育技术的应用方式也在不断地发展。

1.2 教育技术的产生和发展

教育技术是在人类社会生产力的不断发展中产生和发展的。现代教育技术是以视听技术为基础，并充分利用了众多的最新科技成果与汲取了科学方法论的精华而形成和发展起来的。现代教育媒体是现代教育技术的基础和重要内容，因此现代教育媒体的发展水平是现代教育技术发展的重要标志。

1.2.1 国外现代教育技术的发展历程

现代教育技术在国外的发展，大致经历了以下几个阶段：

1. 起步阶段（20世纪20年代），以幻灯教育、无声电影、广播教育的出现为标志

现代教育技术萌芽于19世纪末期，19世纪90年代幻灯应用于教育领域，从此揭开了现代教育技术的序幕。之后，无声电影、留声机、无线电广播应用于教育领域，现代教育技术开始了最早期的发展。1922年美国成立了“视觉教育协会”（The Visual Instruction Association of America）。

2. 初期发展阶段（20世纪30~40年代），以有声电影、录音教学的出现为标志

20世纪20年代末，美国华纳兄弟发明了有声电影，并在30年代初应用于教育。40年代，各种录音（包括钢丝录音、唱片录音、磁带录音）媒体也进一步引入教育领域，使现代教育技术的发展进入了一个新的阶段。

1946年，美国视听教育家伊嘉·戴尔（Edgar Dale）撰写了《视听教学法》专著，提出

了早期视听教育理论——“经验之塔”（Cone of Experience）理论，对视听媒体在教学中的重要性和作用进行了分析和论证，为现代教育技术的进一步发展奠定了理论基础。1947年，美国的“视觉教育协会”正式改名为“视听教育协会”（The Visual - Audio Instruction Association），标志着现代教育技术已进入了对具有视、听双重特性的媒体进行研究的新阶段。

3. 迅速发展阶段（20世纪50～60年代），以电视、程序教学机及CAI的出现为标志

20世50年代，是现代教育技术的迅速发展阶段。在这一时期，自动教学机器、程序教学迅速兴起并风靡一时，教育电视迅速发展，由实验阶段进入教学实用阶段，有力地推动了现代教育技术的发展。与此同时，拉斯韦尔、香农－韦弗等人的传播理论开始影响教育领域，出现了教育传播。从原来的只把教育媒介作为教育传播的一个重要因素，扩大为研究教师（传者）、学生（受者）和整个教育传播过程。现代教育技术理论的研究也逐步深入，更加注重对各种媒体的综合利用和对学习过程的研究。

4. 系统发展阶段（20世纪70～80年代），以各种系统媒体的出现为标志

从20世纪70年代开始，电视、录像、卫星广播电视系统、计算机辅助教学系统等被引入教育，使现代教育技术进入了系统发展阶段。

同时，信息论、系统论、控制论的观点和方法被广泛用于现代教育技术，教育系统设计理论也成为教育技术的主要内容，使现代教育技术的学科建设更加科学、严密。由于教育技术实践领域的扩大及教育技术理论的不断成熟，视听教育这个名称已不能完全涵盖其研究范畴和实践领域。1970年美国的“视听教育协会”正式改名为“教育传播与技术协会”（the Association for Education Communication and Technology 简称 AECT）。

5. 网络发展阶段（20世纪90年代以后），以使用多媒体系统、计算机网络系统优化教育教学效果，建构主义学习理论的发展为标志

20世纪90年代以后，计算机技术、多媒体技术、网络技术、通信技术、虚拟技术、智能技术、数字广播电视技术等现代信息技术日益发展成熟，标志着现代教育技术进入网络发展阶段。基于互联网的远程多媒体传输系统是一个教育适应性很强、服务范围广泛的开放教育体系，它将使教育的全民化、终身化、多样化、自主化、全球化成为可能。90年代以后，建构主义学习理论被引入现代教育技术领域，对现代教育技术理论与实践产生了重要影响。

1.2.2　我国现代教育技术的发展历程

我国的教育技术萌芽于20世纪20年代，起步于30年代，至今已走过70多年的历程。我国现代教育技术的发展基本上可以分成三个阶段：

1. 我国教育技术发展的萌芽阶段

我国教育技术发展的萌芽阶段是指20世纪20年代到中华人民共和国成立之前，这一阶段主要是运用幻灯、播音、电影等媒体进行社会教育和学校教育活动，由此揭开了中国电化教育发展的序幕，并在教育发展中起到了积极的作用，但是始终处于自发的状态。

2. 我国教育技术的初步发展阶段

新中国成立以后，我国教育技术的发展翻开了新的一页。1949年11月在文化部科技普及局成立了电化教育处，负责领导全国教育技术工作。在这一阶段：（1）播音教育和电视教育成为社会教育的重要形式；（2）学校电教促进教育改革。在高等教育方面，北京师范大学、西北大学等许多高校开设了“电化教育”、“视听教育”等课程。从新中国成立后到“文化大革命”之前的16年，中国的电化教育取得了一定的成绩，促进了教育和社会的发

展。但是在“文化大革命”期间，电化教育工作几乎处于停顿状态。

3. 我国教育技术的重新起步和迅速发展阶段

“文化大革命”以后，中国的教育技术重新起步。从20世纪20年代视听教育引入中国并定名为“电化教育”以来（1993年，原国家教委颁布了“高师本科专业目录”，正式将“电化教育”专业改为“教育技术学”专业），我国开展教育技术研究与实践已经有70余年的历史，但真正意义上的大发展，还是在改革开放以后的这20年。

从1979年开始，教育部成立了电化教育局和中央电教馆，负责全国的电教管理工作和业务工作。在各级电教机构的积极组织和努力工作下，中小学和高等学校的电化教育工作迅速开展。由于国家和地方对发展教育技术的重视，我国用于现代化教育的设备、设施在20年间有了较大的更新，为教育现代化建设打下较好的物质基础，进一步推动了我国现代教育技术的发展。

以计算机应用为基础的信息技术正在成为现代教育技术的主流，发展计算机教育是当今世界范围内教育改革的重要内容。1978年北京师范大学率先成立了现代教育技术研究所，专门从事计算机辅助教育的研究工作。进入20世纪90年代后，教育领域多媒体计算机应用的需求日益高涨，使我国现代教育技术进入了快速发展的时期。

1.2.3 现代教育技术的发展趋势

随着计算机技术、卫星通信技术、网络技术、虚拟现实技术、人工智能技术等技术的迅速发展，现代教育技术将会朝着网络化、多媒体化、智能化、理论研究的深入化及应用模式的多样化方向发展。

1. 网络化

20世纪90年代以来，随着全球性计算机网络的蓬勃兴起，信息传递的形式、速度、距离、范围等都发生了巨大的变化。Internet的出现及其迅猛发展，将对未来的教育产生深远的影响。它不仅表现在教学手段和教学方法的改变，而且将引起教学模式和教学体制的根本变革。在网络环境下，既可以进行个别化学习，又可以进行协作型学习，并可按学习者的意愿进行学习，实施因材施教，创造了一种全新的网络教学模式。

2. 多媒体化

多媒体技术是指通过计算机对文字、数据、图形、图像、动画、声音等多种媒体信息进行综合处理和管理，使用户可以通过多种感官与计算机进行交互式的信息实时交流的一种技术，又称为计算机多媒体技术。

多媒体技术的出现，促进了教育的发展，表现在：①电子出版物（Electronic Publishing）的广泛应用；②教学信息的超文本组织结构方式；③虚拟现实技术的发展等。

3. 智能化

人工智能（Artificial Intelligence — AI）技术是研究如何以人造智能机器或智能系统来模拟人类智能活动能力的一门新兴学科。随着人工智能技术与计算机技术的结合，构成了智能化计算机辅助教学系统（ICAI）及智能化教学系统（Intelligent Tutoring System）。

智能化教学系统是以认识科学为理论基础，综合人工智能技术、计算机技术、教育心理学等多门学科，对学生实施有效教育的新兴教育技术。

4. 理论研究的深入化

随着现代教育技术的发展，对其自身理论的研究不断地深入，并且加强了将认知学习理

论应用于教育技术实践的研究

5. 应用模式的多样化

教育技术的应用模式，可概括为如下四种模式：

（1）基于常规教学媒体（幻灯、投影、视听设备、语言实验室等）的“常规模式”。

（2）基于多媒体计算机的“多媒体模式”。

（3）基于 Internet 的“网络模式”。

（4）基于计算机仿真技术的“虚拟现实模式”。

在广大中小学，常规模式仍是当前主要和大量使用的模式，多媒体模式和网络模式是当前中小学教育要追求的发展模式。但是无论采用何种模式，都应考虑是否适应学习目的，考虑以最低的成本获得最大的教学效果。

1.3　师范生学习教育技术的重要性

现代教育技术是以计算机为核心的信息技术在教育、教学领域的运用，显然，这决不能仅仅看做是一般的教育手段和教学方法的运用问题。信息技术的深入发展将导致整个经济基础和上层建筑的彻底变革，那么，信息技术在教育教学领域的全面应用，也必将导致教学内容、教学手段、教学方法和教学模式的深刻变革，并最终导致教育思想、教学观念、教与学的理论乃至整个教育体制的根本变革。任何把现代教育技术仅仅看做是一种教学手段或教学方法的看法都是极端肤浅的。正是在这个意义上，我们认为现代教育技术是整个教育改革的制高点或突破口。所以教师及作为未来教师的师范生学习和掌握现代教育技术既非常必要也非常重要。

1.3.1　教育技术是教学改革的制高点

教育技术应用系统方法来分析和解决人类学习问题，研究和实践教育中“如何做”的问题，针对以计算机为核心的信息技术在教育、教学领域的运用，从设计、开发、利用、管理和评价等方面作理论和实践上的探索。以计算机为核心的信息技术的应用已成为21世纪教育的主流，并伴随着世界各国教育信息化的进程，已经对教育产生了深刻的影响，教育正面临着教育思想、教育体制、教育内容及教育形式等方面的变化。

1. 教育技术与教师专业发展

众所周知，应用现代教育技术，促进各级各类教育的改革与发展（尤其是促进基础教育的改革与发展），已经成为当今世界各国教育改革的主要趋势和国际教育界的基本共识。国际教育界之所以会有这样的共识，是因为现代教育技术的本质是利用技术手段（特别是信息技术手段）优化教育教学过程，从而达到提高教育教学效果、效益与效率的目标。效果的体现是各学科教学质量的改进；效益的体现是用较少的资金投入获取更大的产出（即培养出更多的优秀人才）；效率的体现是用较少的时间来达到教学内容和课程标准的要求。

现代教育技术所追求的这三个方面的目标，也是各级教育部门领导和校长们时时刻刻都在关注的目标。而确保这些目标的实现，正是现代教育技术的优势所在。但是技术是要靠人来掌握的，要让现代教育技术的上述优势得以发挥，需要靠教师去实施。这样，就对教师教育提出了更高的要求。如2004年12月教育部颁布的《中小学教师教育技术能力标准》，就是要从制度上保证广大教师具有合格的应用教育技术的专业技能。

2. 基础教育课程改革的迫切需求

基础教育新课程改革的核心是要培养学生的创新精神，这就要求教师改变在课堂上的教学方式与行为模式。而应用教育技术正是改变教师的教学方式与行为模式的最重要手段。此外，信息技术与各学科教学的整合还是新课改成功的必要条件，而有关信息技术与课程整合的理论、方法（即如何在各学科教学中进行有效的整合）则是现代教育技术研究的基本内容。所以，重视教师的教育技术能力发展，引导教师尽快提高应用教育技术的能力是基础教育课程改革的迫切需求。

3. 教育技术与学生创新能力的培养

21 世纪为人类带来物质文明高度发达的信息社会，也同时带来一系列严重的社会与生态问题。例如能源危机、人口压力、粮食匮乏、环境污染、生态破坏、种族歧视、色情暴力、毒品泛滥等等，这些都是伴随工业现代化进程而来的全球性问题。这些问题长期存在并日益发展，实际上已演变成为威胁人类生存的全球性危机。面对这类危机，并考虑未来社会的发展，联合国的“国际 21 世纪教育委员会”所提出的解决方案是“教育的四大支柱”。所谓“四大支柱”是指能支持现代人在信息社会有效地工作、学习和生活并能有效地应付上述各种危机的四种最基本的学习能力，即“学会认知，学会做事，学会共同生活和学会生存”。

这四种能力并不是平等、并列的，其中有一种是作为基础来强调的能力，这就是“学会共同生活”，其余三种能力则是学会共同生活所不可缺少的基本因素。学会共同生活实际上主要指的是道德教育，要求培养学生的高尚道德精神。其余三种能力即学会认知、学会做事和学会生存，可以用一种能力来概括，这就是“创新能力”，这表明四大支柱的实质就是要培养具有高尚道德精神和创新能力的一代新人。

另外，信息社会要求新型人才应具有较高的信息素养。为了培养出能适应 21 世纪需要的、具有全面的文化基础（包括信息方面的文化基础）、创新能力和高尚道德精神的一代新人，现代教育技术具有至关重要的意义。这不仅是因为信息社会的文化基础包含信息方面的知识与能力，而信息方面知识与能力的培养显然有赖于现代化的教育技术手段，而且还因为各个学科（不管是大学、中学还是小学的学科）其教学的深化改革都离不开教育技术理论的指导和以计算机为基础的教学环境的支持。如上所述，教育四大支柱的实质是要培养具有创新能力和高尚道德精神的人才，而现代教育技术则对这两方面教育目标（培养创新能力与高尚道德）的实现均有不容忽视的重要作用，其中尤其是对创新能力的培养具有决定性的意义。

1.3.2　教育技术的运用和师生角色的转变

随着计算机多媒体和计算机网络技术在教育领域的广泛应用，人们开始探讨新时代下教师的角色问题，有的教育家认为，为了培养学生的独立思考、独立工作能力，强调学生的自主性、主体性，就要淡化教师的作用。甚至于在西方出现了“教师将被取代”的说法，许多描绘信息社会前景的文章，在谈到教育领域的变化时，不乏“学生可以没有教师，自由地与机器对话”之类的观点。那么，我们究竟应该如何看待新时期师生的角色？教师是否可以完全被技术取代？

1. 教师角色的转变

教育技术的发展并不能替代教师的作用。教师永远是教育过程中的灵魂。教师是教育方针的执行者，是教育过程的设计者，是学生心灵的塑造者。为了培养学生的独立思考和独立工作能力，教师固然不能越俎代庖，但却需要加强引导和指导。学生的主动性靠谁来激发？靠教师；学生活动由谁来设计和组织？由教师；学生的才能靠谁来发现和扶植？靠教师；学生遇到挫折靠谁来帮助？靠教师，教师的品格风貌更是学生学习的榜样。因此不论在什么时代，教师在培养人才中的作用是不可磨灭的。因此教师本身素质的高低就成为教育成败的关键。教育技术的发展对教师提出了不同于以往的要求：

（1）教师要更新教育观念

首先，要具有新人才观。21世纪将是高科技、高竞争的时代，对人才的要求显然与过去不同。21世纪要求年青一代具有广阔的胸怀，丰富的知识，聪敏的智慧，开拓的精神，高尚的道德，完善的人格。这一切都不是在书本上可以学到的。传授知识是教育过程不可缺少的重要环节，它是人才成长的基础，任何时候都不能放松。但它只是一个基础，还需在这个基础上发展学生的能力，培养他们的高尚的思想品质和符合时代精神的各种优秀品质。教师要认真研究新世纪人才的素质及对每个学生进行人才设计。

其次，要认识教师角色的转变。以往的教育，教师扮演的是一种家长式的角色。在未来教育中教师的角色主要表现在教师是设计者、帮助者、品质的示范者等方面。教师是学生的长者，又是朋友，是学生的引路人。

再次，教师要树立大教育观念。教师的眼光不仅限于课堂，要放眼社会。在当今社会，学生接受信息已远远不限于课堂，家庭、社会有许许多多信息源，他们在那里获得的信息必然会影响到课堂学习。如果教师的眼光只局限于课堂，那就不能有的放矢，因材施教。

（2）要不断更新自己的知识和提高自己的能力

首先，教师掌握的知识应该既有一定的宽度又有一定深度。科学的发展正在向既分化又综合的方向发展。科学这种发展趋势也要求教师掌握的知识既宽广，又专深。但教育职前培训的时间是有限的。因此需要把职前培训和职后继续学习结合起来，不断更新自己的知识，提高业务水平和能力。作为教师，不论教什么专业，都需要提高人文科学的素养。因为人文科学能够帮助人们了解世界，了解自己，了解人对社会的责任心，从而提高自己的文化素养、思想情操和行为风貌。教师的这种素养会潜移默化地影响学生。

其次，教师需要提高教育研究能力和合作能力。现代教育技术的发展带来了许多需要研究的新问题，特别是教育技术手段使用过程中学生的学习心理问题，更需要研究。教师需要深入地研究和分析教育中的问题。而且，“教育过程一旦凭借技术而加以灵活组织，教师之间那种封闭的状态不复存在，一个教师教一门课的现象也将消失”。现代教育技术作为一种物的纽带，把教师群体的每个成员联结起来，教师只有互相理解，默契配合，才能更好地完成教师的职责。

（3）教师需要掌握教育技术的理论和操作技能

教育技术在教学过程中的运用必然会改变教学过程的模式，会优化教学过程，较大地提高教学质量。但是它的前提条件是教师必须对教育技术有所认识，会操作和运用，并改变旧的教学方法。这种认识和操作运用不只是简单的技巧，而且包括教师的教学观念的变化。如果教师的教学观念不转变，即使有了出色的多媒体软件教材，也只能把它当做一个简单的教具，作为课堂教学的点缀。只有教师改变了教学观念，从而改变了教学方法，才能使教育技术发挥优化教学过程的作用。

因此，现代教育技术的发展对教师角色的影响，并不是使教师失去“主人”的地位而使其角色退化，而是对教师的要求更高、教师担负的角色职责更重。

2. 学生角色的转变

在传统教育中，学生的地位完全是被动的，教学内容、教学策略、教学方法、教学步骤等都由教师来安排。现代教育技术的发展则改变了学生对教师的这种依附状态，学生由于有现代化技术手段的支持，获得了从多渠道学习知识的机会、获得了学习的自由。他不仅从教师那里获得知识，更能在教师之外进行“补偿性、验证性、兴趣性、适应性的再学习（Re-Learning)”。这样，学生角色从被动学习者转变为积极的主动学习者，学生在学习过程中的主体地位得到了体现。但是，学生角色在现代教育技术发展下的这种转变，不是必然的，也就是说，并不是有了现代化的教育技术设备和手段，学生就自然而然地表现出主动学习者的角色特征，学生借助于现代教育技术进行积极的自主学习和自我教育，是有一定条件的，这就是学生必须要有独立自主学习的精神、要有善于获取知识的能力、要有良好的学习品质并能够掌握适合自己特点和学习要求的一系列方法。离开了这些条件，现代教育技术并不能发挥作用。正如著名教育技术学家霍克里奇所说，“不要期望把学生从学校拉到家庭、拉到机器旁边就可以解决一切，任何先进的、多功能的机器，在不会学习的人面前，充其量是一台玩具而已”，因此，我们在考虑现代教育技术发展对学生角色影响时，既要看到学生角色转变的外在可能性，又要认识到对学生角色转变的内在条件与能力的要求。

1.3.3 教育技术的运用对教学过程的影响

21世纪教育技术将得到广泛的应用。技术手段运用到教学过程必将引起教学领域的革命性的变化。历史上班级授课制的产生改变了过去手工业式的个别教学形式，大大提高了教育效率。但是，无论是个别教学还是集体教学，都没有摆脱教师讲学生听的局面。在这个过程中，学生的视听觉器官没有被充分利用，学生潜在的能力也没有能充分发挥，从而影响到学生对客观世界的认识。教育技术在教学过程中的应用改变了这种局面。这种变革可以从以下几方面来理解：

1. 它改变了学生在教学过程中认识事物的过程

传统的教学过程是由感知教材、理解教材、巩固知识和运用知识几个环节顺序连续地组成的，教育技术则把感知、理解、巩固、运用融合为一体。教育技术有形有声，不仅有较强的直观性，而且能够引导学生直接揭开事物的本质和内在的联系。心理学告诉我们，教学过程中运用的感觉器官越多，它们的作用发挥得越充分，对学习的知识就越容易理解和巩固。而且许多肉眼看不到的宏观世界和微观世界以及一些事物的运动规律都可以运用教育技术看到，使学生容易理解和掌握事物的本质，有利于学生思维能力的培养和发展。

2. 它改变了某些教学原则

传统的教学过程强调教学要由近及远，由浅入深，由具体到抽象。教育技术改变了这个顺序，它可以把远方的东西放到学生眼前，把复杂的东西变得简单，反抽象的事物化为具体。它可以把时间和空间放大，又可以把时间和空间缩小。怎样有利于学生的认识就怎样运用。

3. 它改变了教学内容和教材形式

通过教育技术，可把过去许多不容易理解的新科技内容增加到教学内容中，使教学内容现代化。由教育技术编制教材软件，把声、像和文字结合起来，增加了教材的艺术感染力。

4. 它改变了教学过程中教师、学生、教材三者之间的关系

教师、学生、教材是教学过程的三个基本要素，它们互相影响，互相作用。历史上各种教育思想或教育流派都对三者的组合和各自的作用有过不同的主张。有一派主张在教学过程应以教师为中心，另一派则认为应以学生为中心；一派主张应以系统的学科教材为中心，另一派则认为应以学生的经验为中心。教育技术在教学过程中的应用使教学过程的基本要素增加为四个要素。它改变了从前那种或教师或学生为中心，或教材或经验为中心的论争，把教师和学生的主动性都调动起来，改变了课程教学的固有模式。教师的角色从单纯地讲授知识转变为设计教材，学生从单纯地接受知识转变为自我学习，自我发现，它有利于因材施教，个别教学。总之，教育技术在教学过程中的出现，不能简单地看做是一种教育手段问题，方法问题，它对教育过程的影响是很深刻的，必将引起教学过程的革命。对这一点，我们应该有足够的认识。

第2章 现代教育技术的理论基础

教育技术是一门新兴的综合性应用学科，它涉及多门学科的相关理论，特别是随着信息技术的发展而建立起来的许多新观念、新理论，它们交叉渗透，形成了本学科的基础理论体系，推动着本学科的持续发展。本章对教育技术发展影响较大的主要理论作简要介绍，主要包括学与教的理论、视听传播理论、系统科学理论、教学媒体理论等。

学完本章后，你应该能够

1. 掌握各种主要学习理论的基本观点及其对教学的启示。
2. 阐述现代教育技术的方法论基础。
3. 阐述现代教育技术的传播学基础。
4. 掌握媒体、教学媒体的内涵以及教学媒体的分类。
5. 了解教学媒体的本质，知道如何选择教学媒体。

学习活动建议

1. 请用 PowerPoint（演示文稿）设计展示以上内容。
2. 演示文稿第一幅幻灯片要求注明个人信息，其余内容尽可能使用图文并茂的形式表现内容。

2.1 学与教的理论基础

学习理论是心理学的一门分支学科，是对学习规律和学习条件的系统阐述，它主要研究人类与动物的行为特征和认知心理过程。由于学习过程的复杂性，人们从不同的角度进行研究，产生了各种学习理论的流派，这些不同的理论各有特点，相互补充，适用于不同的情形。

教学理论是解决如何教的问题，它与学习理论是相互依赖的，学习理论构成了教学理论的基础，它为我们提供了发现一般教学原理的最切实的起点，如何才能有效地控制教学情境中的关键因素，其可靠的答案大多来自学习理论的研究。可以说，虽然一种合适的学习理论并不是改进教学的充足条件，但是一种有效的教学理论必须是建立在有关的学习理论的基础上的。

由于学习者是学习过程的主体，任何教育技术的目的都是为了促进学习者的学习，因此研究人类学习过程内在规律的学习理论，显然在教育技术的发展过程中起着关键性的指导作用，即学习理论应当是教育技术最重要的理论基础。从20世纪50年代末至今，学习理论历经行为主义、认知主义、建构主义和人本主义等不同发展阶段，对教育技术理论和实践的发展影响特别显著。

2.1.1　行为主义学习理论

行为主义认为，学习是刺激与反应的连接，有机体接受外界的刺激，然后作出与此对应的反应，这种刺激与反应之间的连接（S－R）就是所谓的学习。行为主义理论早期的代表人物有桑代克（Edward L. Thordike）、华生（John Watson），新行为主义的代表人物是斯金纳（B. F. Skinner）等。

行为主义学习理论可以用刺激—反应—强化来概括。把“强化”看做是程序教学的核心，认为只有通过强化，才能形成最佳的学习环境，才能增强学生的学习动力。在教学中，对学生理想的行为要给予表彰和鼓励，还要尽量少的采取惩罚的消极强化手段，只有强化正确的“反应”，消退错误的“反应”，才能取得预期的效果。行为主义学习理论认为，只有将教学内容分解为一系列小的教学单元，在强化的帮助下对教学单元的内容进行学习，才能使强化的频率被最大限度地提高，将出错带来的消极反应降低到最小限度。斯金纳在条件反射实验的基础上，根据刺激（提问）——反应（回答）——强化（确认）的原理，制订了程序教学的基本原则，并发明了程序教学机器。

这种理论认为学习的起因在于对外部刺激的反应，而不关心刺激引起的内部心理过程，认为学习与内部心理过程无关，因此被称为“暗箱”。根据这种观点，人类的学习过程归结为被动地接受外界刺激的过程，教师的任务只是向学习者传授知识，学习者的任务则是接受和消化。由于这种理论强调认识来源于外部刺激，并可通过行为目标检查、控制学习效果，在许多技能性训练、作业操练、行为矫正中确实有明显的作用，因而在 20 世纪的 50 年代至 70 年代这种学习理论曾风行一时，对早期教育技术的发展有很大影响（如教学机器和程序教学的出现）。也正因为这种学习理论只强调外部刺激而完全忽视学习者的内部心理过程，对于较复杂认知过程的解释显得无能为力。

1. 程序教学

斯金纳认为，只有通过机械装置才能提供必要的大量的强化系列。这就是斯金纳设计教学机器、提倡程序教学的主要出发点。由于斯金纳对程序教学理论所作出的杰出贡献，斯金纳被称为“程序教学之父”。程序教学是一种个别化的自动教学的方式，由于经常用机器来进行，也称为机器教学。斯金纳程序教学原则为：

（1）积极反应原则。程序教学不主张完全由教师授课的方式进行教学，而是以问题的形式，通过教学机器或教材给学生呈现知识，使学生对一个个问题作出积极的反应。即要求学生通过程序教材和教学机器，能自己动脑，自己动手去学习。

（2）小步子原则。将教学内容按内在的联系分成若干小的步子编成程序。材料一步一步地呈现，步子由易到难排列，每步之间的难度通常是很小的。学生每次只走一步，做对了，才可走下一步，每完成一步就给予一次强化，这就使强化的次数提高到最大限度，从而能促使学生主动、积极地学习。

（3）及时强化原则。斯金纳的操作性条件反射的规律认为，一个操作发生后，紧接着呈现一个强化刺激，那么这个操作力量就会得到增强。遵循这一规律，在教学中做到及时强化，也就成为程序教学中的一个原则。这一原则要求在每个学生作出反应后，必须使学生立即知道其反应是否正确。告知学生结果，也就是给予学生反应的及时强化，这也是程序教学中最常用的强化方式。

（4）自定步调原则。以学习者为中心，不强求统一进度，鼓励每一个学生以他自己最适宜的速度进行学习。这样，学生可按各自不同的思维方式、速率来处理问题而不受其他人的影响。同时，通过一次次的强化，能够激发学生的学习兴趣，使他们能够稳步前进。当然这一原则是以个别化教学方式为基本条件的。

（5）低错误率原则。要求在教学过程中尽量避免学生出现错误的反应，错误的反应会得到令人反感的刺激，过多的错误会影响学习者的情绪和学习的速度。少错误或无错误的学习可以增强学生学习的积极性，提高学习效率。

斯金纳的教学理论指导和推动了20世纪50～60年代风行美国乃至其他许多国家的程序教学运动，不仅促进了学习理论的科学化，加速了心理学和教育学的有机结合，而且也推动了教学手段的科学化和现代化。同时，也重新激起了人们对个别化教学研究的兴趣，使个别化教学在中断多年后得以重新活跃起来。

2. 行为主义学习观及对教学的启示

学习的实质在于行为的习得，在刺激与反应方式间建立连接；行为的结果会反过来影响该行为在以后出现的概率。行为主义特别强调环境对学习影响的重要性，因此，教师要重视对学习环境的设计与分析。在学生对外部环境的刺激产生正确反应时，教师要及时给予强化。

行为主义学习观对教学的四点启示：

（1）明确要教的是什么。

（2）循序渐进：高级的学习必须建立在初级的学习的基础上，应分析内容的序列关系。

（3）个别化学习。

（4）提倡程序教学（Programmed Instruction）：把教材逐级分成小的学习单元，每个单元集中在一个具体的学习目标上，构成一个学习的序列，让每个学生按照自己的步调进行学习。在学习中，学生要积极地作出反应，并且尽量作出正确的反应，教师对学生的反应要提供及时的反馈和强化。

扩展阅读

桑代克“猫开门”实验

桑代克是美国的心理学家，他受达尔文进化论的影响，认为人类是由动物进化来的，动物和人一样进行学习，只是复杂程度不同而已。因此他通过动物实验来研究学习，提出了联结主义的刺激—反应学习理论。其所设计的最为成功的实验之一就是“猫开门”的实验，如图2－1－1所示：他把饿得发慌的猫关进被称为迷笼的笼子，笼外放着食物，笼门用活动的门闩关着。被放进笼时的猫在笼子里躁动不安，在乱碰乱抓的过程中，偶然碰到那个活动的门闩，门被打开了，猫吃到了食物。如此反复，猫从笼中出来吃到食物的时间会越来越短。实验表明，所有的猫的操作水平都是相对缓慢地、逐渐地和连续不断地改进的。由此，桑代克得出了一个非常重要的结论：猫的学习是经过多次的试误，由刺激情境与正确反应之间形成的联结所构成的。

桑代克通过上述实验所得出的在当时是一种全新的观点。在这之前，人们普遍认为，人的学习是一种理智的过程，它涉及观念的联想、经验的鉴赏，以及对逻辑关系的觉察等，这些心理活动与理智和智慧是同义词。与此相反，动物的学习则是具有本能的行为模式，这些行为模式是固定的。桑代克抛弃了这种两分法，消除了动物与人类之间在学习上的这种差异。在他看来，猫是在有理智地行事，即学会了逃出迷笼。作为经验的结果，猫在不断地修正自己的行为。这种行为改进是通过各种机械过程自动地完成的，不需要观念或顿悟。尽管当时人们都相信动物只具有本能的刺激—反应联结，但桑代克指出，动物可以有习得的刺激—反应联结。因为猫在学习逃出迷笼的过程中，显示出了理智、甚至是创造性的行为。而且，这种学习是在没有思维和意识参与的情况下发生的。这样，反应最终就成为一种没有意识参与的习惯。

图2－1－1　桑代克迷笼

桑代克根据实验研究的结果认为，所有的学习都不是突然发生的，而是通过一系列细小的步骤按顺序逐渐达到的。换言之，“一个人的理智、性格和技能，是他对各种刺激情景及其各种要素作出反应倾向的总和”。

2.1.2　认知主义学习理论

认知学派源于格式塔心理学，它的核心观点是学习并非是机械的、被动的刺激—反应的联结，学习要通过主体的主观作用来实现。瑞士心理学家皮亚杰（J. P. Piaget）提出的著名的“认知结构说”认为，认识是主体转变客体过程中形成的结构性动作和活动，认识活动的目的在于取得主体对自然社会环境的适应，达到主体与环境之间的平衡，主体通过动作对客体的适应又推动认识的发展，强调认识过程中主体的能动作用，强调新知识与以前形成的知识结构相联系的过程，表明了只有学习者把外来刺激同化进原有的认知结构中去，人类学习才会发生。认知主义的主要代表人物有苛勒、皮亚杰、布鲁纳和加涅等。

认知主义学习理论认为人的认识不是由外界刺激直接给予的，而是外界刺激和认知主体内部心理过程相互作用的结果。根据这种观点，学习过程被解释为每个学习者根据自己的态度、需要、兴趣、爱好并利用过去的知识与经验对当前学习者的外界刺激（例如教学内容）作出的主动地、有选择地信息加工过程。教师的任务不是简单地向学习者灌输知识，而是首先要设法激发学习者的学习兴趣和学习动机，然后再将当前的教学内容与学习者原有的认知结构（过去的知识和经验）有机地联系起来；学习者不再是外界刺激的被动接受器，而是主动地对外界刺激提供的信息进行选择性加工的主体。认知主义学习理论注重知识的结构性和概括性，重视认知结构的作用，以此为指导的教学设计重视知识的确定性和普遍性，关注分析和抽象。

随着认知学习理论的发展，单纯建立在行为主义学习理论基础上的教学设计逐渐受到批评。在此背景下，美国著名教育心理学家罗伯特·M. 加涅吸收行为主义和认知主义两大学习理论的优点，提出一种折中观点，即所谓“联结—认知”学习理论。这种理论主张既要重视外部刺激（条件）与外在的反应（行为），又要重视内部心理过程的作用。学习的发生要同时依赖外部条件和内部条件，教学就是要通过安排适当的外部条件来影响和促进学习者的内部心理过程，使之达到更理想的学习效果。在目前流行的以教为主的教学设计模型中绝大部分都是采用这种折中的学习理论作为其理论基础。

认知主义学习理论主要用于解释如何使客观的知识结构通过个体而内化为认知结构。尽管认知主义学习理论也看到了在这个过程中的具体性方面，并试图把“结构”与“建构”联系起来，但未做深入研究，建构主义学习理论则对此做了深入的探讨。

扩展阅读

黑猩猩的顿悟学习实验

在20世纪之初，桑代克的试误学习和华生的经典条件作用是公认最权威的学习理论。柯勒在南非特内里费岛上的黑猩猩学习实验研究发现，黑猩猩在目的受阻的情境中学习解决问题时，并不像桑代克所解释的要经过尝试与错误的过程。柯勒为研究黑猩猩的学习，设计了六大类很多不同的实验，其中最著名的是“接竿问题”。他将饥饿的黑猩猩关在笼中，笼外远处放置香蕉，并在笼与香蕉之间放置数条长短不同的竹竿，每条竹竿的长度，均不能单独用来取到香蕉。他的最聪明的猩猩苏丹（Sultan）必须解决的问题是：如何将两条竹竿接在一起，以取到香蕉？结果发现：黑猩猩面对情境时，动作并不紊乱，在几次尝试用单条竹竿取香蕉失败后，突然显露出领悟的样子，于是将两条竹竿接在一起而达到了目的。柯勒称此种学习现象为顿悟学习（Insight Learning）。顿悟是指突然察觉到问题的解决方法，是通过学习者重新组织或重新构建有关事物的形式而实现的。他认为学习不必靠盲目的尝试和重复练习，只要个体理解整个情境中各刺激之间的关系，顿悟就会自然发生。这一学习理论目前已成为西方心理学中重要的学习理论之一。如图2-1-2。

图2-1-2 黑猩猩的顿悟学习实验，从左至右分别为：接竿、敲打、跳竿、堆箱

2.1.3　建构主义学习理论

建构主义学习理论是行为主义发展到认知主义以后的进一步发展，是向与客观主义更为对立的另一方向发展。行为主义和认知主义认为世界是由客观实体及其特征和客观事物之间的关系所构成。认知主义与行为主义的不同之处在于强调内部的认知结构，认为教学的目标在于帮助学习者习得这些事物及其特性，使外界客观事物内化为其内部的认知结构。

建构主义是认知主义的进一步发展。在皮亚杰和早期布鲁纳的思想中虽然已经有了建构的思想，但相对而言，他们的认知学习观主要在于解释如何使客观的知识结构通过个体与之交互作用而内化为认知结构。自从 20 世纪 70 年代末，以布鲁纳为首的美国心理学家将前苏联教育心理学家维果斯基的思想介绍到美国以后，对建构主义思想的发展起了极大的推动作用。维果斯基在心理发展上强调社会文化历史的作用，特别是强调活动和社会交往在人的高级心理机能发展中的突出作用。他认为，高级的心理机能来源于外部动作的内化，这种内化不仅通过教学，也通过日常生活、游戏和劳动等来实现。另一方面，内在的智力动作也外化为实际动作，内化和外化的桥梁便是人的活动。所有这些都对当今的建构主义者有很大的影响。

建构主义者认为世界是客观存在的，但是对于世界的理解和赋予意义却由每个人自己决定。人们是以自己的经验为基础来建构或解释现实，人们的个人世界是用自己的头脑创建的，由于各自的经验以及对经验的信念不同，于是人们对外部世界的理解也不同。所以建构主义更关注如何以原有的经验、心理结构和信念为基础来建构知识，强调学习的主动性、社会性和情境性，对学习和教学提出了许多新的见解。

1. 建构主义关于学习的含义

建构主义认为，学习是获取知识的过程，知识不是通过教师传授得到，而是学习者在一定的情境即社会文化背景下，借助其他人（包括教师和学习伙伴）的帮助，利用必要的学习资料，通过意义建构的方式而获得。由于学习是在一定的情境即社会文化背景下，借助其他人的帮助即通过人际间的协作活动而实现的意义建构过程，因此建构主义学习理论认为“情境”、“协作”、“会话”和“意义建构”是学习环境中的四大要素或四大属性。

（1）“情境”：学习环境中的情境必须有利于学生对所学内容的意义建构。这就对教学设计提出了新的要求，也就是说，在建构主义学习环境下，教学设计不仅要考虑教学目标分析，还要考虑有利于学生建构意义的情境创设问题。并把情境创设看做是教学设计的最重要内容之一。

（2）“协作”：协作发生在学习过程的始终。协作对学习资料的搜集与分析、假设的提出与验证、学习成果的评价直至意义的最终建构均有重要作用。

（3）“会话”：会话是协作过程中不可缺少的环节。学习小组成员之间必须通过会话商讨如何完成规定学习任务的计划；此外协作学习过程也是会话过程，在此过程中，每个学习者的思维成果（智慧）为整个学习群体所共享，因此会话是达到意义建构的重要手段之一。

（4）“意义建构”：这是整个学习过程的最终目标。所要建构的意义是指：事物的性质、规律以及事物之间的内在联系。在学习过程中帮助学生意义建构就是要帮助学生对当前学习内容所反映的事物的性质、规律以及该事物与其他事物之间的内在联系达到较深刻的理解。这种理解在大脑中的长期存储形式就是前面提到的“图式”，也就是关于当前所学内容的认知结构。

由以上所述的“学习”的含义可知，学习的质量是学习者建构意义能力的函数，而不是学习者重现教师思维过程能力的函数。换句话说，获得知识的多少取决于学习者根据自身经验去建构有关知识的意义的能力，而不取决于学习者记忆和背诵教师讲授内容的能力。

扩展阅读

"鱼牛"的童话

德国的一则关于"鱼牛"的童话可以帮助我们更好地理解建构主义的内涵。

说的是在一个小池塘里住着鱼和青蛙，它们是一对好朋友。它们听说外面的世界好精彩，都想出去看看。鱼由于自己不能离开水而生活，只好让青蛙一个人走了。这天，青蛙回来了，鱼迫不及待地向它询问外面的情况。青蛙告诉鱼，外面有很多新奇有趣的东西。"比如说牛吧，"青蛙说，"这真是一种奇怪的动物，它的身体很大，头上长着两个犄角，吃青草为生，身上有着黑白相间的斑点，长着四只粗壮的腿，还有大大的乳房。"鱼惊叫道："哇，好怪哟!"同时脑海里即刻勾画出它心目中的"牛"的形象：一个大大的鱼身子，头上长着两个犄角，嘴里吃着青草……（见图2-1-3）。鱼脑中的牛形象（我们姑且称之为"鱼牛"）在客观上当然是错误的，但对于鱼来说却是合理的，因为它根据从青蛙那里得到的关于牛的部分信息，从本体出发，将新信息与自己头脑中已有的知识相结合，构建出了"鱼牛"形象。这体现了建构主义的一个重要结论：理解依赖于个人经验，即由于人们对于世界的经验各不相同，人们对于世界的看法也必然会各不相同。知识是个体与外部环境交互作用的结果，人们对事物的理解与个体的先前经验有关，因而对知识正误的判断只能是相对的；知识不是通过教师传授得到，而是学习者在与情境的交互作用过程中自行建构的，因而学生应该处于中心地位，教师是学习的帮助者。因而建构主义的学习理论强调"知识建构"。

图2-1-3 "鱼牛"的童话

2. 建构主义关于学习的方法

建构主义提倡在教师指导下的，以学习者为中心的学习，也就是说，既强调学习者的认知主体作用，又不忽视教师的指导作用，教师是意义建构的帮助者、促进者，而不是知识的传授者与灌输者。学生是信息加工的主体、是意义的主动建构者，而不是外部刺激的被动接受者和被灌输的对象。

学生要成为意义的主动建构者，就要求学生在学习过程中从这几个方面发挥主体作用：

（1）要用探索法、发现法去建构知识的意义。

（2）在意义建构过程中要求学生主动去搜集并分析有关的信息和资料，对所学习的问题要提出各种假设并努力加以验证。

（3）要把当前学习内容所反映的事物尽量和自己已经知道的事物相联系，并对这种联系加以认真的思考。“联系”与“思考”是意义建构的关键。如果能把联系与思考的过程与协作学习中协商过程（即交流、讨论的过程）结合起来，则学生意义建构的效率会更高、质量会更好。协商有“自我协商”与“互相协商”（也叫“内部协商”或“社会协商”）两种，自我协商是指自己和自己争辩什么是正确；互相协商则指学习小组内部互相之间的讨论与辩论。

教师要成为学生意义建构的帮助者，就要求教师在教学过程中从以下几个方面发挥指导作用：

（1）激发学生的学习兴趣，帮助学生形成学习动机。

（2）通过创设符合教学内容要求的情境和提示新旧知识之间联系的线索，帮助学生建构当前所学知识的意义。

（3）为了使意义建构更有效，教师应在可能的条件下组织协作学习（开展讨论与交流），并对协作学习过程进行引导，使之朝有利于意义建构的方向发展。引导的方法包括：提出适当的问题以引起学生的思考和讨论，在讨论中设法把问题一步步引向深入以加深学生对所学内容的理解，要启发诱导学生自己去发现规律、自己去纠正和补充错误的或片面的认识。

在上述建构主义的教学模式下，目前已开发出的、比较成熟的教学方法主要有支架式教学（Scaffolding Instruction）和抛锚式教学（Anchored Instruction）等。

3. 建构主义学习理论的启示

建构主义学习理论的提出是学习理论发展史上的又一次重大变革。建构主义学习理论把以前的学习理论中以教师为中心的原则转为强调以学生为中心，认为学生是认知的主体，是知识意义的主动建构者；而教师只对学生的意义建构起帮助和促进作用，并不要求教师直接向学生传授和灌输知识。这一变革使得在建构主义学习环境下，教师和学生的地位、作用和传统教学相比发生了很大的变化。近年来，教育技术领域的专家们根据建构主义的基本原理进行了大量的研究与探索，力图建立一套能与建构主义学习理论以及建构主义学习环境相适应的全新的教学设计理论与方法体系。尽管这种理论体系的建立是一项艰巨的任务，并非短期内能够完成。但是其基本思想及主要原则已日渐明朗，并已开始实际应用于指导基于多媒体和 Internet 的建构主义学习环境的教学设计。综观近年来在国外主要教育技术刊物和国际会议上发表的多种建构主义学习理论，可以将其中使用的教学设计原则概括如下：

（1）强调以学生为中心

明确“以学生为中心”，这一点对于教学设计有至关重要的指导意义，因为从“以学生为中心”出发还是从“以教师为中心”出发将得出两种全然不同的设计结果。至于如何体现以学生为中心，建构主义认为可以从三个方面努力：一是要在学习过程中充分发挥学生的主动性，要能体现出学生的首创精神；二是要让学生有多种机会在不同的情境下去应用他们所学的知识（将知识“外化”）；三是要让学生能根据自身行动的反馈信息来形成对客观事物的认识和解决实际问题的方案（实现自我反馈）。以上三点，即发挥首创精神、将知识外化和实现自我反馈可以说是体现以学生为中心的三个要素。

（2）强调“情境”对意义建构的重要作用

建构主义认为，学习总是与一定的社会文化背景即“情境”相联系的，在实际情境下进行学习，可以使学习者能利用自己原有认知结构中的有关经验去同化和索引当前学习到的新知识，从而赋予新知识以某种意义；如果原有经验不能同化新知识，则要引起“顺应”过程，即对原有认知结构进行改造与重组。总之，通过“同化”与“顺应”才能达到对新知识意义的建构。在传统的课堂讲授中，由于不能提供实际情境所具有的生动性、丰富性，因而将使学习者对知识的意义建构发生困难。

（3）强调“协作学习”对意义建构的关键作用

建构主义认为，学习者与周围环境的交互作用，对于学习内容的理解（即对知识意义的建构）起着关键性作用。这是建构主义的核心概念之一。学生们在教师的组织和引导下一起讨论和交流，共同建立起学习群体并成为其中的一员。在这样的群体中，共同批判地考察各种理论、观点、信仰和假说；进行协商和辩论，先内部协商（即和自身争辩到底哪一种观点正确），然后再相互协商（即对当前问题摆出各自的看法、论据及有关材料并对别人的观点作出分析和评论）。通过这样的协作学习环境，学习者群体（包括教师和每位学生）的思维与智慧就可以被整个群体所共享，即整个学习群体共同完成对所学知识的意义建构，而不是其中的某一位或某几位学生完成意义建构。

（4）强调对学习环境（而非教学环境）的设计

建构主义认为，学习环境是学习者可以在其中进行自由探索和自主学习的场所。在此环境中学生可以利用各种工具和信息资源（如文字材料、书籍、音像资料、CAI与多媒体课件以及Internet上的信息等）来达到自己的学习目标。在这一过程中学生不仅能得到教师的帮助与支持，而且学生之间也可以互相协作和支持。按照这种观念，学习应当被促进和支持而不应受到严格的控制与支配；学习环境则是一个支持和促进学习的场所。在建构主义学习理论的指导下教学设计应是针对学习环境的设计而非教学环境的设计。这是因为，教学环境意味着更多的控制与支配，而学习则意味着更多的主动与自由。

（5）强调利用各种信息资源来支持“学”（而非支持“教”）

为了支持学习者的主动探索和完成意义建构，在学习过程中要为学习提供各种信息资源（包括各种类型的教学媒体和教学资料）。但是必须明确：这里利用这些媒体和资料并非用于辅助教师的讲解和演示，而是用于支持学生的自主学习和协作式探索。因此对传统教学设计中有关“教学媒体的选择与设计”这一部分，将有全新的处理方式。例如在传统的教学设计中，对媒体的呈现要根据学生的认知心理和年龄特征作精心的设计。现在由于把媒体的选择、使用与控制的权利交给了学生，这种设计就完全没有必要了。反之，对于信息资源应如何获取、从哪里获取，以及如何有效地加以利用等问题，则成为主动探索过程中迫切需要教师提供帮助的内容。显然，这些问题在传统教学设计中是不会碰到或是很少碰到的，而在建构主义学习环境下，则成为亟待解决的普遍性问题。

（6）强调学习过程的最终目的是完成意义建构（而非完成教学目标）

在传统教学设计中，教学目标是高于一切的，它既是教学过程的出发点，又是教学过程的归宿。通过教学目标分析可以确定所需的教学内容和教学内容的安排次序，教学目标还是检查最终教学效果和进行教学评估的依据。但是在建构主义学习环境中，由于强调学生是认知主体、是意义的主动建构者，所以是把学生对知识的意义建构作为整个学习过程的最终目的。在这样的学习环境中，教学设计通常不是从分析教学目标开始，而是从如何创设有利于学生意义建构的情境开始，整个教学设计过程紧紧围绕“意义建构”这个中心而展开，不论是学生的独立探索、协作学习还是教师辅导，总之，学习过程中的一切活动都要从属于这一中心，都要有利于完成和深化对所学知识的意义建构。在学习过程中强调对知识的意义建构，这一点无疑是正确的。但是，在当前建构主义学习环境的教学设计中，往往看不到教学目标分析这类字眼，“教学目标”被“意义建构”所取代，似乎在建构主义学习环境下完全没有必要进行教学目标分析。这种看法则是片面的，不应该把二者对立起来。因为“意义建构”是指对当前所学知识的意义进行建构，而“当前所学知识”这一概念是含糊的、笼统的。某一节的课文内容显然是当前所要学习的知识，但是一节课总是由若干个知识单元（知识点）组成的，而各个知识单元的重要性是不相同的：有的属于基本概念、基本原理（是教学目标要求必须“掌握”的内容），有的则属于一般的事实性知识或当前学习阶段只需要知道还无须掌握的知识（对这类知识教学目标只要求“了解”）。可见，对当前所学内容不加区分一律要求对其完成“意义建构”（即达到较深刻的理解与掌握）是不适当的。正确的做法应该是：在进行教学目标分析的基础上选出当前所学知识中的基本概念、基本原理、基本方法和基本过程作为当前所学知识的“主题”（或曰“基本内容”），然后再围绕这个主题进行意义建构。这样建构的“意义”才是真正有意义的，才是符合教学要求的。

随着多媒体和网络技术的发展，建构主义学习理论得到了强有力的支持，为这一理论的实际应用提供了广阔的舞台。以“学”为主的教学设计理论正是顺应建构主义学习的上述要求而发展起来的，它为克服传统教学设计的不足（传统的教学设计往往是单向传输的、被动的和封闭的）提供了新的设计与传输教学的思路与途径，所以建构主义被认为是革新传统教学的理论基础（何克抗，1997）。

2.1.4　人本主义学习理论

人本主义心理学是20世纪五六十年代在美国兴起的一种心理学思潮，其主要代表人物和学说是马斯洛（A. Maslow）“情意教学过程论”和罗杰斯（C. R. Rogers）“以学生为中心的教学模式论”。人本主义的学习与教学观深刻地影响了世界范围内的教育改革，是与程序教学运动、学科结构运动齐名的20世纪三大教学运动之一。罗杰斯认为学习是个人潜能的充分发展，是人格的发展，是自我的发展。罗杰斯反对行为主义对学习实质的看法，认为学习不是刺激与反应间的机械联结，而是一个有意义的心理过程，因为具有不同经验的人在感知同一事物时，他的反应是不同的，因此，学习者了解学习的意义是非常重要的，也可以说，学习的实质在于意义学习。这种意义学习，不仅是指理解记忆的学习，而且是指学习者所作出的一种自主、自决的学习，要求学习者能够在相当大的范围内自行选择学习材料，自己安排适合于自己的学习情境。这种意义学习，包含了价值、情绪的色彩，涉及的是整个的人而不是单纯是认知成分的参与，而且这种学习以个体的积极参与和投入为特征，是一种自发、自觉的学习，是从自我实现的倾向中产生的一种学习，学习者可以自由地去实现自己的潜能，求得自己更充分的发展。

人本主义学习理论的基本观点是：（1）强调人的价值，重视人的意识所具有的主观性、选择能力和意愿。（2）学习是人的自我实现，是丰满人性的形成。（3）学习者是学习的主体，必须受到尊重，任何正常的学习者都能自己教育自己。（4）人际关系是有效学习的重要条件，它在学与教的活动中创造了“接受”的气氛。

人本主义心理学是20世纪60年代在美国兴起的一个心理学的重要学派。它一方面反对行为主义把人看做是动物或机器，不重视人类本身的特征；另一方面也批评认知心理学虽然重视人类的认知结构，但却忽视了人类情感、价值、态度等方面对学习的影响。认为心理学应该探讨完整的人，而不是把人的各个侧面（如行为表现、认知过程、情感障碍等）割裂开来加以分析，强调人的价值，强调人有发展的潜能，而且有发挥潜能的内在倾向即自我实现的倾向。由此掀起了心理学领域内的一场深刻的革命，代表着未来心理学发展的新走向。人本主义学习论的代表人物卡尔·罗杰斯（G. R. Rogers）对学习问题进行了专门的论述。

罗杰斯认为，意义学习是一个没有结论的过程，它主要包括四个要素：

（1）学习具有个人参与（Personal Involvement）的性质，即整个人（包括情感和认知两方面）都投入学习活动。

（2）学习是自我发起的（Self－initiated），即便在推动力或刺激来自外界时，但要求发现、获得、掌握和领会的感觉是来自内部的。

（3）学习是渗透性的（Pervasive），也就是说，它会使学生的行为、态度，乃至个性都会发生变化。

（4）学习是由学生自我评价的（Evaluated by Learner），因为学生最清楚这种学习是否满足自己需要、是否有助于导致他想要知道的东西、是否明了自己原来不甚清楚的某些方面。

人本主义学习理论十分重视学习者高层次学习动机的激发，强调充分发展学习者的潜能和积极向上的自我概念、价值观和态度体系，从而使学习者成为人格充分发挥作用的人。为此需要教师：

（1）做一个学习的促进者，要为学生创造一种环境来促进学生的意义学习。教师在教学中应当重点帮助学生明确他们想要学习什么。帮助他们安排适合的学习活动和材料，帮助学生发挥他们所学的东西的个人意义，建立并维持能促进学习的心理气氛。

（2）教师要尊重学习者，无条件的接受学生，必须对学生有信心，相信学生具有发展的潜力，相信学生有能力自我发展；教师应当学会重视学生的意愿、情感、需要、价值观，能够设身处地、从学生的角度去理解学生，同时也不把自己的要求强加到学生的身上。良好的师生关系是教育的前提和基础。

行为主义学习理论基本观点为：学习是刺激与反应的联结，有什么样的刺激，就会有什么样的反应。学习过程是一种渐进的过程，认识事物要由部分到整体。强化是学习成功的关键，学习应重知识、重技能、重外部行为的研究。认知主义学习理论基本观点为：学习是认知结构的组织与再组织。客体刺激只有被主体同化于认知结构之中，才能引起对刺激的行为反应。学习过程是信息加工过程。人脑好比电脑，应建立学习过程的计算机模型，用计算机程序的解释去理解人的学习行为。学习是凭智力与理解，决非盲目的尝试。认识事物首先要整体认识，整体理解有问题就很难实现学习任务。学习应重人的智能培养。建构主义学习理论基本观点为：建构主义者认为世界是客观存在的，但是对于世界的理解和赋予意义却由每个人自己决定。人们是以自己的经验为基础来建构或解释现实，人们的个人世界是用自己的头脑创建的，由于各自的经验以及对经验的信念不同，于是人们对外部世界的理解也不同。所以建构主义更关注如何以原有的经验、心理结构和信念为基础来建构知识，强调学习的主动性、社会性和情境性。人本主义学习理论基本观点为：学习是人的自我实现，是丰满人物的形成过程。学习者是学习的主体，任何正常的学习者都能自己教育自己。人际关系是有效学习的重要条件，它在学与教的过程中创造了“接受”的气氛。学习应重学习的情感因素。

学习理论本身并无优劣之分，在教学过程中要根据教学实际与教学目标来选择合适的学习理论作为指导来促进学习的进行。

2.1.5　现代信息环境下的学习理论

自从行为主义作为第一个学习理论提出之日起，近 100 年的时间里，心理学家对学习进行探索的脚步一直没有停止。应该说，20 世纪 50 年代中期以前，行为主义学习理论在学习理论的研究中占据着主导地位。从 50 年代中期之后，随着布鲁纳、奥苏伯尔、加涅等一批认知心理学家的大量创造性的工作，认知主义的学习理论在学习理论的研究中开始逐渐占据主导地位。而在认知主义学习理论的不断发展过程中，人本主义学习理论和建构主义学习理论作为学习理论的新思潮也开始备受关注。现如今，人们仍然对学习理论进行着不断的探索，并取得一些有效的成果。

21 世纪是一个信息社会也是一个学习社会，随着科技的不断发展和观念的不断革新，学习越来越受到人们的重视，人们开始认识到有效的学习在信息社会中的重要地位。新的环境，新的技术条件和新的理论发展促使教育学家和心理学家开始关注并探寻一些适合当今时代的学习理论，目前较有影响的一些学习理论有合作学习理论、弹性认知学习理论和终身学习理论，等等。

1. 合作学习理论

21 世纪的学习社会也是一个倡导沟通、呼唤配合、走向协作的世纪，而合作学习理论无疑具有积极的现实意义。该理论是 20 世纪 80 年代中期引进并在我国教育实践中不断完善和发展的一种教育理念和教学理论。合作学习理论基本内容主要包括四个方面：

（1）每个教师和学生之间都存在差异，都有各自不同的潜能，这种差异应该得到承认，不同的潜能应该得到充分的发挥。

（2）教师和学生都是鲜活的生命体，每个人都有自己的人格和尊严，在教育活动中，每个人的人格都应得到充分的尊重，每个人的个性都应得到张扬。

（3）教育活动应该在师生之间特别是在学生之间产生互动，互相交流、教学相长、共同发展，进而达到和谐，这是教育的最高境界。

（4）教育教学活动不仅是一种个体活动，更是一种团队活动，而合作精神、团队精神是每一个人取得成功必不可少的重要因素。合作学习在合作对象上包括三个方面：一是师师合作，二是师生合作，三是生生合作。在合作过程上也包括三个方面：一是全员合作，二是全程合作，三是全域合作。

合作学习是一种教学形式，它是指几位异质性的学生组合在一起，互相合作互相支持，共同进行学习活动，共同完成学习任务。其基本要求是：小组中成员不仅要对自己的学习负责，也要对组内其他同学的学习负责。学生们有机会互相解释所学东西，相互帮助理解和完成作业。各小组成员必须为提高组内共同的学习效率而进行合作学习。合作学习实质上是在分层教学活动中，把不同层次的学生进行异质同组组合，加强相互沟通，共同学习，以弥补分层教学在学生“学”方面表现的不足。

2. 弹性认知学习理论

弹性认知理论（Cognitive Flexibility Theory）是建构主义学习理论的一个新分支。这种理论的宗旨是要提高学习者的理解能力和他们的知识迁移能力（即灵活运用所学知识的能力）。该理论是基于计算机教学不断发展的基础之上的。弹性认知学习理论的典型教学方法就是随机进入教学的方法（Random Access Instruction）。

由于事物的复杂性和问题的多面性，要做到对事物内在性质和事物之间相互联系的全面了解和掌握，即真正达到对所学知识的全面而深刻的意义建构是很困难的。往往从不同的角度考虑可以得出不同的理解。为克服这方面的弊病，在教学中就要注意对同一教学内容，要在不同的时间、不同的环境下、为不同的教学目的、用不同的方式加以呈现。换句话说，学习者可以随意通过不同的途径、不同方式进入同样教学内容的学习，从而获得对同一事物或同一问题的多方面的认识与理解，这就是所谓“随机进入教学”。显然，学习者通过多次“进入”同一教学内容将能达到对该知识内容比较全面而深入的掌握。这种多次进入，绝不是传统中的那样，只是为巩固一般的知识、技能而实施的简单重复。这里的每次进入都有不同的学习目的，都有不同的问题侧重点。因此多次进入的结果，绝不仅仅是对同一知识内容的简单重复和巩固，而是使学习者获得对事物全貌的理解与认识上的飞跃。

3. 终身学习理论

终身学习理论已不是最近才提出的新的学习理论，也已被中国教育人士所熟悉。但是终身学习理论在21世纪这样一个社会学习环境中却越来越受到教育人士的关注。而在中国这样一个人口规模巨大，教育水平和教育条件又相当参差不齐的情况下，终身学习理论则显得更加重要、更加具有实际意义。继续教育的提出正是基于终身学习理论基础之上，如今正在蓬勃发展之中。而作为中国的第一所大型的开放大学——中国广播电视大学正是终身学习理论在中国的具体实践。

在信息时代里，学习理论的发展与教育理论和传播理论的发展正处于不断的融合之中。教育技术工作者要在实际教学中，有意识地吸取各种学习理论的合理成分，探索其对现代教学的指导价值，形成有自身特色的现代教学理论。

2.2 视听传播理论

视听理论与传播理论是现代教育技术重要的理论基础。本节首先介绍视听教育理论，主要介绍“经验之塔”理论，接着介绍传播的概念和类型，并对教育传播理论进行详细的论述。

2.2.1 视听教育理论

1946年，美国教育技术专家戴尔（E. Dale）在他的《视听教学法》一书中，研究了录音、广播等视听教学手段如何运用于教学，会产生怎样的教学效果等一系列问题，总结了视听教学方法，提出了视听教学理论。戴尔把人类获取知识的各种途径和方法概括为一个“经验之塔”来描述，称之为“经验之塔”理论。

1. “经验之塔” 概述

戴尔（E. Dale）将人们获得的经验分为三大类：做的经验（Doing）、观察的经验（Observing）和抽象的经验（Symbolizing），并将获得这三类经验的方法分为十种，如图2－2－1所示。

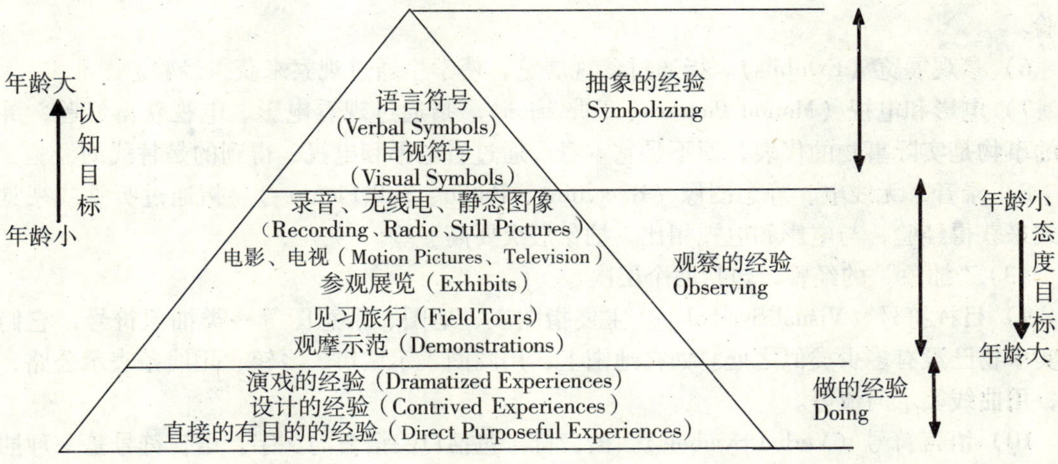

图2－2－1　戴尔的经验之塔

在经验之塔中，首先依据年龄/媒介的关系，列出了十种可供选用的教学媒介，并指出了学生年龄不同，各种媒体可供选用的范围不同，并按照从小到大的年龄顺序，排列出一种可供选用的所谓“经验之塔”。塔的最底层为“直接的有目的的经验”，意指通过与实物媒体的实际接触，从而获得“在做中学”的实际经验。塔的最高层为“语言符号”，意指通过语言媒体的作用，获得相应经验。戴尔经验之塔适用于“认知目标”，对于“态度目标”，则其年龄/媒介关系应该倒置过来。在“态度目标”的教学中，年幼儿童容易从其所尊敬的人的言语指示或劝说中改变态度，而年长儿童则易于从直接经历的体验中改变态度。因而以同一张“经验之塔”分别表示“认知目标”与“态度目标”学习时，其媒体/年龄的选择关系的排列顺序是相反的。

（1）“做”的经验，包括三个层次

1）直接的有目的的经验（Direct Purposeful Experiences）。指直接与真实事物本身接触而获取的经验，是通过对真实事物的直接感知（即看、听、尝、嗅、触、做）取得的最丰富的具体经验。

2）设计的经验（Contrived Experiences）。指通过模型、标本等间接材料的学习获取的经验。模型、标本是通过人工设计、仿造的事物，多与真实事物的大小和复杂程度有所不同，它是“真实的改编”，这种改编，可以使人们对真实事物更容易理解和领会。

3）演戏的经验（Dramatized Experiences）。对于我们无法通过直接实践取得的经验，如历史事件、意识形态、社会观念等，我们可以通过扮演某种角色，就可能在接近真实的情况中获得经验，参与演戏与看戏是不同的，演戏可以使人们参与重复的经验，而看戏只能获得观察的经验。

以上三个方面的经验，都包含有亲自的活动，在这三种方式中，学习者都不仅仅是活动的旁观者，更是活动的参与者故称为“做”的经验。

（2）“观察”的经验，包括五个层次

4）观摩示范（Demonstrations）。通过看别人怎么做，使学生知道一件事是怎样做成的，以后他自己就可以动手模仿着去做。

5）见习旅行（Field Tours）。指通过野外的学习旅行，看到真实事物和各种景象，获得经验。

6）参观展览（Exhibits）。指通过参观展览，使学生通过观察来获得经验。

7）电影和电视（Motion Pictures、Television）。指通过观看电影、电视获得经验，屏幕上的事物是实际事物的代表，而不是它本身。通过看电影和电视，得到的是替代的经验。

8）录音、无线电、静态图像（Recording、Radio、Still Pictures）。指通过听觉或视觉的方式来获得经验，与电影和电视相比，抽象层次要高一些。

（3）“抽象”的经验，包括两个层次

9）目视符号（Visual Symbols）。主要指图表、地图、示意图等一类抽象符号，它们与现实事物已没有多少类似之处。如在地图上，用圆圈表示城市、乡镇，用线条表示公路、铁路，用曲线表示河流等。

10）语言符号（Verbal Symbols）。语言符号包括口头语言与文字。语言符号是一种抽象化了的代表事物或观念的符号。口头语言是基本的，而文字则是第二性的，文字是符号的符号。语言符号处于“塔”的顶端，抽象程度最高，但在使用时，它们总是与“塔”中其他层一起发挥作用。也就是说，学生在自己的全部学习经验中，程度不同地都在进行抽象思维。

2. “经验之塔”理论对教学的启示

（1）塔的最底层的经验最具体，学习时最容易理解，也便于记忆；越往上越抽象，越易获得概念，便于应用。各种教学活动可以依其经验的具体—抽象程度，排成一个序列。

（2）教学活动应从具体经验入手，逐步进入抽象经验。

（3）在学校教学中使用各种媒体，可以使教学活动更具体，也能为抽象概括创造条件。

（4）位于“塔”的中部层（5个层次）的那些视听教材和视听经验，比顶部层的语言和视觉符号具体、形象，又能突破时间和空间的限制，弥补下层各种直接经验方式之不足。

“经验之塔”理论所阐述的是经验抽象程度的关系，符合人们认识事物由具体到抽象、由感性到理性、由个别到一般的认识规律；而位于塔的中部的广播、录音、照片、幻灯、电影和电视等介于做的经验与抽象经验之间的视听媒体，既能为学生学习提供必要的感性材料，容易理解，容易记忆，又便于借助于解说或教师的提示、概括、总结，从具体的画面上升到抽象的概念、定理，形成规律，是有效的学习手段。因此，它不仅是视听教育理论的基础，也是现代教育技术的重要理论之一。

2.2.2 教育传播理论

1. 传播、教育传播

传播（Communication）是人类社会普遍存在的信息交流的社会现象。大约四百万年前，当类人猿进化为直立行走、手足分工、能够思维的原始人而成为万物之灵的时候，人类传播就从自然传播现象和动物传播行为中分离出来，成为人类生存的一种基本方式。人类在发展进化的历史过程中，不但凭着自身器官——眼、耳、鼻、舌、身所组成的感官系统来感知外部环境，进行相互的了解、沟通，而且逐渐创造出了文字这样一种抽象的语言符号来记录口头语言，交流思想感情，使人类的传播能力跃入一个崭新的历史阶段，开始了人类有文献记录的历史时代。再经过几千年的跋涉，人类发明了方便廉价的纸张，进而发明了印刷术，把人类传播的历史逐渐推向以书籍、报纸、杂志作为传播工具的印刷传播阶段。随着近代科学技术的突飞猛进，在近一个世纪以来，人类又发明了电影、广播、电视等传播工具，使人类传播跃入了电子传播时代。

传播学是一门研究人类传播行为的科学，是随着广播、电视、报刊等传播媒体的发展，逐步从社会学、心理学、政治学等学科分离出来的一门学科。在人类社会中，传播方式分为大众传播和人际传播。大众传播是指使用大众传播媒体（报刊、书、广播、电视、网络等），以整体社会为传播对象的传播；而不使用大众传播媒体的非大众传播，则称为人际传播。按照传播的内容不同，又可分为：新闻传播、教育传播、经济传播、娱乐传播、科技传播、服务传播等。

教育传播泛指教育信息的传播活动，它是按照一定的教育目标，选定合适的教学信息内容，通过教育媒体，把这些教学信息传递给特定的教育对象。它与大众传播有许多共同之处，两者关系密切，因此可以把大众传播理论的研究成果应用于现代教育技术实践中，以提高教育质量和效率。传播理论是现代教育技术的理论基础之一。

传播过程是一种信息传送和交换的复杂过程，为了方便研究，人们往往首先将这个过程简化为若干个组成要素，然后分析这些要素在传播过程中的地位和作用，以及这些要素之间的相互联系和作用。这就构成了多种多样的传播模式。所谓模式，就是提供我们思考过程或结构的有用方法。

2. 教育传播模式

1）拉斯威尔传播模式

1948年，美国政治学家哈罗德·拉斯威尔（H. Lasswell）在一篇论文中提出了一个用文字形式阐述的线性传播过程模式。他认为“描述传播行为的一个方便的方法，是回答下列五个问题：Who（谁），Say What（说了什么），In Which Channel（从什么途径），To Whom（对谁），With What Effect（取得什么效果）”，这就是著名的“五W模式”。从拉斯威尔传播模式的五个传播要素，我们得到传播研究的五大内容：控制分析、内容分析、媒体分析、受众（对象）分析和效果分析。

拉斯威尔传播模式在大众传播中获得了广泛的应用。但这一模式过于简单，具有以下明显的缺陷：首先，它忽略了“反馈”的要素，它是一种单向的而不是双向的模式，由于他的模式的影响，过去的传播研究忽略了反馈过程的研究；其次，这个模式没有重视“为什么”或动机的研究问题。在动机方面，有两种值得重视的动机：一是受众为何使用传播媒体；二是传播者和传播组织为什么去传播。

2）香农—韦弗传播模式

香农和韦弗（Shannon—Weaver）在研究电报通信问题时，在所著《通信的数学理论》一书中提出了一个传播的模式，这一模式原是单向直线式的，但是，他们不久就将这一模式加入了反馈系统，并引申其含义，用来解释一般的人类传播过程，见图2-2-2所示。

这是一个把传播过程分成七个组成要素，带有反馈的双向传播模式。模式中信源（传播者）和编码器往往是同一人，信宿（受传者）和译码器也是同一人。从信息源中选出准备传播出去的信息，然后，这一信息经编码器转换为语言、文字、图画、动作和表情等各种符号与信号，信号通过空气、纸张、身体、面部表情等传播媒体（通道）传递给受传者，受传者经译码器转换成符号并解释为信息的意义，最后为信宿——受传者所接受利用。受传者收到信息后，必然在生理、心理上产生反应，并通过各种形式给传播者“反馈”信息。另外，在传播过程中还存在有干扰信号，干扰信号可以影响到信源、编码、信道、译码、信宿等部分，这里为了简化，只集中表示对信道的干扰。一个优秀的传播者，将经常注意受传者的反应，修正传播内容，使之更适合受传者的需要、兴趣和经验等，以加强传播效果。

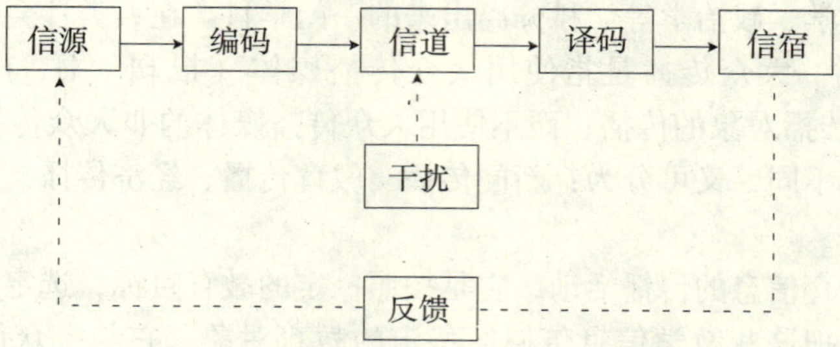

图 2-2-2　香农一韦弗传播模式

3）贝罗传播模式

贝罗（D. Berlo）传播模式（见图 2-2-3）综合了哲学、心理学、语言学、人类学、大众传播学、行为科学等新理论，去解释在传播过程中的各个不同要素。这一模式把传播过程分解为四个基本要素：信源、信息、通道和受传者。

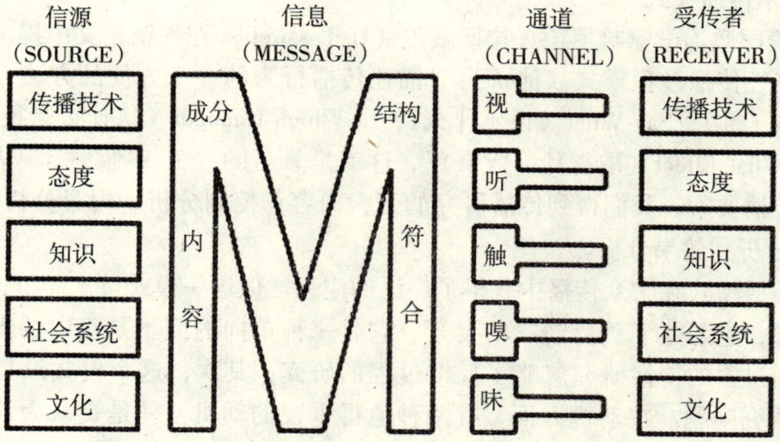

图 2-2-3　贝罗传播模式

研究信源和编码者，需要考虑他们的传播技术（对信源部分是指说话和写作，对受传者部分是指收听和阅读）、他们的态度、他们的知识水平、他们所处的社会系统及他们自身的文化背景等。

信源、编码者与译码者、受传者，虽然在传播过程的两端，但是在传播过程中，信源——传播者可以变为受传者，受传者也可以变为传播者——信源。所以影响受传者与译码者的因素与传播者、编码者相同，也是：传播技术、态度、知识、社会系统与文化诸项。

贝罗的传播模式比较适合用于研究和解释教学传播系统的要素与结构，如S－M－C－R相当于教师—课业—手段—学生。我们还可以以其揭示的条件为依据，联系实际传播场合及要素的具体情况，预测教育传播的效果，发现可能存在的问题。

3. 教育传播理论在教学中的应用

许多研究者利用传播理论的概念及有关模型中的要素来解释教学过程，并提出了许多关于教学传播过程的理论模式，为教育传播学奠定了理论基础。这主要表现在以下几个方面。

1）说明了教学过程所涉及的要素

美国政治学家拉斯韦尔提出了表述一般传播过程中的五个基本元素“5W”的直线性的传播模式，有人在此基础上发展成“7W”模式（表2－2－1）。其中每个“W”都类同于教学过程中的一个相应要素，这些要素自然也成为研究教学过程、解决教学问题的教学设计所关心和分析、考虑的重要因素。这7W所指的分别是：

表2－2－1 7W模式

Who	谁	教师或其他信息源
Says What	说什么	教学内容
In Which Channel	通过什么渠道	教学媒体
To Whom	对谁	教学对象即学生
With What Effect	产生什么效果	教学效果
Why	为什么	教学目的
Where	在什么情况下	教学环境

2）指出了教学过程的双向性

早期的传播理论认为传播是单向的灌输过程。它认为受者只是被动的接受信息，只能够接受传者的意图。这种传播思想忽视了受传者的主动性和自主性，显然是一种片面的认识。传播者和受传者都是积极的传播主体。受传者不仅接受信息、解释信息，还对信息作出反应，说明传播是一种双向的互动过程，随着反馈机制使传播过程能够不断循环进行。教学信息的传播同样是通过教师和双方的传播行为来实现的，所以教学过程的设计必须重视教与学两方面的分析和安排，并充分利用反馈信息，随时进行调整和控制，以达到预期的教学目标。

3）确定了教学传播过程的基本阶段

教学传播过程是一个连续动态的过程。但为了研究方便起见，南国农、李运林将它分解为六个阶段（如图2－2－4）。

第一阶段：确定教学信息：教学传播过程的第一步是确定所要传递的教学信息。传递什么信息，要依据教学目的和课程的培养目标。一般说来，课程的文字教材是按照教学大纲由专家精心编写的，通常都体现了要传递的教学信息。因此，在这一传播阶段，教师要认真钻研文字教材，对每单元的教学内容作仔细分析，将内容分解成若干个知识点，并确定每个知识点要求达到的学习水平。

第二阶段：选择传播媒体：选择传递信息的媒体，实际上就是信息编码的活动。某种信息该用何类符号和信号的媒体去呈现和传递，是一个较为复杂的问题，需用一套原理作指导。如选择媒体要能准确地呈现信息内容；要符合学生的经验和知识水平，容易被接受和理解；容易得到，需要付出的代价不大，而又能取得较好的传播效果。

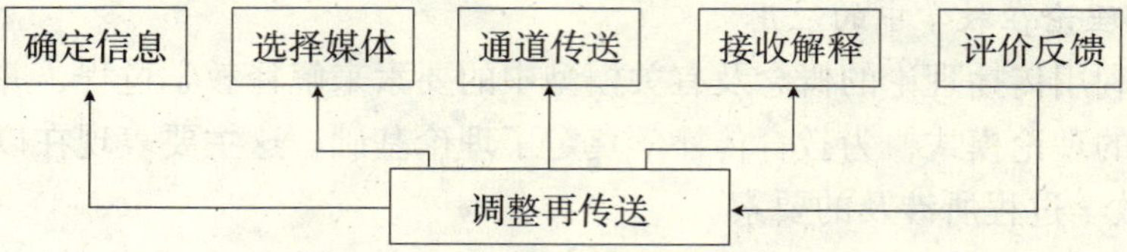

图2-2-4　教学传播过程

第三阶段：媒体传递信息：这时首先要解决两个问题：一是信号要传至多远，多大范围。要根据信号的传递要求，应用好媒体，保证信号的传递质量；二是信息内容的先后传递顺序问题。在应用媒体之前，必须做好信息传递的结构设计，在媒体运作时，有步骤地按照设计方案传递信息。媒体传递信号时应尽量减少各种干扰，确保传递质量。

第四阶段：接收和解释信息：在这一阶段，学生接收信号并将它解释为信息意义，实际上就是信息译码的活动。学生首先通过各种感官接收经由各种媒体传来的信号，然后学生依据自身的经验和知识，将符号解释为信息意义，并随之储存在大脑中。

第五阶段：评价和反馈：学生接收信号解释信息之后，增加了知识，发展了智力，但是否达到了预定的教学目的，需要进行评价。评价的方式和方法很多，可以观察学生的行为变化，也可以通过课堂提问、课后书面作业，以及阶段性的反馈信息。

第六阶段：调整和再传递：通过将获得的反馈信息与预定的教学目的作比较，可以发现教学传播过程中的不足，以便调整教学信息、教学媒体和教学顺序，进行再次传递。如在课堂提问时发现问题，可即时进行调整；在课后作业中发现问题，可进行集体补习和个别辅导；在远距离教学中发现问题，可以增发辅导资料，或在一定范围内组织面授辅导。

4）揭示了教学传播过程的若干规律

现代教学中随着传播学逐渐和教育学不断的结合，常把教学看成信息的传播过程，形成了综合运用传播学和教育学的理论和方法来研究和揭示教育信息传播活动的过程与规律，以求得最优化的教育效果。

①共识律：所谓共识，一方面指尊重学生已有的知识、技能的水平和特点，建立传通关系；另一方面指教师根据教学目标、内容特点，通过各种方法和媒体来为学生创设相关的知识技能，传授知识，以便使学生已经具有的知识技能与即将学习的材料产生有意义的联结，从而达到传播的要求。在教学传播活动中，共同的知识技能基础是教师与学生之间得以交流和沟通的前提。教学信息的选择、组合和传递必须首先顾及学生已有的知识、技能的水平和特点并考虑到学生的发展潜能。由于教学传播过程的动态平衡特性和学生心智水平的不断发展，"共识"的状态总是相对的，总是按"不共识——共识——不共识"的循环反复地螺旋式上升的。

②谐振律：所谓谐振，是指教师传递信息的"信息源频率"同学生接受信息的"固有频率"相互接近，两者在信息的交流和传通方面产生共鸣。它是教学传播活动得以维持和发展，获得较优传播效果的必备条件。传播的速度过快或过慢，容量过大或过小都会破坏师生双方谐振的条件，从而造成传播过程中的滞阻现象。教师或信息源的传递速率和传递容

量，必须符合学生的认知速率和可接受水平。但仅凭这点还不足以产生信息传播的谐振现象。教师还需要创设一种民主宽松、情感交融的传通氛围，即师生双方应该建立起合作关系；还需要时时注意收集和处理来自学生方面的反馈信息，以及时调控教学传播活动的进程。为了产生和维持谐振现象，各种信息符号系统、方式和方法还应当有节奏地交换使用。

③选择律：任何教学传播活动都需要对教学的内容、方法和媒体等进行选择，这种选择是适应学生身心特点、较好地达到教学目标的前提，并旨在以最佳的“代价与效果比”成功地实现目标，即最小代价原则。教育技术领域最为关注的是教学媒体的选择。教师和学生对媒体的选择，一般来说，总与可能获得的报偿或成效成正比关系，与所需付出的努力成反比关系。据此，选择媒体时就应考虑尽可能降低需要付出的代价，提高媒体产生的功效。如果产生的功效相同，我们应该选择代价低的媒体；如果需付出的代价相同，我们应该选择功效大的媒体。

④匹配律：所谓匹配，是指在一定的教学传播活动环境中，通过剖析学生、内容、目标、方法、媒体、环境等因素，使各种因素按照各自的特性，有机和谐地对应起来，使教学传播系统处于良好的循环运转状态之中。实现匹配的目的在于围绕既定的教学目标，使相关的各种要素特性组合起来，发挥教学系统的整体功能特性，因为每一要素都具有多重的功能特性和意义。目标的特点规定着各相关要素必须发挥与目标相关的功能，以便优化地达成既定的目标。否则，这些相关要素会产生游离松散、功能相抵的现象。在教学传播活动中，必然要使用到多种传播媒体，而各种媒体有各自不同的多重的功能特性，只有对它们了解熟悉，扬长避短、合理组合、科学使用，才能使它们相得益彰，决然不是随便凑合在一起便可产生匹配的效果的。

2.3 系统科学理论

2.3.1 系统科学概述

系统科学是研究系统的一般模式、结构和规律的学问，是在系统论、信息论和控制论的基础上形成的，也是信息时代高科技发展下的认识世界和改造世界的方法论，广泛应用于各领域和学科。它研究各种系统的共同特征，用数学方法定量地描述其功能，寻求并确立适用于一切系统的原理、原则和数学模型，是具有逻辑和数学性质的一门新兴的科学。系统思想源远流长，但作为一门科学的系统论，人们公认是美籍奥地利人、理论生物学家L. V. 贝塔朗菲（L. Von. Bertalanffy）所创立的。1968年贝塔朗菲发表专著：《一般系统理论基础、发展和应用》（《General System Theory Foundations，Development，Applications》），真正确立了这门科学的学术地位，该书被公认为是这门学科的代表作。

系统科学认为，整体性、关联性、等级结构性、动态平衡性、时序性等是所有系统的共同的基本特征。这些既是系统科学所具有的基本思想观点，而且也是系统方法的基本原则。

系统科学的基本思想方法，就是把所研究和处理的对象，当做一个系统，分析系统的结构和功能，研究系统、要素、环境三者的相互关系和变动的规律性，并以优化系统的观点看问题。

系统是由若干个要素构成的，系统内部各要素之间的关系构成了系统的结构。系统总是处在相应的环境之中，系统的功能是系统和外部环境之间关系的反映，是通过对环境的作用而表现出来的。系统是多种多样的，可以根据不同的原则和情况来划分系统的类型。按人类干预的情况可划分自然系统、人工系统；按学科领域就可分成自然系统、社会系统和思维系统；按范围划分则有宏观系统、微观系统；按与环境的关系划分就有开放系统、封闭系统、孤立系统；按状态划分就有平衡系统、非平衡系统、近平衡系统、远平衡系统等等。此外还有大系统、小系统的相对区别。

系统科学的任务，不仅在于认识系统的特点和规律，更重要的还在于利用这些特点和规律去控制、管理、改造或创造系统，使它的存在与发展合乎人的目的需要。也就是说，研究系统的目的在于调整系统结构，直辖各要素关系，使系统达到优化目标。

2.3.2 教育系统论

1. 教育系统的含义

把系统论与教育理论相结合，用于指导教育实践，就产生了教育系统论。把教育作为一个整体加以分析研究，对教育的优化提供了重要的思维方式和手段。教育系统论把教育视为一个由教师、学生、媒体等要素组成的系统。教育要优化，就要协调好各教学要素之间的关系，使之相互支持、相互理解、相互协调和齐心协力。因此，教育系统的功能，不仅决定于构成教育系统诸要素所具有的功能，而且决定于诸要素相互之间的关系，即系统的结构。

2. 教育系统的特征

（1）教育系统的目的性：教育系统因一定的社会需要而产生，以满足一定的社会要求而存在，教育系统的目的在于实现社会的要求。因而，教育系统的目的由社会这一大系统所规定，同时也与教育系统内部的各要素相联系。教育者、教育管理者的水平与素质、受教育者、教育管理对象的接受能力以及教育经费、设施、手段等，都在一定程度上促进或延缓教育目的的实现，决定教育指标的高低。教育系统的目的受社会环境制约，随社会进步而发展，应时代需要而存在，并受到社会实践的检验。

（2）教育系统的整体性：整体性观点是系统论的基本观点之一，包括：系统整体的不可分性、系统功能的整体性、系统质量的整体性、系统整体的放大性等内容。

（3）教育系统与环境的统一性：主要指教育系统与环境（自然与社会）的适应性与平衡性。教育系统与环境是水乳交融、密不可分的。教育系统与环境（自然与社会）的适应性与平衡性表现在：教育系统应适应环境发展的需要，教育也只有适应环境的要求才能得到发展。同时，环境又为教育系统的存在和发展提供了条件，教育要以环境为基础，并促进其发展。教育系统与环境是统一的，二者互为条件，互相适应，相互促进，相互制约。

（4）教育系统的相关性：指教育系统与外部环境之间、系统之间、系统各要素之间是相互联系、相互作用的，称之为相关性或关联性。特别是教育系统与社会系统中的其他子系统，如政治、经济等系统之间是紧密联系着的。政治系统决定着教育系统的发展方向，而经济系统可为教育系统的发展创造条件。反过来，教育系统的兴衰，也将关系到政治系统和经济系统，它可以巩固一个政权，也可威胁它的存在；它可以促进经济的高速发展，也可能成为制约经济发展的因素。

（5）教育系统的组织性：组织性是指对系统有序度的保持。教育系统的功能以其有序度为条件。如果系统失去了有序度而造成混乱，系统就要瓦解。要保持教育系统的组织性，即维持其有序性，应具备如下条件：一是结构的适应性，指系统的结构应适应系统的功能需要，才能提高系统的组织性，提高有序性，保证功能的实现。如“三个和尚没水吃”就是指要素结构不适应其功能的需要。二是系统的信息流通，指必须保证有足够的信息流通量，信息量不足，则使系统的无序度增高，有序度降低。

（6）教育系统的动态平衡性：教育系统是一个动态的发展过程，处于运转过程中的教育系统，要求它的要素之间、功能与结构之间、状态与目标之间保持动态的平衡，使它们相互适应，彼此匹配。如各科教师之间、师生之间、教师与领导、课程与培养目标、教育内容与教学方法、教师与教辅人数的比例等方面，都要适应。若不改变不适应的要素、结构、状态，就会使教育系统失去教育功能，严重则处于瘫痪状态。

教育系统论是现代教育技术的基础，从系统科学角度来认识现代教育，教育系统被认为是一个多因素、多层次和多功能的复杂系统，组成这个系统的要素包括教师、学生、媒体等。教育系统论就是采用系统分析方法，即从系统的观点出发，坚持在系统与部分、整体与外部环境之间的相互联系、相互作用、相互制约等关系中考察研究系统，以求得到最优化的系统效能。

2.3.3　教育信息论

1. 信息及信息论的概念

信息是事物发出的消息、情报、信号、数据等包含的内容，而不是事物的本身。信息是事物表现的一种普遍形式。信息论是研究控制系统中信息的计量、传递、变换、储存和使用规律的科学，它是由美国数学家香农（C. E. Shannon）于 1948 年创立的。

从信息论的角度来看，信息是对于事物及其状态确定性的度量。凡在一种情况下能增加确定性（或减少不确定性）的任何事物、媒介或行为，都可称作信息。由于将信息定义为事物的确定性，获得信息则表示不确定性或混乱程序的消除、减少，故信息量与概率紧密相连，可以运用数学统计的方法来度量信息，对系统中的信息做定量分析。信息系统调整自身的秩序或重建新的秩序，获得自身的发展和完善，称为有序化。信息系统要实现它的有序化，其条件是不断地开放于外部世界，获得外部世界生生不息的信息源泉。

系统的控制是借信息的改变而实现的，对一个系统实行控制，归根到底是对该系统中某些信息实行控制。通过信息的质的选取和量的调节，最后达到控制系统的整个状态。

2. 教育信息及教学过程

在教育系统中传递的信息，称为教育信息，包括教学信息和教育管理信息。教学信息是在教学过程中传递的信息，主要包括知识信息（认知信息）、教学状态信息和教学环境信息。信息论在教育中的应用而形成的理论，称为教育信息论，它是研究教学过程中的“人—人”关系（即师生关系间的教学关系系统），是关于教育信息如何传递、变换和反馈的理论。

从信息理论的基本观点去分析教学过程，可以得到如下几个认识：

（1）教学过程是有序的开放的信息系统：从教学过程所属的系统内部来看，学生或教师首先可以被看做是独立的一个开放信息系统，在教学过程中所产生的变化，总的倾向是有序程度的提高。教师和学生在教学过程中首先是作为一个开放性的传者和受者而出现的。开放性越高，传递和接收的信息越多，学生掌握的知识的有序性就越高。

从教学过程所属的系统来看，它本身是学校环境、社会环境这些大系统中的一个子系统，社会的文化、政治、经济、科技水平和道德价值总是通过社会的个体（教师和学生）对教学过程发生着影响。它们不仅作为条件影响着教学过程中信息的传递和变换，制约着教和学双方的发展，而且在一定条件下还可直接转化为教学信息，使教学过程与社会信息相通，维持其有序性。

（2）教学过程是“人—人”构成的耦合系统：教学过程是一个“人—人”的可逆通信系统，教师和学生双方以对方作为自己存在的条件，既对抗又相依，并互换着角色。理想的教学过程是一个充分耦合的系统。耦合的条件是教学过程处于最佳状态，教师的输出等于学生的输入时，教学信息量的流失和损耗可减少到最低程度。教学耦合系统的特点是：教和学双方具有自主学习、自组织和自适应能力，具有较高的效率和效果；教和学双方必须目标一致，和谐契合，才能提高教学过程信息有序化的功能；教和学之间的这种耦合性是以一定质态，一定数量的知识信息为中介而构成的。正是教学知识信息所产生的问题、矛盾，及由此引起的顺应、平衡等等状态，才引发了师生之间一系列的耦合活动，使教学过程不断发展走向有序。

（3）教学过程是一个合目的的可控过程：教学过程是教学系统的运行状态，是一个有明确目标、有高度计划性的连续的过程。无论是教材中知识信息的组合序列、教学过程总的序列及局部的序列，还是学生在教学过程中心智发展序列，都是严格按照全面发展的教育目标所设计、建构的。教学过程所发生的信息影响，完全体现着学校教育的合目的性和可控性。

（4）教学过程是教育信息的传播和反馈的双向过程：教学过程实质上是教育信息传播和反馈的过程。教师将储存状态的教育信息重新组合，变换成输出状态，并考虑如何以恰当的表达方式和顺序传递给学生，并运用反馈原理，不断从学生的反馈信息中获得调节和控制的依据，从而了解情况、发现问题、改进教法和优化效果。学生也可从教师那里获得反馈评价，了解自己的学习情况和存在问题，从而改进学习方法，提高学习效率。根据信息论的观点，教育活动中信息的传递应该是双向的，既有教师向学生传输的信息，也有从学生那里获得的反馈信息，并给予学生反馈评价。只有这样，师生配合默契才能获得较好的教学效果。

2.3.4 教育控制论

控制是人类社会的普遍现象，是人类改造世界的基本过程，它是通过信息反馈，进行有效的操作，实现目的的一种活动。控制论是研究各种系统控制和调节的一般规律的科学，是由美国数学家维纳创立的。控制论在教育领域中应用所形成的理论，称为教育控制论。它是研究教育系统中，运用信息反馈来控制和调节教师和学生的行为，从而达到既定目标的理论。利用现代科技手段传递教育信息，其出发点和归宿在于教育最优化。而优化的关键就在于“信息反馈”，有了反馈，才能进行有效的调节，使教学设计有的放矢，不断完善，更适合学生的实际情况。

1. 教育控制系统

教育系统是根据一定的教育目标，由一定的要素，构成一定的组织形式，实现一定教育功能的整体。为了实现教育的系统功能，达到教育目的，教育者必须运用信息对受教育者实行控制，因而，教育系统又是一个控制系统。教育控制系统是由教育控制者与教育控制对象以一定的联系方式构成的，并与环境相互作用的控制系统。

教育控制系统的任务在于获得有关实行控制的信息，形成控制对象，发出控制信号，调节控制行为等。它的功能是改变或保持系统的状态。教育控制系统可分为开环控制系统、闭环控制系统和组合控制系统等三种类型。

教育控制系统的基本要素是教育控制者和教育控制对象，教育控制者和教育控制对象的联系方式决定着教育控制系统的性质和功能，由于控制者和控制对象的各种联系方式而构成了教育控制系统的各种结构，如二部结构、三部结构、层次结构、环形结构、交叉结构和连锁结构等。控制能力是对控制作用与控制目标符合程度的度量，它用控制行为作用值与控制目标值的比来描述。提高控制能力主要是通过扩大控制范围和通过负反馈等方法来实现。

2. 教育控制工程

教育控制工程是运用教育控制论的思想和方法，对教育活动进行控制的工作过程，其目的在于最优化地实现教育目标，它的内容包括教育控制系统的设计和教育控制的最优化。教育控制系统的设计包括目标设计、控制项目的设计（控制对象、控制标准、控制手段等）、控制机构设计等。教育控制的最优化是在一定的限定条件下，使教育系统特性达到最优的控制过程。教育控制最优化是指教育目的的最优化、教育质量的最优化和教育过程的最优化。

2.3.5　系统科学理论对现代教育技术的指导意义

系统科学理论，对人类认识世界、改造世界，有着深远的影响。用“三论”的理论和方法指导教育科学，特别是从中提炼和抽象出来的系统科学的基本原理（反馈原理、有序原理和整体原理），对研究现代教育技术和指导其实践具有重要的意义。

1. 反馈原理

指任何系统只有通过信息反馈才能实现控制。在教学实践中主要强调信息传递必须具有双向性。反馈的作用在于：使教师及时地获得学生学习态度和学习成效的反馈信息，调整教学程序、教学信息传递速度和教学方法，从而保证教学按照预定的教学目标和教学计划，高效率、高质量地有序进行。

2. 有序原理

指任何一个系统的要素及子系统必须调整自身的秩序，或重建新的秩序，获得自身的发展和完善，称为有序化。在教育中强调要处理好教学系统内部的要素之间，以及与外部环境之间的关系，使它们之间的信息交换处于开放、有序的状态。

在现代教育技术的实施过程中以生动直观的教育信息与方法，更能启发学生积极思维，按照从感性到理性、从直观到抽象、从简单到复杂、从个别到系统的认识过程。因此，有序是最有效的学习方法。

3. 整体原理

整体性是系统的根本属性。整体原理指系统中各要素是相互作用、相互依存的。系统的整体功能不仅包括各孤立部分的功能之和，还应加上各部分相互作用而形成的新结构产生的功能。优化的课堂教学，应重视从教学整体进行系统分析，综合考虑课堂教学过程中的各个要素，包括教学目的的确定、优化的教学方法、优化的媒体选择，并注意各要素之间的配合、协调，发挥系统的整体功能才能达到优化的目标。

2.4 教学媒体理论

2.4.1 媒体与教学媒体

1. 媒体、教学媒体的含义

媒体一词来源于拉丁语“media”，音译为媒介，意为两者之间。是指信息的载体和加工、传递信息的工具。媒体有两层含义，一是指承载信息所使用的符号系统，如语言、文字、声音、符号、图形、图像等。媒体呈现时采用的符号系统将决定媒体的信息表达功能；二是指存储和加工、传递信息的实体，如书刊、挂图、画册、报纸、投影片、计算机磁盘、录音带、录像带以及相关的播放、处理设备等。

习惯上把媒体分为硬件和软件两大类。硬件是指那些储存、传递信息的机器和设备，如照相机、录音机、电视机、投影仪、光盘机和计算机等。软件是指那些能存储与传递信息的物体，如教科书、光学投影片、录音带、录像带、计算机光盘和软件等。硬件和软件不可分割，只有配套使用，才能发挥其存储和传递信息的功能。

在教学活动过程中所采用的媒体被称为教学媒体。从教学的本质上看，教与学的过程是一种获取、加工、处理和利用事物信息的过程，因此，作为存储和传递信息的任何媒体，都能充当教学媒体。

教学媒体一般可分为两大类，即传统教学媒体和现代教学媒体。“传统”与“现代”都是模糊概念，并没有严格的区分界限。我们认为，像过去传统教学中所使用的黑板、粉笔、教科书、挂图、模型、教具等称为传统教学媒体；随着现代科学技术的发展，近年被开发引进教育领域的一批现代传播媒体如幻灯、投影、广播、录音、电视、录像、光盘、电子计算机等软硬件及其相应的组合系统，如语音实验室、多媒体电教室、电子阅览室、微格教室、多媒体电脑机房等等，都被统称为现代教学媒体。跟传统教学媒体相比，现代教学媒体具有以下优势：

（1）通过现代教学媒体（如广播、电视、计算机网络等）能使教学信息即时传播至遥远的地区和更加广阔的范围，为实现远程教育、扩大教学规模，实现学习资源的共享提供了先进的技术和手段。

（2）现代教学媒体（如电影、电视、多媒体电脑及网络），不仅能传送语音、文字和静止图像，还能传送活动图像，能准确、直观、完整地传送事物运动状态、特征与规律的信息，有助于提高教育质量和效率。

（3）现代教学媒体（如录音、录像、计算机等），能记录、储存、再现各种教学信息，计算机还具有信息加工处理并与学习者相互作用的能力，将多媒体计算机与多种现代媒体集成组合在一起，还能虚拟仿真出多种物理、化学实验，模拟宏观、微观物体的各种运动变化过程，从而为个别化学习、继续教育以及创建新型教学模式，促进教育改革与发展提供物质条件。

现代教学媒体由于具有以上优越性，因此，它的开发与利用得到了社会各界的广泛关注，并使得人们的教育观念、教育理念发生了深刻的变化，它必将使得教育方式、教学模式出现根本性的变革，如目前已出现的远程教育、个别化学习和终身教育方式。

值得一提的是，现代教学媒体虽然具有以上优势，但它却不能代替传统的教学媒体，更不能代替教师的言传身教。教师的语言、教师的音容笑貌，仍是教学活动中的重要组成部分，文字与印刷媒体始终是教学活动中的重要媒体，各种媒体各有其自身的特点与功能，又有其局限性，媒体更代替不了教师。在教学活动中应把多种媒体优化组合，取长补短，才能充分发挥各种媒体应有的教学功能，以真正实现教学过程的最优化。

2. 学习资源

学习资源是指在学习过程中可被学习者利用的一切要素。教育传播学认为，教学的传播过程包括四大要素：教师、学生、信息和媒体，它们之间相互作用，构成一个完整的教学系统。由此可见，学习资源通常包括物质资源（如学习设施、设备）、人力资源（如教师、学习伙伴和学习团体）、信息资源（如学习材料、Internet 信息）和社会文化环境资源（主要表现为教学中各要素之间相互作用形成的氛围）。其具体组成要素如表 2-4-1 所示。

表 2-4-1　学习资源的组成要素

学习资源	描　述	例　子
人　员	促进学习的人	指导教师、学习团体、学习伙伴、在线专家
材　料	信息的载体，常指软件	教材、投影片、录音带、CAI 课件
设　备	加工、传递信息的工具，常指硬件	投影机、录音机、计算机、网络
信　息	主要指教学内容	概念、规则、原理
场　所	学习所处的周围环境	教室、图书馆、电子阅览室
资　金	学习所需的费用	学费、培训费等

学习资源的概念由教育技术的媒体观演变而来。它经历了媒体、媒体环境、学习资源三个阶段。在传统以“教”为中心的教学系统中，媒体就是学习资源。在这个阶段，人们习惯于用孤立、静止的观点来分析媒体的教学作用——主要研究如何通过媒体来提高教学内容呈现效果，媒体只起到单向传递教学内容的作用，因此，学习者处于消极的被灌输状态。随着认知学习理论的兴起和技术的发展，人们逐渐认识到学习者的认知主体地位，开始重视师生之间的交互活动，这时，媒体便成为双向交互的中介。随着教育技术学研究的不断深入和媒体技术的发展，交互媒体观念进一步向媒体环境的观念转变。媒体环境是指由多种媒体构成的学习空间，它可以通过多种渠道帮助教师的教学和学习者的学习。由于媒体环境常常由教师控制，因此学习者只有很小的自主权。

建构主义的发展使得人们对学习有了新的认识。学习是学习者通过自身原有的知识和经验，借助他人的帮助，利用外部资源主动建构知识意义的过程。在建构主义学习理论指导下，媒体不再是辅助教师教学的工具，媒体环境也不再由教师控制，而所有的资源配置都以支持学习者的学习为中心，媒体环境的观念也因此向学习资源观念转变，即依靠资源来促进有效的学习。在学习资源观念中，教师不再是学习资源的控制者，而是学习资源的设计者和提供者，学习者可以利用包括教师在内的各种学习资源来支持自己的学习过程。因此学习资源观念体现的是以“学”为中心的思想。学习资源的概念在 1972 年 AECT 的教育技术的定义中就已经提出并得到正式反映。

学习资源必须与具体的学习过程结合起来，才具有现实的教学意义。教育哲学家倡导从人的自身出发，学习资源的“本源”就是人自身（主要是语言和行为）和生活经验。因此，我们要转变资源的传统、静态观念，把注意力转移到动态可生成性的人力资源上，发展人的个人属性及社会属性，努力提高我国的教育教学质量。

3. 教学媒体的发展

教育史学家认为，教育史上曾经发生过三次重大的教育技术革命，现在是第四次革命。第一次革命是将教育年轻人的责任从家族手中转移到专业教师手中。第二次革命是采用书写，作为与口语同样重要的教育工具。第三次是发明印刷术和普遍使用教科书。第四次就是近些年来电子学、通信技术和信息处理技术飞跃发展所带来的结果，使电子传播媒体在教育领域获得广泛应用。从上可见，一种新型媒体的出现与应用，将导致教育史上的一场重大革命。这四次革命也确立了教学媒体的四个发展历史阶段。

（1）语言媒体阶段

语言的产生标志着人类在交流方面，特别是在记忆和传递知识以及表达较复杂的概念的能力方面取得了巨大的进步。人们通过语言可以将自己学到的东西有效地传播给家庭成员及社会中的其他成员特别是年轻的下一代。随着社会发展的需要，这项工作由部落中有经验和有威望的年长者来担任，因而出现了专职教师的教育方式，这就是教育史上第一次革命。在这一阶段，人类的教育方式主要是口耳相传和模仿等。

语言媒体作为一种最古老的传播媒体，具有简单、快捷、通俗、反馈等优越特性。即使在具备多种多样的现代化媒体的今天仍具有其他媒体所不能取代的优点。但是语言媒体的缺点也很明显，比如，语言符号比较抽象，常常需要手势、表情、体态去辅助，而且转瞬即逝，难以保存；语言媒体的传播距离有限，只能在有限的距离内实现交流。因此，在教学活动中，语言媒体应与其他教学媒体相互配合使用才能获得良好的教学效果。

（2）文字媒体阶段

从语言的产生到文字的出现，其间经历了几万年。最早的文字主要刻写在龟甲、兽骨、竹简、锦帛之类的物品上，从发明了造纸术并生产出第一批优良纸开始，纸便成了人们书写和记录文字最方便的工具。文字媒体的出现，引起了教育方式的第二次重大变革，使教育将文字书写与口头语言作为同等重要的教育工具，人类除了口耳相传又可以利用书写文字来传达信息，引起了教育史上的又一次重大革命。

（3）印刷媒体阶段

在印刷术发明以前，文字的传播主要靠各种形式的“手抄本”。公元 101 年至 1048 年间，我国宋代的毕昇发明了活字印刷术。这种活字印刷的方法，大大地节省了雕版的费用，缩短了出书时间，提高了效率，在印刷史上是一场大革命。印刷媒体的出现，使得信息可以大量复制、存储并广泛流传。对人类社会保存文化、传播思想和发展教育起了重大作用。

印刷媒体引进教育领域，教科书成为学校教育的重要媒体。学生的知识信息来源不仅来自教师，也来自教科书。学生不仅向教师学习，也向书本学习。教师利用统一的教科书，可以面对一班学生开展有效的教学活动，导致 17 世纪产生了学校教育的班级授课制。引起了教学方式教学规模的又一次重大变革，产生了教育史上的第三次革命。

文字印刷媒体是教学活动中传送教育信息的重要媒体。其应用于教学的主要优点有：

1）易于携带，使用方便；

2）制作成本低，易于分类、保存、修改和分发；

3）教科书、学术著作的出版，通常经过严格的审定，一般具有较高的水平，值得信赖；

4）具有稳定性和持久性；

5）学生可以按照自定步调组织学习。

但由于它是采用文字符号去描述事物和现象，过于抽象，对于缺乏生活经验的青少年难以理解接受。因此，在教学活动中，教师运用各种直观教具进行讲授，也是教学活动中不可缺少的环节。

（4）电子传播媒体阶段

19世纪末以来至今天，是科学技术迅速发展的年代。以电子技术新成果为主发展起来的新传播媒体即电子传播媒体大大提高了人类信息的传播能力和传播效率。并由此引发了教育领域中教育方式与规模上的一个根本性的变革，从而产生了教育史上的第四次革命。这一阶段具体可分为以下两个时期：

第一个时期是从19世纪末到20世纪50年代。在这一时期电教媒体被逐步引入教学，教学媒体开始出现电子化和现代化的特征。首先是幻灯、投影、留声机、广播走进了教育领域，接着是无声电影和有声电影。

电子科学技术的飞速发展，导致电子化媒体频频问世并应用于教学实践，推动教学媒体由视觉媒体、听觉媒体向视听结合媒体发展，从而掀起了视听教育的热潮。作为这一时期的核心媒体的电影，由于具有视听结合、直观、形象、生动、感染性强等特点，在20世纪40年代得到了广泛的应用。但随着电视技术、录像技术发展的日臻完善，电影媒体最终因设备昂贵、影片制作周期长、成本高而逐步退出了教学领域。

第二个时期为20世纪50年代至今。在这一时期，电子技术、通信技术与信息处理技术都得到迅猛发展。首先是电视、录像技术的发展。1884年，德国科学家尼普科（Nipkow）发明了世界上第一张机械式视盘，为现代电视技术奠定了基础，1927年美国法伦斯（Franswort）发明了世界上首台电视摄像机。9年后，“美国广播公司”即经常播放电视节目。电视在推广与应用中要解决的主要问题是图像的记录与重放，1954年世界上首台能用于演播室的磁带录像机诞生了，历经近半个世纪的发展，录像技术已非常成熟。目前，许多普及型、教学型的录像机已走进千家万户和学校课堂。

利用人造卫星转发电视节目，使电视覆盖面扩大至广阔的空间，又是电视技术发展的新里程碑。1957年苏联成功地发射了第一颗人造地球卫星。5年后，美国太空总署首次发射了专为新闻传播设计的人造卫星“电星一号”，创下了电视进入太空时代的新纪元。1974年，美国发射的“实用技术卫星6号”直播用彩色电视播放内容，进行扫盲、普及教育、职业训练和成人教育，取得了令人鼓舞的教学效果。

1986年我国租用国际通信卫星上的两个转发器，并分别于1986年7月1日和1988年11月1日起开通两个专用教育电视频道，播送电大、成人教育、师资培训和职业技术培训等课程。我国自1979年2月创办中央广播电视大学，在经历了二十多年的发展后，已逐步形成了一个以中央电大为教育中心，以各省市电视大学进行分级办学、分级管理的多层办学、全方位开放的远程教育体系。据1994年资料统计，中央广播电视大学办学15年来，共开设专业130个，课程400多门，培养本科生1 675人，中专生30万人，为国家培养了大批高级应用型人才。

计算机是20世纪最重要的科技发明。从1946年第一台电子管计算机诞生开始，计算机技术发展突飞猛进，不断更新换代，从电子管、晶体管、集成电路到大规模集成电路，甚至单芯片的微型处理机等的问世，计算机的体积越来越小，运算速度越来越快，功能越来越强大，应用领域不断扩大，信息处理能力也在不断增强，日益显示出其强大的生命力。利用多媒体计算机辅助教学，交互地综合处理文本、图形、图像、音频、视频和动画等多种媒体信息，通过其进行有效控制并建立逻辑连接，能表达出更加丰富而复杂的教学内容，能有效地突破教学中的难点，解决平时教学中难以解决的一些问题，能使教学内容简单化，使教学过程变得更加生动、形象和有趣。目前，多媒体化、网络化和智能化使计算机的发展进入了一个崭新的发展时期，并成为当今一种重要的现代教学媒体。

网络的强大生命力在于其对信息的传播和资源的高度共享。从美国国防部网络 ARPAnet 发展起来的 Internet（国际互联网），是由分布在世界各地大量计算机网络遵照共同的传输控制协议连接而成的因特网。因特网的迅猛发展始于 20 世纪 90 年代，在经历 10 多年的发展后，现已成为一个全球性的网络，用户遍及世界上 170 多个国家和地区，1996 年网上已经有了 80 万台计算机和 3 000 多万用户。2000 年，有 100 万个网络、1 亿台计算机和 10 亿用户使用因特网。我国于 1994 年 4 月 20 日用 64Kb/s 专线正式连入因特网，并被国际上正式承认为接入因特网的国家。同年 5 月，中国科学院高能物理研究所设立了我国的第一个万维网服务器，9 月中国公用计算机互联网 CHINANET 正式启动。目前，我国已建成的全国性网络主要有：中国公共数字数据网、金桥网和中国教育科技网 CERNET 等。至 1996 年 8 月，已有 100 多所大学通过中国教育科技网络联通因特网。

我国的高等院校和有条件的中小学，都在学校内建立起自己的校园网，这些网都将通过本地区教育城域网、电信宽带网或教育科研网与 Internet 连接。这样，多种渠道的大量信息都能通过网络进入学校，学生可以从网上自由选取适合的教育资源进行有效的学习。

需要指出的是，现代教育传播媒体是一个发展的概念，随着现代信息技术的发展，目前现代教育传播媒体主要是指基于计算机、网络等现代信息技术的教育传播媒体。

4. 教学媒体的分类

随着科学技术的发展，教学媒体越来越多。依据不同的标准，教学媒体可分为多种类型。

（1）按照媒体使用时用“电”与否，可分为传统教学媒体和现代教学媒体两大类。

（2）按照媒体的制作方式，可分为印刷和非印刷两大类。

（3）按照媒体的物理性能，可分为光学投影媒体、电声媒体、电视媒体和计算机媒体四类。

（4）从传递信息的范围来看，可分为有限接触和无限接触等两类。

（5）从能否及时反馈信息来看，可分为单向和双向两类。

（6）从传递信息与现实事物的关系来看，可分为实物型、模拟型和符号型三类。

（7）从使用者对媒体的可控性来看，可分为可控型、基本可控型和不可控型三类。

（8）根据使用方式不同，又可分为教学辅助媒体和学生自学媒体。自学媒体是指教师不在场的情况下，学生可进行自学的媒体。

（9）按媒体呈现的形态，罗纳德·安德森（Ronald H. Anderson）将媒体分为 10 大类：

听觉媒体、印刷媒体、听觉—印刷媒体、静止图像投影媒体、听觉—静止图像投影媒体、活动视觉媒体、有声活动视觉媒体、实物媒体、人类与环境的资源、计算机。

（10）根据教学媒体作用于人的感官不同，分为非投影视觉媒体、投影视觉媒体、听觉媒体、视听觉媒体和综合媒体 5 类，如图 2－4－1。

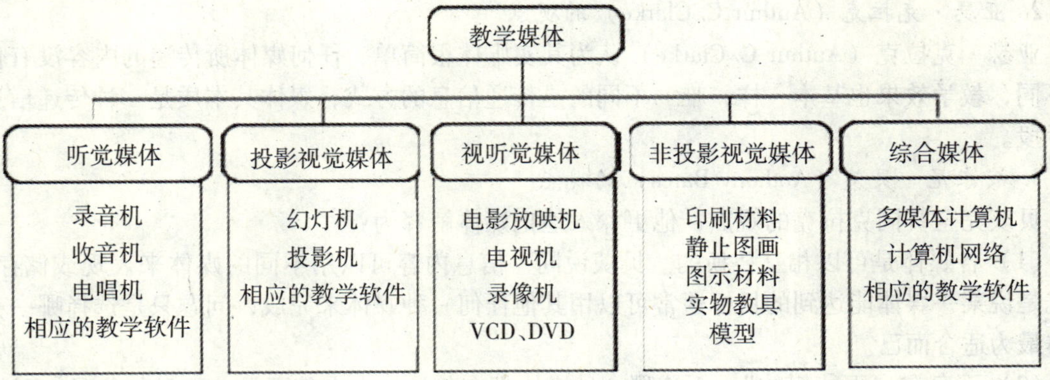

图2-4-1　按人的感官的教学媒体分类

上述仅简介了部分教学媒体的分类法，可见名目繁多，我们可以按使用与研究工作的需要，选用那些最有用的分类法去应用。

2.4.2　媒体的本质

20世纪60年代以前，由于媒体的贫乏，人们把它仅仅看做是一种可替代的工具或手段。教师使用媒体不是为了追求效果而是为了自我劳动的解脱。从20世纪60年代开始，随着电子技术的飞速发展，导致了媒体研究的热潮。世界各国的媒传专家一时间都在炫耀自己的研究成果，企图以一家之言横空一世。尤其在媒体本质研究方面形成了各种观点学说。这里介绍几种最具代表性的观点并加以评析。

1. 麦克卢汉的观点

1964年麦克卢汉出版了《媒介·通讯·人体的延伸》专著，首次系统论证了人类进入电子时代时，媒体给人类带来的重大影响，并对传播媒体的性质、特点、作用提出了全新的观点和概念。一时间在西方形成风靡一时的“麦克卢汉热”。麦克卢汉的主要观点是：

（1）“媒体就是信息”：这是麦克卢汉关于媒体本质的中心论点。他认为媒体传递的实质东西是媒体本身的特性，而与其具体的内容无关。也就是说媒体等同于信息，把两者分开是不应该的。后来他又进一步强调媒体传递的真正“信息”是它本身对传者的刺激和按摩，而不是它所传递的内容。因为一种新的媒体一旦出现，无论它将传递什么样的具体内容，这种媒体本身就会给人类社会带来某种信息，引起社会的某种变革。

（2）“媒体是人体的延伸”：任何一种媒体都会程度不同地使人的各种感觉器官的平衡状态产生变动，使某一种感官凌驾于其他感官之上，造成“心理和生理上的影响”。例如望远镜是人眼的延伸，计算机是人脑的延伸等。

（3）“媒体有‘冷’、‘热’”之分：把媒体分为“冷媒体”和“热媒体”，这实在是麦克卢汉的古怪想法。至今没有任何事实证明这个观点有什么价值。他所指的“冷媒体”是那些“低清晰度”的、提供信息很少的媒体，如漫画、电话、广播等媒体；“热媒体”是那些“高清晰度”的，提供信息充分和完善的媒体，如电影、电视等媒体。

西方人“麦克卢汉热”早已冷却，他本人也许被后来者模糊，以致凡提到他的观点的文章都把它们当做古怪的东西来对待。但是传播学界普遍认为麦克卢汉理论价值真正在于它使人们对媒体本身的认识和研究为之一新。

2. 亚瑟·克拉克（Authur C. Clarke）的观点

亚瑟·克拉克（Authur C. Clarke）认为其实媒体很简单，任何媒体所传递的内容没有什么不同，教学效果也基本一样，唯一不同的是传递信息的方式，媒体其本质是一种传递信息的手段。

3. 安东尼·贝茨（Aothony Bates）的观点

贝茨完全赞同克拉克的观点，他更深入地把媒体解释为：

（1）各媒体是可以相互替换的。贝茨说同一信息内容可以用不同的媒体来表现或储存，也就是说某一媒体能达到的目标通常可以用其他任何一种媒体来完成，问题只是选择哪一种媒体最为适合而已。

（2）不存在“万能媒体”。无论哪一种媒体都有其长处也有其不足，而且往往是一种媒体的长处正好是另一种媒体的短处。在教学中有意偏爱一种媒体是有害的，多种媒体综合使用是较有希望成功的。

（3）对某个特定的内容来说，存在着一种媒体比其他任何媒体都能更好地表现其内容的媒体。

4. 布鲁纳（J. Bruner）的观点

布鲁纳认为在传授基本知识方面各种媒体的功能几乎是相近的，但在发展技能方面各媒体表现出来的作用是不一样的。这种观点对教学媒体的选择使用是十分有用的。目前流行的许多选择方法都受到此观点的影响。

现在看来麦克卢汉的观点中“媒体是人体的延伸”是最有道理的，而“媒体就是信息”是值得称道但却被过分地渲染了，把媒体分为“冷”和“热”则完全是无意义的。贝茨的观点与克拉克的观点是一致的，虽然贝茨对克拉克的观点做了一些发展，但始终没有跳出克拉克的圈子。他们把媒体仅仅看做是一种信息发送的手段未免太过简单，只是描述了媒体的外在表象，从来没有对其进行深层次的挖掘。布鲁纳仅从媒体的教育效果方面进行了研究，其观点被后来的研究者证实为失之偏颇，纵使对后继者有一些指导，但程度不大。

综上所述，给媒体的本质界定一个大家认同的结论似乎不太可能，但我们可以从中得到一些启发和灵感，对他们的研究成果作一次有意义的分析、归纳、总结，可得到如下结论：

（1）媒体本身带有一定的信息，对规定知识的获得首先来自于对媒体的认识。

（2）媒体拓展了人体的器官，包括生理的和心理的。

（3）媒体对不同的内容有着不同的表现能力，掌握好媒体对内容的效能是提高教学效果的关键。

（4）媒体是连接传者与受者的纽带，信息的有效交流必须建立在对媒体的有效选择上。

（5）教学媒体作为传递经验的物质手段其必须是具有一定物质形式的客体。这就是说，教学媒体必须是能作用于人、使主体能对其产生能动反映的事物。否则它就不可能成为主观经验的媒介、信息的负荷者，也就不能成为教学媒体。

（6）教学媒体虽作为负载经验或信息的工具或信号，但教学媒体本身不是经验或信息本身。教学媒体本身仅为经验或信息的传递提供一种能作用于学习主体的经验的物质模式或能量模式，从而刺激主体的反映系统的活动。而经验或信息本身则是主体的反映系统的能动反映的主观产物。因此，既要看到教学媒体与其传递的经验之间的联系，又要看到其间微妙的区别。这是经验的传递不同于物的传递的根本所在，也是传统的注入式教学思想或把教育的经验传递说误解为注入式教学的谬误所在。引进教学媒体的概念，明确教学媒体的这一工具性特点，不仅对澄清注入式教学思想与对教学的经验传递说的误解是有益的，且对清除教学上的形式主义方法或形式主义教学的影响也是必要的。

2.4.3　媒体与教学的关系

依据教育的系统论观点及经验传递说，教学为一种经验传递系统。由于经验本身的主观性，它必须依存于一定的物质形式（对人来说，依存于人脑），而不能离开物质而独立存在。这样，经验本身是不可能像物质那样单独传递的。经验的传递，必须借助于一定的物质形式负载经验，其传递才有可能。教学则必须借助于教学媒体，赋予作为传递对象的经验以一定的物质形式，使传递中的信息以一定的信号发送，经验的传授才有可能。教学媒体在教学系统中的作用，在于它是作为传递对象的经验要素的变质变形的工具，是使经验传递成为可能的工具。

关于视听教学媒体在教学中的优点，早在17世纪就被捷克教育家夸美纽斯（Amos. Comenius1592～1670）所全面认识，他认为“事物先于文学”（Things Before Words），提倡感官教学，充分利用视觉、听觉、味觉、嗅觉及触觉的功能。提出感官是知识教学的媒介，而实物教学是最主要的方式。20世纪，特瑞克勒（D. G. Treichler）则更精确的断言，对于一个没有心理障碍和生理疾病的人来说，用于获知的所有感官中，通过视觉的学习占83%，听觉占11%，味觉占1%，嗅觉占3.5%，触觉占1.5%。具体说来有以下几点：

1. 学生视听觉的认知能力

是指对视听觉材料进行鉴别与分析，从而获得有效信息的能力。大量研究表明，学生的年龄、知识经验、生活环境以及文化背景等是影响视听觉认知能力的主要因素。其次，视听觉材料本身的质量也是影响其认知能力的关键所在。对于视觉材料而言，主要表现在：

(1) 材料的逼真程度：实验表明，材料的逼真程度与学习量是一个抛物曲线关系，即高度逼真和不逼真都不利于学习，中等逼真度是最佳的。

(2) 构图：构图的方法很多，唯一的目的是使得画面变得好看且能理想的表现主题。构图要与看图相联系，根据大多数人的看图是从中心部位开始的这一习惯，应尽量将其重点放在图中心。如果画面内容本身的特性决定了重点部分恰好落在了中心部位以外，则需要在着色、字幕或语言提示方面加以引导。

(3) 技术水平：制作视觉材料的技术水平也会影响到认知过程的完成。最基本的要求是所呈现的画面尽可能清晰，不论是亮度、对比度、色度都要符合人们的习惯。

对于听觉材料而言，主要表现在：语言是否清晰、标准，口齿是否伶俐，表达是否有情感等方面。除了特殊要求以外，制作时必须选用音、色、情等感觉俱佳的人来完成。另外诸如像录音技术、场地、使用环境等条件也会影响到听力的正常发挥。对于声画合一的视听材料，除满足上述的要求外，还需注意声画合一的合理性、科学性、教育性、艺术性，重视整体效应。

2. 视听教学媒体使课堂更具趣味性

由于视听媒体对教学内容的表达有相当的“宽容性”和“自由度”，可依据教学材料的抽象程度制作成不同形象层次的形式。它比教师的口授具有更为广阔而形象的时空，能使学生较长时间地保持集中而旺盛的精力，能够展现激发学生求知动机、吸引注意力、培养技能、提高思维能力、指导思考等多种刺激，并使其贯穿于整个学习过程中。

3. 缩短教学时间，提高教学效率

可以这样认为，规划合理的视听媒体，它更多地克服了人为的干扰因素，使呈现的教学信息有很高的“清晰度”，信息的传输是在“导演”了的情况下进行的，这里面融会了学科专家、教育专家、媒体专家的智慧和心血。在短时间内，大量的信息内容，在教师成功的引导下，又能被学生很乐意地接受，从而提高了教学效率。

4. 选择恰当的视听教学媒体

各种媒体既有优点，又有局限性，没有一种时时、处处都适用的万能媒体。不论在什么形式的教学中，可以考虑选择多种媒体组合使用、充分发挥各种媒体的优点。尤其是在那些经济十分落后的地区，非投影媒体可能是唯一有效的视觉资源。

5. 视听教学媒体改变了学习方式，减轻了教师的劳动强度

由于视听教学媒体的存在，教学活动不再局限于教室或课堂之中，可在任意时空进行，打破时空的限制。尤其是当设计了供个人使用的视听媒体后，学生可在方便的时间和地点学习。这一便捷之处对于那些既担负工作又希望再学习的人来说显得特别重要。而视听媒体特有的重复播放和复制等功能，大大减轻了教师的劳动强度，增加了对个别学生的指导时间等。

2.4.4　教学媒体的选择与应用

由于具体的教学目的、教学对象、教学内容的不同，以及不同媒体可以传递相同的信息，不同媒体也可以具有相同的特性，所以教学媒体的选择并不存在刻板的一一对应的关系。研究表明，影响教学媒体选择的因素有以下几个方面：

1. 教学任务方面的因素

教学任务方面的因素如教学目标、教学内容、教学方式等。选择什么样的教学媒体来传递经验，首先，要考虑教学目标。因为有些媒体可能更容易激发学生对所学知识的记忆，有些媒体可能更适合用来演示需要学生掌握的技能。也就是说有些媒体比其他媒体更适合于某种学习类型。其次，要考虑教学内容的特点，即所要传递的经验本身的性质。如果所要传递的是一种感性的具体经验，则必须在非言语系统中选择适用的媒体。如果所要传递的是一种理性的抽象经验，则除了要有必要的非言语系统的媒体相配合外，必须选择用言语系统的媒体，否则就难以完成传递任务。教学方式不同，可供选用的媒体也往往不同，如采用直接交往方式来传递经验时，可用口语系统的媒体；采用间接交往方式来传递经验时，一般用书面言语系统。有时在完成一些特殊的不许可发生错误的教学内容时，如外科手术操作、飞行驾驶操作、操纵核能设施的操作等等。如发生错误，就会引起危险后果，在完成这类教学内容时，必须采用各种模拟性媒体。所以，教学方式也是选择媒体的一个依据。

2. 学习者方面的因素

教学媒体对经验的传递作用，取决于经验接受者的信号接收及加工能力，如感知、接受能力、知识状况、智力水平、认知风格、先前的经验、兴趣爱好及年龄等。学生年龄不同，经验发展水平不同，其内在编码系统也不同，对教学媒体的接受能力不同，采用的教学媒体也应有差别。

3. 教学管理方面的因素

如教学的地点、是否分组或分组的大小、对学生的要求、获取和控制教学媒体资源的程度等。

4. 经费和技术方面的因素

如硬件的费用、软件开发费用、媒体维修的费用、教辅人员的培训费用等。此外，还要考虑媒体的质量，操作媒体的难易程度，媒体对环境的要求，媒体使用的灵活性和耐久性等。需要指出的是，教师在教学设计的媒体选择中，常常只考虑教学任务和学习者这两方面的因素。这是可以理解的，因为教师是教学任务和学习者的执行者和实施者，自然从“需要”的角度考虑得多一点。但是，对教学媒体的管理和技术因素也应予以重视。因为，教学媒体的选择，应该既考虑教学需要什么媒体，又要顾及现实可能为教学提供什么媒体。

5. 媒体的教学性能

媒体的教学性能指标主要有五项：

（1）表现力：教学媒体表现事物的空间、时间和运动特征的能力。

（2）重现力：教学媒体在不同的时间、空间条件下，重现被储存的信息的能力。

（3）接触面：教学媒体在同一时间内，可以将信息传递给学生的最大传递范围。

（4）参与性：教学媒体在发挥作用时学生参与活动的机会。例如，学生随时中断媒体使用而进行提问、思考、讨论等其他学习或活动可能性。

（5）受控性：教学媒体操作方法的难易和使用的便利程度。

2.4.5　教学媒体的选择方法

1. 问卷选择法

这种方法是利用列出的一系列有关媒体选择中的问题作为问卷，教师根据所列问题逐个深入考虑，从而找出适合完成教学任务的媒体。如：

媒体材料是在集体讲授时呈现，还是用于个别化学习？

教学内容是要做图解、图示的处理还是照相处理，或者是两者组合？

视觉内容是用静止图像还是运动图像来呈现？

哪些类型的静止图像是可用的？

运动图像是制作录像带还是视盘？

视觉内容是否需要声音？

什么时候需要考虑使用多媒体技术？

选择媒体设备时应作出什么决定？

2. 流程图选择法

西方一些心理学家主张采用流程图进行渐进而精细的分析，该方法是在问卷选择法的基础上，把选择的问题排列成一定的程序，教师对每一个问题回答“是”或“否”而进入不同的选择分支，最终完成对媒体的选择。根据不同的教学目标和教学策略，可以有不同的流程图。例如罗米斯卓斯基（A. J. Romisewski）的视觉媒体的选择决策流程，这个视觉媒体选择的决策流程图（如图 2－4－2 所示）是由罗米斯卓斯基设计的（1974）。他将视觉媒体选择的过程分解成一系列按顺序排列的步骤，每一步都有一个问题。这些问题由媒体选择者用“是”或“否”逐步回答后，分别引向流程图的一个个分支并逐步排除一些供选用的媒体，最后剩下的媒体被认为是最适用的教学媒体。

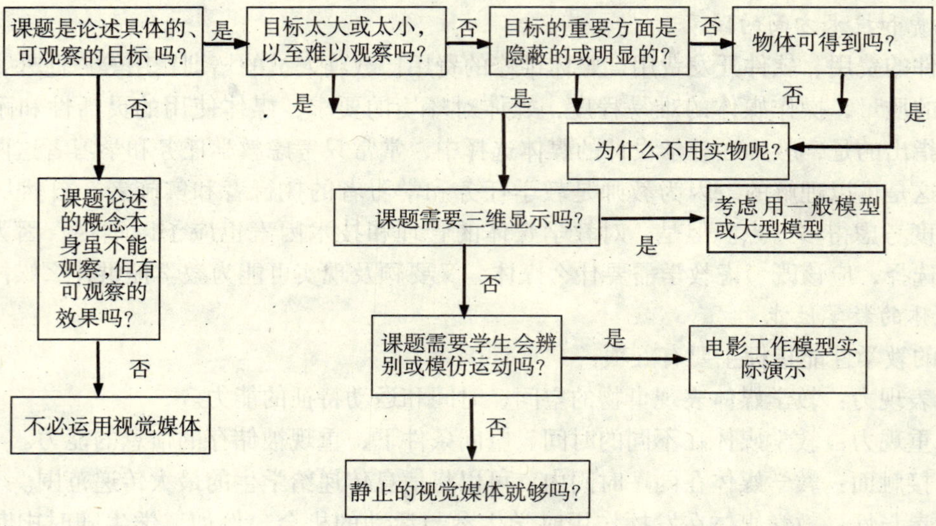

图 2－4－2　选择视觉媒体的决策流程

第3章　视听教学媒体

即使是在因特网技术迅速发展并深刻地改变着人们的学习、工作和生活方式的今天，视听媒体在现代教育教学中仍有着不可替代的功能，是教育信息化建设中不可缺少的组成部分。本章主要介绍视觉媒体、听觉媒体、视听媒体的基本技术与教育应用方法。

学完本章后，你应该能够

1. 能操作各种教学媒体，了解各种教学媒体使用中的注意事项。
2. 掌握听觉媒体、视觉媒体和视听媒体三类媒体的教学应用方法。

学习活动建议

1. 教师在课堂上为学生做各种教学媒体的操作演示实验。
2. 有条件的情况下，尽可能做一些媒体操作实验，比如：数码相机的使用实验、数码摄像机的使用实验。
3. 没有条件做实验的情况下，可通过互联网观看设备操作实验视频。比如：安徽师范大学教育科学学院现代教育技术精品课程，网址为：http：//210. 45. 192. 19/kecheng/2004/04/mtys/mtys. htm

3.1　视觉媒体

常用的视觉类媒体设备包括照相机（本章只讲授数码照相机）、幻灯机、光学投影仪及屏幕、投影机、视频展示台、电子白板等。

3.1.1　数码照相机

数码照相机也称数字相机，它拍摄记录下来的是数字化影像，可以很方便地通过计算机进行图像加工处理、打印照片、制作多媒体幻灯片、储存备用，还可以借助数字通信网络实现即时远距离传输。

1. 数码照相机的基本结构及工作原理

结构：包括镜头系统、感光芯片、模数转换系统、存储器、液晶显示器、电源等，如图3－1－1。

原理：景物通过光学镜头将景物聚合到感光芯片（电荷耦合器 CCD）上，并将光信号转换成电信号；后经模/数转换器（A/D）转换成数字信号；再由微处理器（MPU）对信号进行压缩并转换成特定格式的图像文件进行储存或在液晶显示器上显示。在用数码照相机拍照时，景物通过照相机镜头聚焦在 CCD 芯片上，CCD 芯片把影像分解成为成千上万的像素，并转换为电信号。电信号通过模/数转换器转换为二进制的影像数据，存储在照相机的存储器中。这样，即完成了一幅照片的拍摄。

图 3－1－1　数码相机的结构

（1）镜头系统

镜头起成像作用，是将被拍摄的景物通过它成像在感光芯片 CCD 或 CMOS 上，主要包括镜头、光圈、快门、聚焦系统等。

1）镜头

数码相机所用镜头分为定焦镜头和变焦镜头两大类。

①定焦距镜头

定焦镜头是指焦距固定不变的镜头。一般分为标准镜头、广角镜头、远摄镜头三类。

标准镜头：标准镜头是视角在 50°左右，焦距与感光芯片成像区域的对角线长度接近的镜头。其特点是所摄画面影像的透视效果（近大远小）与人眼看实际景物的透视效果较为接近，符合人眼的透视标准和习惯。

广角镜头：视角大于 70°以上，焦距长度比感光芯片成像区域的对角线长度短得多的镜头。其特点是焦距短、视角大、景深长。适合拍摄景物前后清晰度大的照片，或在较狭窄范围内拍摄较大场面的照片。

远摄镜头：视角在 40°以下，焦距比感光芯片成像区域的对角线长度长得多。根据焦距的大小，望远镜头又分为中焦镜头、长焦镜头和超长焦镜头。望远镜头的特点是焦距长、视角窄、看得远、成像大。适合将远景拉近拍大，适合于拍摄不易接近的被摄物体，以及远距离偷拍。

②变焦镜头：变焦镜头的焦距可以在一定范围内调节变化，视角可由焦距的不断变大而在广角镜头的视角和望远镜头的视角之间变化。使用变焦镜头，拍摄者站在同一位置上推拉或旋转镜头，就可以变换焦距，拍摄出大小不同的画面。

2）聚焦系统

聚焦系统的作用是改变拍摄时镜头镜片离感光芯片的距离，使被摄景物在感光芯片平面能清晰成像。数码相机的聚焦方式也有自动聚焦、手动聚焦和免聚焦之分。高档数码相机往往同时具有自动聚焦和手动聚焦系统，中档数码相机多数只有自动聚焦而没有手动聚焦系统，低档数码相机一般采用免聚焦。

3）光圈和快门

光圈是在镜头中间由数片互叠的金属叶片组成的可调节镜头通光口径的装置。光圈的第一个作用是调节通光量。光圈能开大，能缩小。在拍照同一个对象时，光线强时，应将光圈缩小，光线弱时，应将光圈开大。第二个作用是改变景深范围大小。光圈越大，景深越小，光圈越小，景深越大。

光圈孔径的大小通常用光圈系数表示（F 系数），光圈系数是镜头焦距与光孔直径的比。如：F2.8、F4、F5.6、F8、F11、F16、F22 等。每个系数为光圈的一个档次。光圈系数值越大，光圈口径越小，通光量越小。反之，光圈系数值越小，光圈口径越大，通光量越大。上面各光圈档次中，F2.8 最大，F22 最小，前面光圈档次的通光量是后面通光量的 2 倍。如：F2.8 的通光量是 F4 的 2 倍，F4 的通光量是 F5.6 的 2 倍，以此类推。（如图 3－1－2）

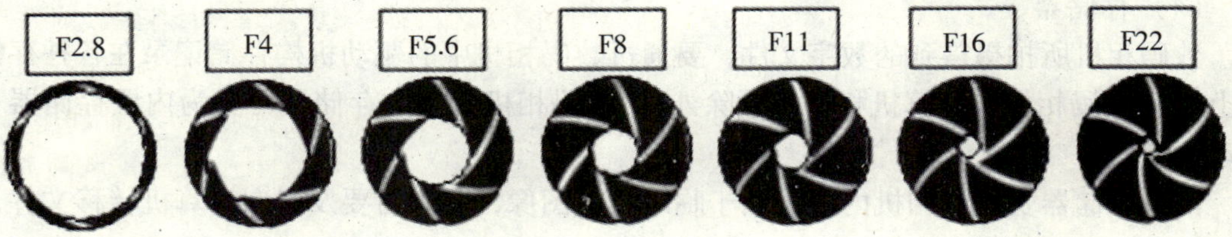

图 3 – 1 – 2　光圈与 F 系数

快门是控制感光片曝光时间长短的装置。照相机上通常在快门速度盘上刻有一系列标记：1、2、4、8、15、30、60、125、250、500、1 000、2 000、B 等。它们的实际值是标定值的倒数。即：1、1/2、1/4、1/8、1/15、1/30、1/60、1/125……如果在 B 门和 1 之间用其他颜色标有 2、4、8 等，则代表整秒数。

B 门俗称为“慢门”，在需要进行长时间曝光时使用。一般情况下，按下快门按钮时即开启，松开快门按钮时即关闭。使用 B 门要有三脚架和快门线与之配合。

（2）感光芯片

数码相机的心脏——感光元件与传统相机相比，传统相机使用“胶卷”作为其记录信息的载体，而数码相机的“胶卷”就是其成像感光元件，而且是与相机一体的，是数码相机的心脏。感光器是数码相机的核心，也是最关键的技术。目前数码相机的核心成像部件有两种：一种是广泛使用的 CCD（电荷耦合）元件；另一种是 CMOS（互补金属氧化物导体）器件。

1）两种感光元件的不同之处

由两种感光元件的工作原理可以看出，CCD 的优势在于成像质量好，但是由于制造工艺复杂，只有少数的厂商能够掌握，所以导致制造成本居高不下，特别是大型 CCD，价格非常高昂。同时，这几年来，CCD 从 30 万像素开始，一直发展到现在的 800 万像素，像素的提高已经到了一个极限。

在相同分辨率下，CMOS 价格比 CCD 便宜，但 CMOS 器件产生的图像质量相比 CCD 来说要低一些。到目前为止，市面上绝大多数的消费级别及高端数码相机都使用 CCD 作为感应器。

CMOS 影像传感器的优点之一是电源消耗量比 CCD 低，CMOS 影像传感器的另一优点是与周边电路的整合性高，使体积大幅缩小。

2）影响感光元件的因素

对于数码相机来说，影像感光元件成像的因素主要有两个方面：一是感光元件的面积；二是感光元件的色彩深度。

感光元件面积越大，成像较大，相同条件下，能记录更多的图像细节，各像素间的干扰也小，成像质量越好。但随着数码相机向时尚小巧化的方向发展，感光元件的面积也只能是越来越小。

（3）模/数转换系统

用于将拍摄得到的电信号进行数字化后存储。模/数转换部分的质量档次直接决定所拍摄存储影像的质量。

（4）存储器

数码相机所拍摄得到的数字文件，要通过数码相机中的驱动机构存储记录在各种存储媒体上（将数码相机与计算机相连拍摄除外）。数码相机所用的存储器可分为内置存储器和可移动存储器。

内置存储器安装在相机内部，用于临时存储图像，装满后要及时向计算机转移文件，否则无法继续存入图像。

可移动存储器分为 PC 卡、CF（Compact Flash）卡、SM（Smart Media）卡、软盘、（NZ）光盘、Miniature 卡等几类，装满后可取出更换，就像普通相机拍完可换胶卷一样，所不同的是这些存储器可以删除和反复记录，使用方便、灵活。要将拍摄存储在 PC 卡中的影像文件传送给计算机，除了将数码相机与计算机相连传送外，还可以将 PC 卡插入笔记本电脑直接下载，或将它装进 PC 卡读取器下载给普通计算机。

（5）LCD 液晶显示器

数码相机上装置彩色液晶显示器具有三方面的作用，一是作为取景器，供拍摄者观察被摄景物和景物范围，确定画面构图和拍摄范围的装置；二是使数码相机具有即显性，拍摄后可及时观看，对拍摄影像的质量进行判别、确认，发现不足可删除重拍；三是显示参数设置菜单，便于拍摄者根据需要正确控制调整数码相机。比如，大部分数码相机设置两种或三种 JPEG 压缩方式供拍摄选择，有的数码相机同时还提供了非压缩的"17FF（Tag Image File Format）格式。压缩比大，占用存储空间小，但图像细节被压缩算法丢失多，图像分辨率低；压缩比小，可保留更多的图像细节不被压缩算法消除，图像细腻，层次表现丰富，质感强，但占用存储空间大。

（6）接口

接口是数码相机连接外部设备的通道。常见数码相机的接口有：串行接口、并行接口、USB 接口、AV 接口、电源输入接口等。

2. 数码照相机的使用

数码相机的种类很多，但是在结构和操作方面又有共同点，基本上可以触类旁通。下面以 SONY DSC－T50 数码照相机为例，介绍相机各功能部件及使用方法，如图 3－1－3 和图 3－1－4 所示分别为数码相机正面、背面部件布局。

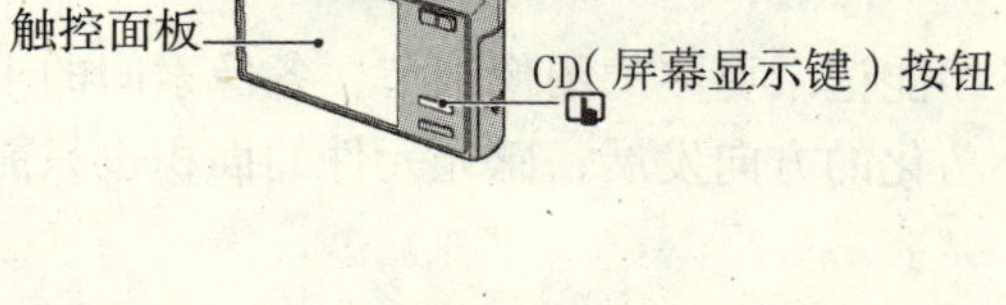

图 3－1－3　数码照相机正面部件布局

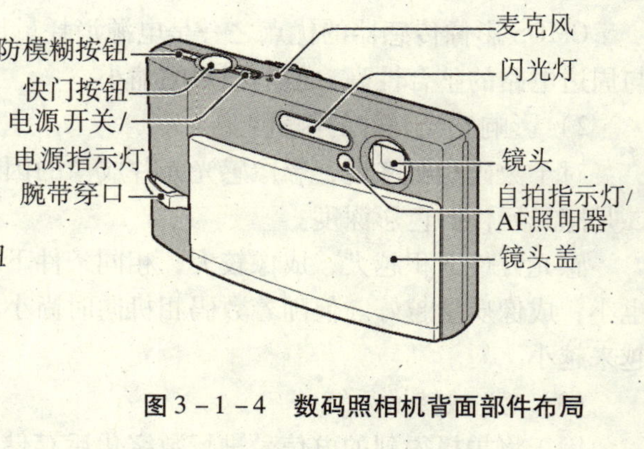

图 3－1－4　数码照相机背面部件布局

（1）开机准备

按下电源开关键或向下推开镜头盖，电源指示灯呈工作状态，同时扬声器发出开机提示音。

这时数码照相机内部自动检测各个部件的状态是否正常，如果没有异常则进入准备拍摄状态。

（2）触控面板基本操作

1）按◲（屏幕显示键）以显示触控面板按钮。当模式开关设定为▶时，略过此操作，如图3－1－5所示。

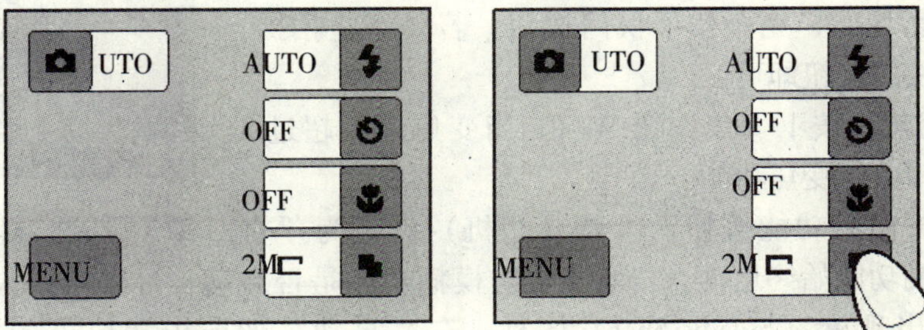

图3－1－5　触控面板基本操作

2）用手指轻轻触摸屏幕上的按钮。若要关闭触控面板按钮显示，即按◲（屏幕显示键）。当屏幕上没有想要设定的项目时，触摸▲/▼改变页面。可以通过触摸⮌返回前一画面。

（3）拍摄基本步骤（见图3－1－6）

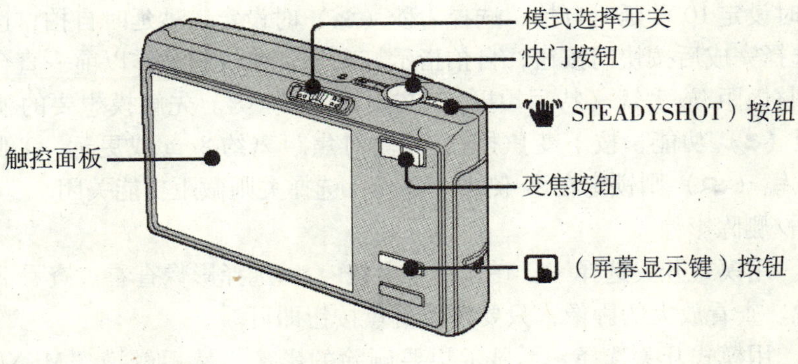

图3－1－6　数码相机拍摄功能键布局

1）用模式选择开关选择一种模式。静止影像选择📷；活动影像选择🎞。

2）握紧相机，使手臂紧贴体侧，使拍摄主体位于对焦框中央，如图3－1－7所示。

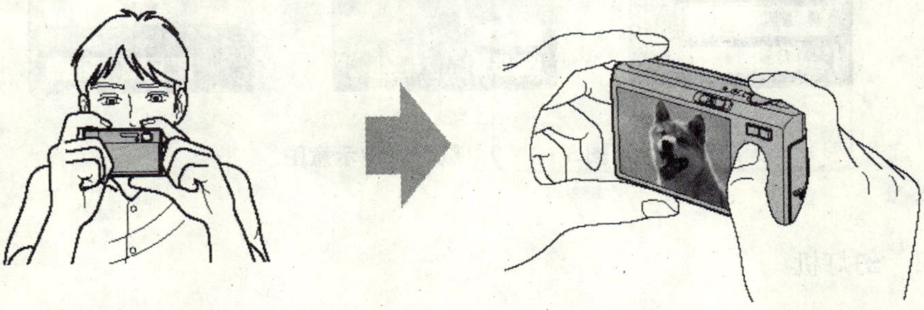

图3－1－7　拍摄姿势示意图

3）用快门按钮拍摄。

拍摄静止影像时，使快门按钮保持半按下状态进行对焦。当AE/AF锁定的指示（绿）灯闪烁，“哔”声一响，指示灯停止闪烁并保持亮点时完全按下快门按钮完成拍摄，如图3-1-8所示。

拍摄活动影像时，完全按下快门按钮。若要停止拍摄，再次完全按下快门按钮即可。

4）使用变焦，按下变焦按钮W/T，当变焦倍数超过3倍时，相机启用数字变焦功能。

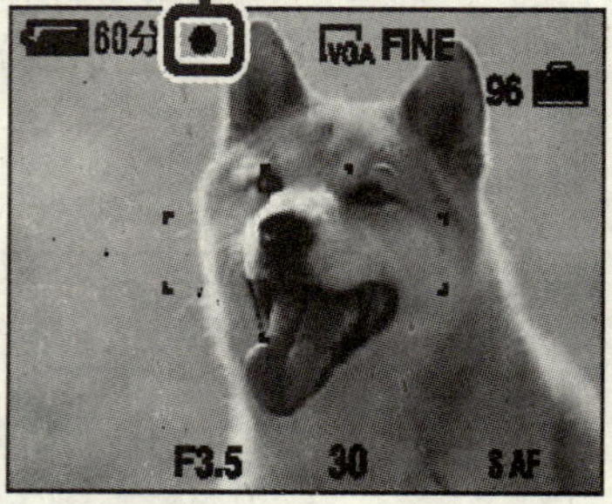

图3-1-8　对焦操作示意图

5）为防模糊功能按钮，当（相机）设定为“自动”时，防模糊功能始终启动。若要确定防模糊功能是否启动，可以半按快门按钮，查看液晶屏上是否出现（Steady Shot）图标。在“自动”调节模式以外的模式中，按（Steady Shot）按钮取消防模糊功能。若要启动防模糊功能，再次按下按钮。

6）要启动闪光（为静止影像选择闪光模式）功能，在画面上触摸。先触摸想要的项目，然后触摸。选择自动则在光线不足或逆光时，闪光灯闪光（默认设定）；选择强制闪光（）则闪光灯始终闪光；选择慢速同步（强制闪光启用）（SL），在暗的地方快门速度较慢，因此可以清楚地拍摄不在闪光范围的背景；选择不闪光（）则始终关闭闪光灯。

7）使用自拍功能进行拍摄，在画面上触摸。先触摸想要的项目，然后触摸。选择10秒（）时设定10秒延时自拍；选择2秒（）时设定2秒延时自拍；选择关时不使用自拍功能。选择完成后按快门按钮，自拍指示灯闪烁，在快门动作以前一直会有提示音。

8）欲调整微距/放大镜（特写拍摄），在画面上触摸。先触摸想要的项目，然后触摸。选择微距（）功能，按下变焦按钮W侧对焦距离约8cm或更远，T侧约25cm或更远；选择放大镜（）则锁定在W侧1~20cm；选择关则微距功能关闭。

（4）查看/删除影像

1）查看。用模式开关选择，在触摸屏上按/选择影像查看。查看活动影像时，触摸▶进行观看。查看放大的影像，只要按动变焦按钮即可。

2）删除。用模式开关选择，显示想要删除的影像，然后触摸“MENU”→“删除”→“确定”即可，如图3-1-9所示。

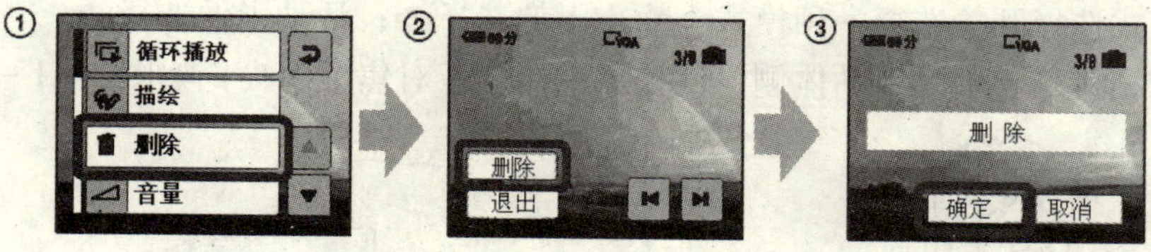

图3-1-9　删除影像示意图

3.1.2　幻灯机

1. 幻灯机基本结构及工作原理

幻灯机的光学系统由光源、反光镜、聚光镜、放映镜头等组成，如图3-1-10。光源发出的光线经聚光镜会聚照亮幻灯片，再通过放映镜头在屏幕上形成放大的、倒立的图像。光源通常采用发光效率高、显色好、灯丝排列面积小的低压溴钨灯；反光镜的作用是将光源向后发射的光线反射回去照射幻灯片，以提高光源利用率；聚光镜由两片平凸透镜组成，用来会聚光源所产生的光，使其集中并均匀地照射幻灯片，提高成像的亮度；放映镜头由几片单透镜复合而成，使幻灯片画面在屏幕上成像，相当于透镜成像中的凸透镜。放映镜头能沿光轴方向前后移动来调节聚焦，使幻灯片成像准确清晰。

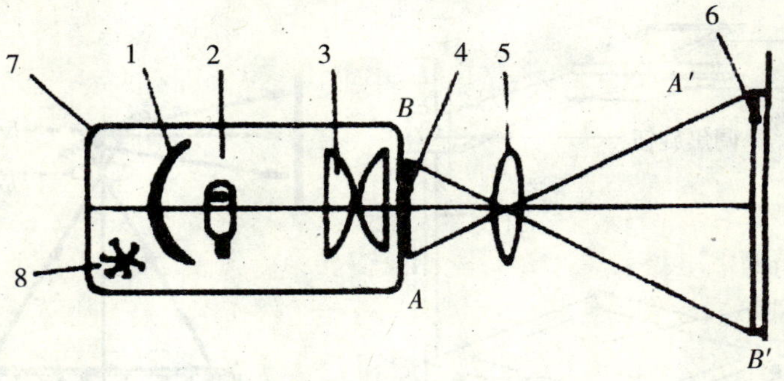

图3-1-10　透射式幻灯机的基本结构

1. 反光镜；2. 光源；3. 聚光镜；4. 幻灯片；5. 放映镜头；6. 影像；7. 灯箱；8. 风扇

2. 幻灯机的操作使用

①在使用幻灯机前，要熟悉幻灯机的性能和特点，检查零部件是否齐全。②将幻灯机安放在离银幕距离适当的地方，适合学生观看。③接通电源时，要检查电风扇是否运转，若电风扇、灯泡由两个开关控制，则应先开电风扇开关，后开灯源开关。关机时操作顺序相反。④装片要按教学需要的顺序将幻灯片插在片盒中，幻灯片应上下倒立、左右反放。然后将片盒上的齿条与幻灯机的转动机构的齿轮啮合，再打开电源和灯源开关，即可进行放映。⑤换片：幻灯机的型号、种类不同，换片的方式也不同。主要有手动、键控、遥控、讯控和自动换片等多种。⑥调焦。

3. 教学银幕

（1）教学银幕的种类和特点

教学银幕有不同的种类和规格，要根据实际情况正确选用。①玻璃微珠幕：它用布做底基，比白布银幕的亮度大4倍左右，不能折叠，不能用硬物碰触银幕，不能用水擦洗，可用皮老虎吹或鸡毛掸轻轻掸去上面的灰尘。②高级塑料透视幕：它用尼龙膜做底基，是高亮度银幕，使用时将银幕固定在木框上。③布基白塑幕：它用白布做底基，幕面洁白，光线反射均匀柔和，可折叠，脏了可用湿布擦洗。④白塑幕：用白布制成，亮度不及以上银幕。⑤木板幕：用三胶板或五胶板制成。

（2）教学银幕的选择与安装

教学银幕可以挂在教室的正前方，也可挂在黑板的一侧，银幕的规格应根据教室的大小、学生的座位多少来决定。一般选银幕的宽度以教室纵深长度的1/8～1/6为佳。银幕悬挂的高度以银幕的底边与坐在前排座位上的学生头部平齐为准，银幕至前排学生座位的距离不应小于银幕宽度的1.5倍为宜。为了使学生看到的图形不变形，用透射式幻灯机放映时，银幕上边需要向前倾斜，使之与光束垂直。

3.1.3　光学投影仪及投影屏幕

1. 基本结构及工作原理

光学投影仪又叫投影器，它的光学部分由反光镜、光源、新月镜、螺纹透镜、放映镜头、反射镜等部件组成，如图3－1－11和图3－1－12。

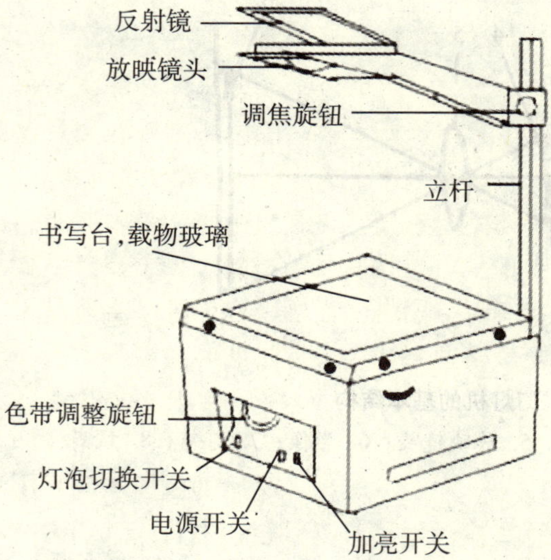

图3－1－11　投影器的结构

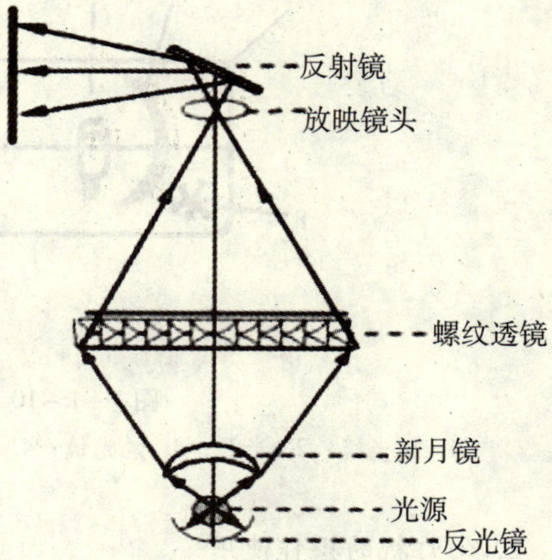

图3－1－12　投影器的光路图

(1) 光源

投影器中光源的作用是提供足够的光强透射投影片，以使投影影像有足够的亮度，投影器所用光源必须满足发光强、发光效率高、光色好、发光体小、温升低、有效寿命长等要求，多数投影器中所用的光源为溴钨灯，也有部分投影器采用镝灯作光源。溴钨灯有多种规格，投影器中常用的是24V/250W，30V/400W和36V/400W，镝灯的发光效率很高，但使用时要触发启动。

(2) 反光镜、新月镜、螺纹透镜

反光镜是处于光源下面的球形凹面镜，由金属正面抛光或玻璃镀银而成，能将光源向下发射的光线向上反射加以利用。

新月镜在投影器中起着提高光线的利用率、隔热和降低机身高度的多重作用，它是一块圆形凹凸透镜，在投影器中凹面向着光源，凸面朝向放映镜头。

螺纹透镜起相当于平凸透镜会聚光线的作用，结构上相当于将平凸透镜分割成若干个环带，再将有效折射面堆积而成，与起同样作用的平凸透镜相比，具有孔径大、厚度薄、透光性好等优点。投影器中的螺纹透镜一般由透明塑料制成。

放映镜头的作用是放大成像，绝大多数投影器放映镜头的焦距在300mm左右，极少数投影器的放映镜头为变焦镜头。

(3) 反射镜

反射镜的作用是改变投影光路，使放映镜头向上方所成的像，反射到侧面的银幕上。反射镜是在玻璃的表面镀高反射膜而成，反射率特别高，但反光膜容易损坏，使用时务必小心。

2. 光学投影仪的使用

（1）课前准备

课前准备主要包括挂银幕、架机、调像等操作。

投影器教学通常采用大反射角的涂塑银幕，大小一般是银幕长度不小于教室长度的1/6。在投影教学中也可用白纸、白布、白板甚至于白墙替代银幕。

挂银幕要确定好银幕的位置、朝向及高低。一般要求银幕挂在教室前方，光线相对投影器投射于银幕上的光斑的大小，通过改变投影器与银幕的距离进行调整，距离近投映光斑小，距离远投映光斑大。对于放映镜头为变焦镜头的投影器，通过变焦也可改变投射光斑的大小。

按下溴钨灯作光源的投影器上的“加亮开关”（极少数投影器上有亮度调节旋钮或亮度分档开关），可使投影器投射于银幕光斑的亮度得到增强。

调整投影器上的色带（色调、色边）调整旋钮，可使反光镜、光源和新月镜作为一个整体上下移动，从而消除投射于银幕光斑四周的色边。

在投影器上放一投影片，上下调节调焦旋钮聚焦，直至银幕呈现的投影片影像清晰为止。

完成了以上工作，课前准备即告完成。

（2）课堂应用

①投影片置于投影器上要正，尽可能地将投影片上要让学生观看的部分处于投影光斑中部，以求高清晰展示；

②处于投影器上的投影片要平，以保证整个投影片上的内容清楚投映；

③尽可能用教鞭指点，避免将手影投到银幕上；

④应边投影边讲授，当幕面亮度不足时，对用溴钨灯作光源的投影器可打开加亮开关。

⑤银幕要放在较暗、人流相对较少的地方，面朝教室中央，拉伸后银幕下缘距地面1.4m左右，银幕应前倾。

（3）架投影器

在教室中架投影器，主要要确定好方位、远近、高低。投影器应处于银幕左右向中心的垂线上，远近以保证投影光斑充满银幕为度，架设高度在保证操作方便的前提下适当高些。

（4）开机调整影像

投影器开机之前，务必首先摘下放映镜头下方的镜头盖，并将反射镜掀起。

采用溴钨灯作光源的投影器，开机与开灯合用同一开关，开机后机内冷却风扇立即工作，灯同时亮起。采用镝灯作光源的投影器，开机后必须再按触发键3～5秒（此时应听到触发启动声）后开灯，且触发之初镝灯只发出微弱的光，待约一分钟后才正常发光。

投影器属光学仪器，应确保光学部件洁净，不用时需合上反射镜，盖上镜头盖并罩上塑料罩，严禁手触摸反射镜的反射面，若光学部件有灰尘，只能用吹气球、镜头刷吹、刷，不可用普通纸、布等物擦拭。

3. 光学投影仪的使用注意事项

投影器工作时机内温度很高，一定要保证工作时通风散热良好，不得有物体遮挡通风孔，机内冷却风扇坏了，必须待其修复后投影器才能使用，否则会酿成大的不必要的损失。

投影器的光轴发生偏移了，投影教学就无法取得好的效果，一定要保证投影器的光学部件处于同一光轴。判别投影器光轴是否正的办法是：开启投影器后，如光斑集于放映镜头中部，且光斑对称，说明光轴正。

溴钨灯作光源的投影器中有备用灯泡，当一只灯泡坏了，扳动灯泡切换开关，就可启动备用灯泡工作，切换时务必要切换到位。

4. 投影仪的正确操作方法

①打开反射镜；②接通电源开关；③在垂直和水平方向调节反射镜的角度，使光线全部投射到银幕上；④放上投影片，旋转调焦旋钮来升降放映镜头，使图像清晰，如不清晰，即可调整旁边的扳手将灯丝位置调整至反光镜的中心；⑤使用完毕，关闭灯源，让风扇继续工作，待机箱冷却后，再拔下电源插头。

3.1.4 投影机

1. 投影机原理及分类

CRT 投影机：是阴极射线管投影机。

LCD 投影机：LCD 投影机分为液晶板投影机和液晶光阀投影机两类，如图 3-1-13。

DLP 投影机：DLP 数码光输出处理器投影机。

D-ILA 投影机：是直接驱动图像光源放大器技术的投影机。

图 3-1-13 投影机外形图

2. 投影机使用维护

①机械方面：严防强烈的冲撞、挤压和震动。

②光学系统：注意使用环境的防尘和通风散热。

③灯源部分：在开机状态下严禁震动、搬移投影机，防止灯泡炸裂，停止使用后不能马上断开电源，要让机器散热完成后自动停机。同时减少开关机次数。

④电路部分：严禁带电插拔电缆，信号源与投影机电源最好同时接地。

3. 投影机技术指标

①光输出（Light Out）：是指投影机输出的光能量，单位为流明（lm）。与光输出有关的一个物理量是亮度，是指屏幕表面受到光照射发出的光能量与屏幕面积之比，亮度常用的单位是勒克斯（lx，$1lx = 1lm/m^2$）。

②水平扫描频率（行频）：电子束在屏幕上从左至右的运动叫做水平扫描，也叫行扫描。每秒钟扫描次数叫做水平扫描频率，视频投影机的水平扫描频率是固定的，为 15.625kHz（PAL 制）或 15.725kHz（NTSC 制）。

③垂直扫描频率（场频）：电子束在水平扫描的同时，又从上向下运动，这一过程叫垂直扫描。每秒钟扫描的次数叫做垂直扫描频率，垂直扫描频率也叫刷新频率。垂直扫描频率一般不低于 50Hz，否则图像会有闪烁感。

④视频带宽：投影机的视频通道总的频带宽度。

⑤分辨率：有可寻址分辨率、RGB 分辨率、视频分辨率三种。

对 CRT 投影机来说，可寻址分辨率是指投影管可分辨的最高像素。

RGB 分辨率是指投影机在接 RGB 分辨率视频信号时可达到的最高像素。RGB 分辨率与水平扫描频率，垂直扫描频率及视频带宽均有关。

视频分辨率是指投影机在显示复合视频时的最高分辨率。

⑥CRT 管的聚焦性能：图形的最小单元是像素。像素越小，图形分辨率越高。在 CRT 管中，最小像素是由聚焦性能决定的，所谓可寻址分辨率，即是指最小像素的数目。

⑦会聚：是指 RGB 三种颜色在屏幕上重合。

3.1.5 视频展示台

视频展示台（Visual Presenter）是国内外通行的一个正式名称，在中国市场上有时被叫做实物展示台、实物演示仪、实物投影机、实物投影仪等。从功能上可以给视频展示台下这样一个定义：视频展示台是通过 CCD 摄像机以光电转换技术为基础，将实物、文稿、图片、过程等信息转换为图像信号输出在投影机、监视器等显示设备上展示出来的一种演示设备。

1. 视频展示台的组成

从外观上看，一台视频展示台基本的构成包括“摄像头”和“演示平台”两部分。摄像头通过臂杆与演示平台连接，演示平台如果是为了实现更好的应用，还需要一些拓展设备，共同构成一台完整和完善的产品。如控制面板（遥控器）、辅助照明（上部和底部）、视音频输入/输出、计算机接口等等。如图 3-1-14。

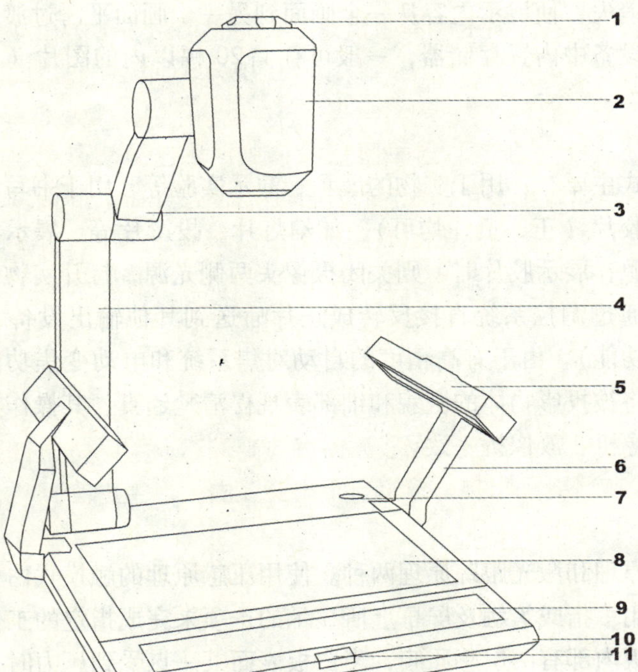

1 摄像头转动旋钮
2 摄像头罩
3 上连接臂杆
4 下连接臂杆
5 侧灯
6 侧灯连接臂杆
7 电源开关
8 背光灯箱板
9 控制按键
10 底座
11 红外接收窗

图 3-1-14 视频展示台的组成

2. 视频展示台的分类

根据输出信号划分，视频展示台通常分为模拟展示台和数字展示台两种。模拟展示台视频输出信号有复合视频、S-VIDEO 两种，一般清晰度在 400 ~ 470 水平电视线，隔行扫描方式。数字展示台视频输出信号除了复合视频，S - VIDEO 外，最主要的是具备 VGA 输出接口。VGA 接口是计算机主机传送给显示器图像的一种标准 RGB 分量视频接口，并且是逐行扫描方式，图像分辨率较高。

从结构上可以分为单灯照明视频展台、双侧灯式视频展台、底板分离式视频展台、便携式视频展台等。单灯照明视频展台是常见的一种照明方式，单灯照明不存在双灯照明的光干涉现象，光线均匀，便于被演示物体的最佳演示，不同展台单灯的位置不同，但不影响效果；双侧灯式视频展台是最为常见的照明方式，设计良好的双侧灯可以灵活转动，覆盖展台上的全部位置，并实现对微小物体的充分照明；底板分离式视频展台不是很常见的类型，由于底板分离，使视频展台的便携性增强，小范围内的移动十分方便；便携式视频展台设计紧凑，体积小巧，携带方便，适合移动商务演示。

3. 视频展示台与设备的连接

视频展示台一般与多媒体投影机、大屏幕背投电视、普通电视机、液晶监视器、录像机、VCD、DVD 机、话筒等输出、输入设备配套使用。计算机通过视频捕捉卡连接展示台，通过相关程序软件，可将视频展示台输出的视频信号输入计算机进行各种处理。部分展示台已经具备支持与计算机连接使用，如果有客户要求这个功能的话，可以定制。视频展示台上的小液晶监视器让用户便于检查被投物图像，在展示过程中不用另外准备监视器，也不用看着屏幕放置被投物。视频展示台的画面定格也叫帧存储功能，是指视频展示台使用过程中，移去被投物，画面仍可保持而不消失，使展示内容从一个画面到另一个画面平滑过渡。有的展示台有存储功能是指：展示台设备中内置存储器，一般可存储 20 幅以内的图片（一般为 JEPG 格式）。

4. 视频展示台的使用

视频展示台在教学中应用方式主要有：用于实物的展示、演示实验等；用于书写和展示印刷资料和图片；展示各种透明胶片（正、负片均可），如幻灯片、投影片等。展示实物和图片时，需要打开摄像头两侧光源；展示胶片时，则关闭摄像头两侧光源，打开实物载板下面的光源；如果是负片的话，可通过调控系统直接反转成正片后送到其他输出设备（实物展示台具备调整图片颜色的补色功能）。由于有高精度的自动对焦系统和电动变焦功能，使用时可以利用摄像头的变焦功能将被投影物体的全貌和细部表现得清楚逼真。其操作方法同摄像机类似，线路连接方法同录像机、放像机一致。

3.1.6 电子白板

电子白板工作原理分为压感原理和激光跟踪原理两种。使用压感原理的触摸式白板相当于计算机的一个触摸屏，是一种用手指或笔触及屏幕上所显示的选项来完成指定的工作的人机互动式输入设备。这种电子白板内部有两层感压膜，当白板表面某一点受到压力时，两层膜在这点上造成短路，电子白板的控制器检测出受压点的坐标值（手指或笔触及的位置），经 RS232 接口送入计算机。使用激光跟踪原理的白板上端两侧各一激光发射器。白板启动后，激光发射器发出激光扫射白板表面，特制笔具有感应激光功能，从而反馈笔的位置。

3.1.7 视觉媒体在教学中的应用

利用投影片等视觉媒体进行辅助教学，能将复杂、真实、重要的图形、图片在课堂中直观形象地展现出来，有利于细致、长久地观察事物现象，对于突破教学中的重点、难点是非常有益的。

利用视觉媒体辅助教学常用的方式有：

1. 图示讲授法

利用投影片讲授教学内容，是最基本的一种教学形式，它可以代替黑板和挂图的部分作用。上课时，教师可以利用课前制作的投影片，边讲解边放映，即可节约板书时间，又容易把问题讲清楚，便于学生接受。同时，在讲授过程中，还可以采用遮盖住投影片部分幅面的方法，根据教学需要逐步显示文字和图像，引导学生由局部到整体理解教材内容，掌握知识。

2. 实物、实验演示投影法

把实物、投影教具或实验演示器件等投影到银幕上，可以扩大演示物的可见度，便于教师演示讲解，学生观察。

3.2 听觉媒体

听觉媒体指采集、记录、播放声音的媒体，主要有录音机、CD 唱机、MD 录音机、扩音设备等和相应的带、盘。

听觉媒体在语言及音乐学习方面能够提供标准的教学示范；与其他媒体结合可创设教学情境如音乐伴音、朗诵、对白等，可激发学习者的情感和想象；还可辅助个别化学习，如音乐和外语听力学习。因此，在现代教育媒体中占有一定比例。

3.2.1 扩音系统

1. 传声器

(1) 传声器的种类与特点

传声器即话筒，也称麦克风（Microphone），是将声音信号转换为音频电信号的拾音设备。话筒的种类很多，按工作原理可以分为电动式话筒和电容式话筒，电动式话筒又分动圈式和铝带式两种；按信号的传递方式分为有线话筒和无线话筒；按话筒的灵敏度方向性分为全指向性、双指向性和单指向性话筒；按声道数分成单声道话筒和立体声话筒，按信号的处理方式分为模拟话筒和数字话筒等。在教学中广为应用的是动圈式、电容式有线及无线话筒。

1）动圈式话筒

动圈式话筒由音圈、永久磁铁和振膜等组成，当声波作用于振膜时，膜片带动音圈在磁场中作切割磁力线运动，从而在音圈两端输出随声波而变化的感应电流。

动圈式话筒结构牢固、性能稳定、噪声小、保真度高、价格便宜、使用方便，频响与语言的频率范围接近，适宜于拾取语言信号，如会场扩音、专业录音等。

2）电容式话筒

电容式话筒由一电容器、部分给电容器提供极化电荷的直流极化电源及负载电阻组成，声波振动使电容器一端移动，造成电容两极间距离变化导致电容变化，从而负载电阻两端将有相应变化的电压输出，即形成声音的电信号。

电容式话筒灵敏度高、频率特性好、失真小、音质好，且体小质轻，但结构相对复杂、成本高，多用于高质量的广播、录音、扩音工作中。

3）无线话筒

无线话筒常见的为领夹式、头戴式和手持式三类，主要由拾音头、发射器和接收机等组成，以无线方式传递电信号：拾音头将声音信号转换为电信号，然后由发射器将其调制，并通过天线向空间发射，接收机在有效接收范围内，接收到信号，经过检波、解调，并将还原后的电信号输出给后续设备。由于省去了电缆线，使用起来更方便。可以用于教师的课堂教学、舞台演员的演唱等。

（2）话筒的选择与使用

1）话筒的选择

选择话筒要根据使用的场合和对声音质量的要求，合理选择不同方向性和频率响应特性，一般的课堂教学选用低阻抗、单向性（对正面声音有很高的灵敏度而对其他方向尤其是后面的声音源响应很低）、对中频段响应好的动圈话筒；如果在较小且安静的空间录制采访类的内容，则应选择无指向性或双指向性的话筒；器乐演奏的拾音应优先选择电容式话筒或高质量的动圈式话筒；录制小提琴、小号等乐器演奏，则应选择高频响应好的；录制交响乐或街道、大自然等外景的现场效果声，则要选择频段响应范围宽的话筒。

2）话筒连接线

话筒与输入设备之间的连接必须用音频屏蔽线，一般话筒可采用单芯金属屏蔽线；高质量话筒应选择双芯金属屏蔽线，双芯金属屏蔽线抗干扰能力强，可进行远距离信号传输。高阻抗话筒输出时输出信号较强、对放大器的要求较低，但转输线长了易受外界干扰引起交流声和使高频严重衰减，故通常传输线长度不超过5m；低阻抗话筒输出通常借用卡侬插头进行平衡连接，抗干扰能力强，连线可延长至10m至30m。

3）话筒位置

扩音时，话筒不要靠近扬声器或对准扬声器，应放在扬声器的后面或侧面，以免引起刺耳的啸叫声；同时不宜把话筒音量开得过大。安放位置话筒的放置方式，除要考虑方向外，还要考虑与声源之间的距离，通常会议扩音和老师在固定位置讲课时，话筒的工作距离以20～30cm为宜。在录制播音员的解说时，一般是把距离保持在10～20cm左右同时还要考虑话筒的近讲效应，即话筒与声源近时，低频成分提升，声音变得浑厚。

4）避震、防潮、防风

话筒在使用中应防止敲击或跌倒，不要用吹气或拍打的方法试音，这会损坏内部的振动薄膜；若话筒本身有防风罩（通常是海绵或皮毛制成的），在使用中要正常佩戴，以保证音质；日常存放要注意防尘、防震。

5）正确使用无线话筒

①正确安装发射器上的电池，有尾部天线的，在使用前把天线装好；打开发射器的电源和接收机电源；

②试音，调整接收机接收天线长度（一般为接收电磁波波长的1/4左右）和谐振频率，以得到满意的接收效果。

使用无线话筒时应注意：手不要接触天线，以免频率的漂移；手不要握防护罩，以免引起声音失真。

2. 扬声器与扩音机

扬声器又叫喇叭，是把音频电流转换为声能的器件，是电声系统的终端部件。扬声器需要与扩音机配套使用或直接配置在一些机器设备上，如录音机、收音机的机内扬声器。

扩音机又名音频功放器，它是能将传声器、收音机、CD 播放机等的微弱信号放大后推动扬声器发声的设备。

扩音机有多种输入插口，包括传声器输入（MIC IN），线路输入（LINE IN），CD 输入（CD IN），并在面板上设有扩音类型转换键。

扩音机与扬声器的配接有定阻式的配接，定压式的配接，高保真的配接三种方式。扩音机与扬声器配接条件具体如下：

（1）定阻式配接条件

扬声器额定功率总和必须大于扩音机的输出功率，或者至少等于其输出功率；每只扬声器实际所得到的功率不得超过其额定功率，最好控制在额定功率的 80%；扬声器接好后，负载总阻抗应等于扩音机的输出总阻抗。

（2）定压式配接条件

扬声器所得功率总和不能超过扩音机的额定输出功率；

扩音机的输出电压不得超过扬声器额定功率下所能承受的电压。

（3）高保真扩音机配接条件

阻抗匹配：扬声器（系统）阻抗≥扩音机输出阻抗；

功率匹配：扩音机额定输出功率 =2 ~3 倍扬声器（系统）额定功率；

阻尼系数匹配：阻尼系数 KD 应大于 10。

（4）使用扩音机注意事项

1）要求电网电压比较稳定，在电网电压变化较大的场合要加装稳压装置。

2）使用前要按规定接好负载，做好匹配工作。

3）按照一定的顺序开关机器，不得违反操作规程。各音量控制旋钮平时应置于最小位置。开启某一路音量旋钮时，应逐渐由小到大，缓慢均匀，防止机器过载。扩音机用完后，要把音量旋钮恢复到最小。

4）在会场布置扩音系统时，要注意扬声器与话筒的距离尽量远一些，不能把扬声器布置在话筒后面，更不能正对着话筒。扩音系统使用中一定要避免出现声反馈，以免产生啸叫或过载损坏扩音机和扬声器。

5）扩音机的各输入信号源不能插错。话筒插口要求的输入信号约为 3 ~5mV，而拾音器插口要求输入信号达 100mV 以上。如果错把话筒插入拾音器插口，扩音机会由于输入信号太弱而使音量很小；而如果错把拾音器插入话筒插口，则会由于输入信号太强产生削波失真或使扩音机超负荷。

6）扩音机的放置地点要清洁、无尘、通风、干燥，严禁雨淋。高温季节使用时，要注意散热。

3.2.2 CD 唱机

CD（Compact Disc）唱机是一种数字型播放器，它不具备录制功能。它使用的信号载体是直径 12cm 和 8cm 的光盘。光盘信号面有按数字信号的 1、0 变化规律排列的凹凸信号坑。

唱机中的拾音头发出一束激光，光束照射到盘面信号槽中，凹凸不平的表面形成不同的反射光线，唱机拾取这一反射光，并按强弱变化的规律还原数字信号中的 1、0 排列顺序，形成数字音频信号，经数模（D/A）转换，输出模拟音频信号。

CD 唱机优越的性能，主要体现在频响宽、动态范围大、信噪比高、声道隔离度大、失真度小以及光盘信息存储密度大、寿命长等方面。

CD 唱盘的信号采样频率为 44.1kHz，16 位量化位数，频率响应范围为 20 ~ 20 000Hz。光盘最大存储容量为 780MB，可存储 74 分钟的高质量双声道音频节目。

CD 唱机的使用较为简单：将电源开关打开后，面板显示屏上出现 DISC 字样，按唱盘仓开关键（Open/Close）打开盘仓，将光盘信号光面朝下放入仓内，关上仓盖，唱机进入读取目录状态几秒钟后，显示屏将列出盘中节目目录，按 PLAY 键或相应序号数字键放音。按其他功能键可以进行跳转、选曲、暂停、停止等操作。

CD 唱盘中的信号槽非常细微（间距 1.6μm），光盘表面有轻微的污垢或划痕都可能影响播放效果。所以要十分注意保持光盘表面的清洁和平滑，不可与硬物摩擦、挤压变形。平时应将光盘放在专用的封套或光盘盒中。

3.2.3　听觉媒体教学软件的制作

听觉教材制作一般要经过确定选题、编写稿本、收集和采录素材、编辑合成等几个步骤。

确定选题是比较关键的一步，听觉教材的选题的同时也是在进行媒体选择，要考虑制作内容是否适合于应用听觉媒体呈现。

编写稿本是根据教学大纲的要求和教学需要，分析具体的教学内容，用文字阐述听觉教材的内容、构成设计。稿本包括了选题的名称、教学目的、要录制的内容、表现形式及时间分配等。

收集和采录素材是根据设计的稿本内容和录制的方案去收集素材和资料，如收集唱片、原声磁带、广播资料，或现场录制素材。

编辑合成是将各种采录的素材利用设备进行加工和合成，按听觉教材设计的顺序和要求进行整理，编辑成完整的听觉教材。

听觉教材的后期编辑是教材的综合加工过程，也是录音教材制作的主要步骤。目前音频的后期编辑方式也有两类：

一种是较传统的线性编辑方式，即由多台播放机播放不同的素材，分别输入到调音台中，进行效果调整和混声，最终制作出成品节目。这种方式若要制作出高质量的作品，必须具有庞大的专业设备系统和专业知识。而作为普通应用者只能用录音机进行一段一段的粗略组接，且一次最多只能有两路混音。

另一种是随着计算机技术的发展而出现的非线性音频编辑，它是以计算机为核心，以硬盘为存储介质，用专业的音频编辑软件来进行编辑的方式。在 PC 机上加上声卡、装入一个音频编辑软件（如 Cool Edit，Cakewalk 等），就可以进行音频编辑合成工作。所以，作为非专业人员，在个人电脑上安装一个不太复杂、功能适中、操作简单的音频编辑软件，是实现个人制作听觉教材的好办法。

3.2.4 听觉媒体在教学中的应用

听觉媒体辅助教学，一般应用于语言、音乐、语音教学或创设情境的教学场合中，常用的方式有：课堂教学中穿插播放教学录音资料的录音教学，广播教学，语言教学系统的教学及让学生课后自我模仿练习、自我检查用的自学等。

听觉媒体辅助教学的主要功能是：

（1）扩大教育规模和范围

广播、录音等设备的使用，打破了教育时空的限制，人们足不出户，就能听取优秀教师的演讲、优美的音乐、准确的外语朗读等声音资料，扩大了教育信息的传播范围和教学规模。

（2）提供标准典型的声音示范

在语言、音乐等教学训练中，录音媒体可用于提供示范，如语言教学中语音、语调的示范，会话、朗读示范，音乐教学中演唱、演奏的示范，发声的比较和练习等。利用录音教材不失原始声音的特征，可多次反复播放标准录音，最大限度地训练学生的模仿能力。并且，录音教材可将朗读、朗诵配以音乐，从而为教学创设情境；能播送各种文学和音乐作品，从而陶冶学生情操，提高其鉴赏能力。

（3）提供个别化学习的听觉自学材料

学生外语听、说水平，可以在课后通过听录音带自学来提高；声乐的发声训练也可通过反复听、录磁带来进行模仿等。录音为这些课程的个别化学习提供了可能。

3.3 视听媒体

常用的视听类教学媒体设备有电视机、录像机、摄像机、VCD、DVD 等。

3.3.1 电视机

1. 电视机的种类

①按信号接收、处理格式分，有模拟电视机和数字电视机。

②按再现色彩分，有彩色电视机和黑白电视机。

③按屏幕的长宽比例的不同分，有 4:3 和 16:9 两种规格。目前绝大多数电视机为 4:3 的比例，有些新型的电视机采用 16:9 的规格。

④按成像的原理来分，有阴极射线管（CRT）电视机（即传统的显像管电视机）、液晶（LCD）电视机、等离子（PDP）电视机及有机电致发光体（OEL）电视机之分。目前市场的主流还是传统的 CRT 电视机，但后几种新型电视机很有发展前途，将来可能会越来越普及。

⑤按影像在屏幕上是直接成像还是通过光学系统间接成像来分，有直视型电视机和投影电视机之分，前者如 CRT、LCD、PDP 电视机，后者如近几年在国内开始流行的背投电视机。

2. 电视机的接口

①RF 射频接口，即天线输入接口，也是现行电视的标准接口。RF 射频接口接收的是射频信号，即将视频信号经过调幅、音频信号经过调频并混合调制在一起的信号。

②AV 接口，也叫“视频接口”，接收的是不包含音频的彩色全电视信号。由于它没有经过调制和解调这个过程，减少了传输过程中一些信号的损失，所以它的图像质量一般比射频输入的信号好一些。但是音频要另外接线。

③S 端子接口，也叫“S-VIDEO”。由于它是将视频信号分离成亮度信号和色度信号，因此消除了亮度和色度信号之间的互相混叠和干扰，所以它的图像质量比 AV 接口输入的信号好一些。但是音频要另外接线。

④分量输入端子。它是在 Y/C（亮度/色度）的基础上，进一步把色度信号做解调处理。由于这种信号是没有经过调制的亮度、色度信息，可实现亮度恒定传输，所以它的图像质量比 S 端子输入的信号好一些。但是音频要单独接线。

⑤VGA 接口。目前一些高端数字彩电设有这种接口，可以和计算机相连，获得高清晰度图像效果。但是音频要另外接线。

3. 电视机的使用

①电视机的色彩、音量、对比度、亮度等要调节适中，不要频繁调节。

②看电视时可开一小灯，减轻眼睛疲劳，但不要开日光灯，否则会影响电视机信号的接收。

③天线与电视机的阻抗相匹配。

④用遥控器关电视机并未切断电源，所以还应关掉电视机体上的电源开关。

⑤夏季雷雨前，最好关掉电视，拔下天线和电源插头，防止电视受雷击烧坏。

⑥电视机放置要注意防潮、防热、防尘、防磁。

⑦不要覆盖塑料布、布套等，在底部也不要垫泡沫塑料。以免影响电视机的透气、散热。

⑧收看节目和刚关机时，不要搬动和振动电视机，以防损坏显像管和产生虚焊。显像管要避开阳光照射。

4. 电视机的保养

①不要用挥发油、稀释剂等擦拭电视机外壳，应先用水冲淡中性洗涤剂，将软布浸泡在洗涤剂里，然后将布拧干擦拭机壳，再用干布擦干。

②擦拭荧光屏时，宜用细软的绒布或药棉蘸酒精少许，从屏幕中心开始向四周擦拭。也可以用照相机镜头清洁纸来清洁荧光屏的表面尘埃。使用时，用镜头纸沿同一方向轻拭荧光屏表面后，再略加大力量用纸将荧光屏表面细致擦一遍即告完成。需要注意的是，第一遍要轻，以免划伤荧光屏表面。

③彩色电视机最忌磁场干扰，彩色电视机上面及附近不能放置磁性物体，更不要将收录机、音箱及其他带磁性的物体在荧光屏前移动。否则显像管的部件会因磁场影响而被磁化，从而使色彩紊乱。

3.3.2 录像机

1. 录像机的种类

①按磁带的宽度来划分，有 1 英寸带录像机、3/4 英寸带录像机、1/2 英寸带录像机、8 毫米带录像机。

②按走带方式划分，有开盘录像机、U 型录像机、VHS 型录像机，B 型录像机。

③按功用来划分，有放像机、录像机、编辑机、便携式录像机、摄录一体化录像机。

④按性能档次来划分，有广播级录像机、专业级录像机、家庭级录像机。

⑤按电路技术模式来划分，有低带机、高带机、高低带兼容机。

⑥按制式来划分，有 NTSC 制式（美国地区）、PAL 制式（中国、原西德等地区）、SE-CAM 制式（法国、前苏联等地区）。

2. 录像机的使用

①录像机一般放置于电视机附近，同样要注意干燥通风、避免阳光直射，还要注意不要放在喇叭、电动机等有强磁场的地方，以免磁头被磁化。

②录像机使用时间一般每次不超过 5 小时，高温季节使用每次最好不超过 2 小时。

③录像机应经常保持清洁。经常用软布擦去外壳灰尘。在使用一段时间后应对录像机磁头进行清洗。方法是：用棉棍蘸少许酒精或磁头清洁剂进行擦洗。注意切不可采用汽油擦洗，否则容易损伤磁头表面并导致带轮变质。

④录像机使用过程中，如需倒带、快进，必须先按“停止键”，否则传动机容易损坏。

⑤录像机停机后应拔掉电源插头，因为即使录像机不工作，其变压器还会消耗一些电能，长期如此，会影响变压器的寿命。

3.3.3　摄像机

1. 摄像机的种类

按记录的信号分，有模拟型摄像机和数字型摄像机。

(1) 模拟型摄像机有 VHS 型摄像机、VHS－C 型摄像机、S－VHS 型摄像机、S－VHS－C 型摄像机、8mm 型摄像机、Hi8（俗称超 8）型摄像机。

①VHS 型摄像机：这类摄像机使用普通的 VHS 录像带，录像带宽度为 12.65mm（俗称大 1/2 录像带），所摄图像清晰度水平较低，水平清晰度只有 250 线左右，可直接用家用录像机放像。

②VHS－C 型摄像机。这是一种与 VHS 兼容的袖珍型摄像机，录像带宽度仍为 12.65mm，但录像带盒尺寸只是 VHS 型带盒大小的一半，录制画面质量与 VHS 相当，用普通 VHS 录像机放像时必须把 VHS－C 录像带放在专用的磁带适配盒中才能使用。

③S－VHS 型摄像机。这种摄像机既能使用普通的 VHS 录像带，又能使用高性能 S－VHS 带。使用 S－VHS 型录像带画质有显著提高，水平清晰度可达到 400 线。

④S－VHS－C 型摄像机。它使用的磁带材料和记录方式与 S－VHS 型一致，而带盒尺寸则与 VHS－C 型一致，因此其技术指标与 S－VHS 型相近，但体积较小，重量较轻。

⑤8mm 型摄像机。这种摄像机使用 8mm 金属涂敷录像带，磁带宽度为 8mm，画质比普通的 VHS 型录像带有所提高，其特点是小型化，记录时间长。

⑥Hi8（俗称超 8、高带 8mm）型摄像机。这种摄像机使用的是金属蒸镀（ME）录像带，尺寸与 8mm 录像带相同，但画质与信噪比有所提高，水平清晰度达到 400 线。此类摄像机还可使用普通 8mm 录像带，以 8mm 格式录像和放像，但用 Hi8 型摄像机摄录的节目，不能在普通的 8mm 机上重放。

(2) 数字型摄像机有 D8 型数字摄像机、DV 型数字摄像机、MV 型数字摄像机

①D8 型（Digital）数字摄像机，它的最大特点是既可以使用以前的 Hi8 录像带记录数字格式的影像，达到 500 线的清晰度，又可以播放用模拟 8mm 和 Hi8 格式录制的录像带，并且是自动识别它。是从模拟向数字摄像技术过渡的中间产品，目前使用率不高。

②DV型（Mini DV）数字摄像机，这种摄像机是新一代的数字摄录一体机，它的格式通用性较好，磁带宽度为6.35mm，体积小，仅为VHS-C型盒带的1/3，图像质量更加细腻，色彩更加丰富，水平清晰度达到500线，声音质量与CD相当。另外，同为6.35mm宽度的录像带还有专业等级的DVCAM和DVCPRO。DV型数字摄像机是目前市场的主流机型。用DV录制的动态影像可通过1394数据线直接传输到计算机，并通过专业软件进一步编辑，然后刻成VCD或者DVD等。

③MV型（Micro MV）数字摄像机，这是索尼公司发布的更新一代数字视频摄录格式，它的出现也是数字摄像小型化、掌中化的趋势所在。它的磁带宽度仅为3.8mm，但画质与DV格式摄像机不相上下，水平清晰度为500线。

2. 数字摄像机简介

数字摄像机也称数码摄像机（Digital Video），它的种类很多，分类方法也不同，按摄像机的性能分，可分为广播级摄像机、专业级摄像机和家用级摄像机。其中，广播级摄像机应用于广播电视领域，画质最好，性能稳定，功能完善，但这类摄像机体积大，重量重，价格昂贵。如SONY公司的HDW系列、XDCAM系列、数字BETACAM系列，Panasonic公司的DVCPRO50系列，JVC公司的Digital D-9系列等。专业级摄像机一般应用于文化、教育、医疗、工业生产等领域，其各项技术指标略逊于广播级摄像机，且体积较小，重量较轻，价格较适中。如SONY公司的DVCAM系列，Panasonic公司的DVCPRO系列等。家用级摄像机适合于家庭使用，自动化程度高，结构简单，操作方便，价格低廉，其各项技术指标低于专业摄像机。如SONY公司的DCR系列，Panasonic公司的NV系列等。

另外，近年来出现的高清级摄像机（HDV），如SONY公司的HDW系列、XDCAM系列等，能提供最高品质的图像，拍摄效果和画面质量可与电影胶片相媲美。现在多用于电影、电视广告、电视剧制作中，大有取代胶片的趋势。

3. 数字摄像机的色温和白平衡

（1）色温

色温又称色温度或光源色温。它是说明热辐射光源的光谱成分的。把绝对黑体（完全辐射体）放在密封容器中加热，随着温度的升高，绝对黑体辐射出的光谱成分也会发生变化，当绝对黑体在某一温度辐射的光谱成分与实际光源的光谱成分一致（或接近）时，就用绝对黑体的温度来表示该实际光源的光谱成分，这就是色温的意义。英国物理学家开尔文（Kelvin）于1848年发现了光色与温度的关系，所以后来人们用他的名字中第一个大写字母“K”作为光源色温值的单位。比如卤钨灯的光谱成分与绝对黑体加热到3 200℃时所辐射的光谱成分相同（或接近），所以卤钨灯的色温就是3 200K；黎明和早晨的阳光由于要斜穿大气层，高频分量被衰减，红光成分相对增加，天空呈一片红色，此时自然光的色温在2 000K左右；阴天和下雨天，日光中红光分量衰减较多，日光呈白而偏蓝，色温高达7 000~15 000K。

需要说明的是，色温既不是颜色的标志，也不是亮度的标志。光源的色温与光源的实际温度无关。在摄像时，可在摄像机镜头前加上适当的滤色镜片来降低或提高色温。

（2）白平衡调整

白平衡调整也就是色温平衡调整。为了保证摄像重放时画面色彩还原的逼真性，从而正确地表现自然色彩，就有必要对摄像机进行白平衡调整。从广义上理解，摄像机的白平衡调整是为了保证在拍摄中，当光源的性质和色温发生变化时，摄像机能够对各个被摄场景的普遍照明光线始终调整在机内设定的一个标准白光的色温上，这样才能使摄像机拍摄前后不同场景画面的色彩还原正常。摄像机白平衡调整后，拍摄的画面就能逼真地再现自然色彩。

4. 摄像机的基本操作

本节以Sony公司DSR－PDX10P机型为例介绍摄像机的基本操作与使用方法。

在拍摄时要注意电源开关Power处的三个功能键Camera（摄像机）、VCR（录像机）、Memory（记忆棒）。

（1）记录一个画面时，将电源开关“Power”置于“Camera”状态进行拍摄，如图3－3－1所示。

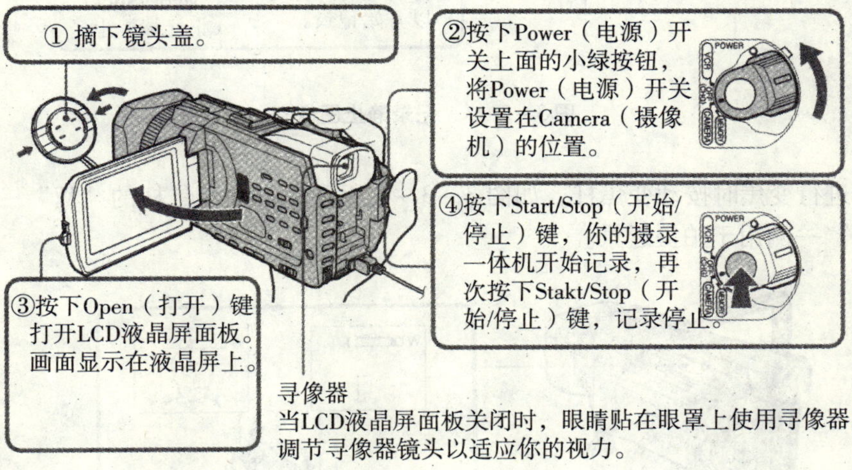

图3－3－1　记录画面

（2）在LCD液晶显示屏上观看重放的画面时，将电源开关“Power”置于“Memory”，如图3－3－2所示。

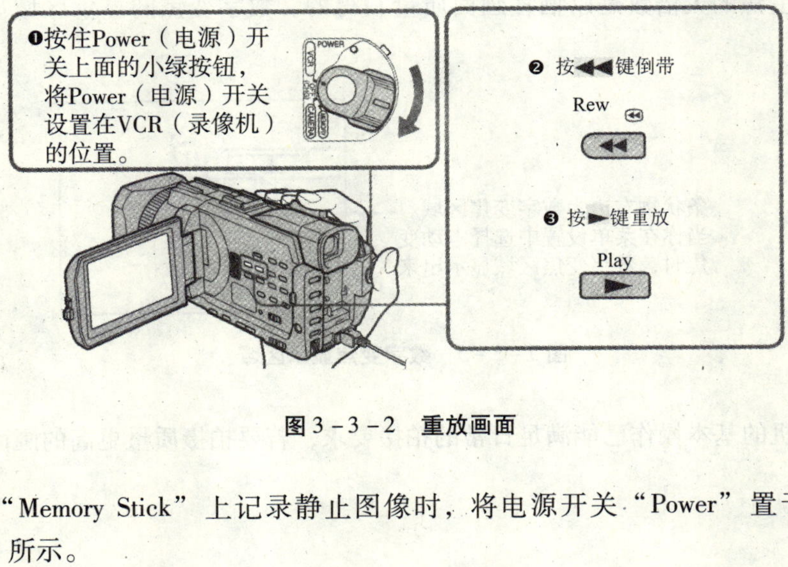

图3－3－2　重放画面

（3）在“Memory Stick”上记录静止图像时，将电源开关“Power”置于“Memory”，如图3－3－3所示。

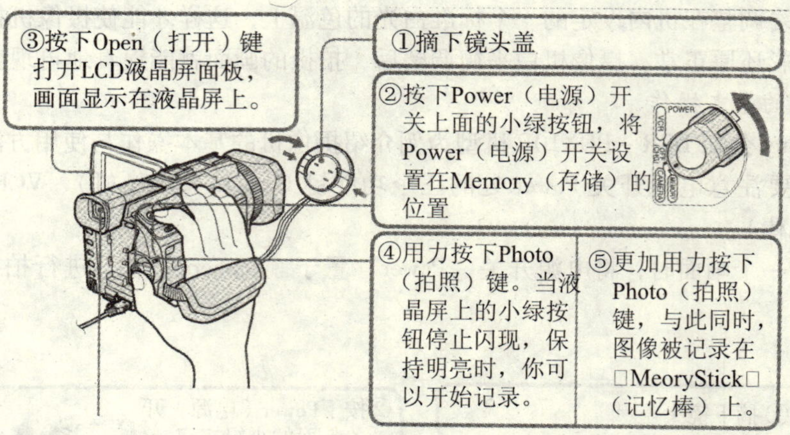

图 3－3－3 记录静止图像

（4）要进行变焦时按动变焦杆，如图 3－3－4 所示。图中变焦杆的“W”一侧用于拍摄全景，“T”一侧用于拍摄近景。

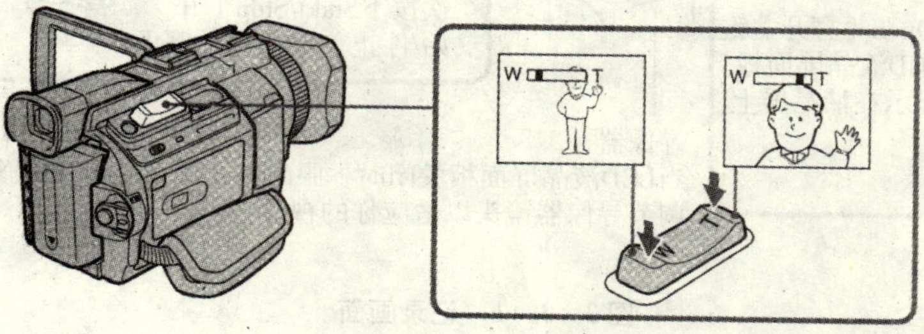

图 3－3－4 进行变焦

当进行数字变焦时，选择菜单中的 DZOOM（数字变焦）的电动变焦。建议将数字变焦关闭，因数字变焦的大倍数是以牺牲画面质量获得的。数字变焦的显示区域如图 3－3－5 所示。

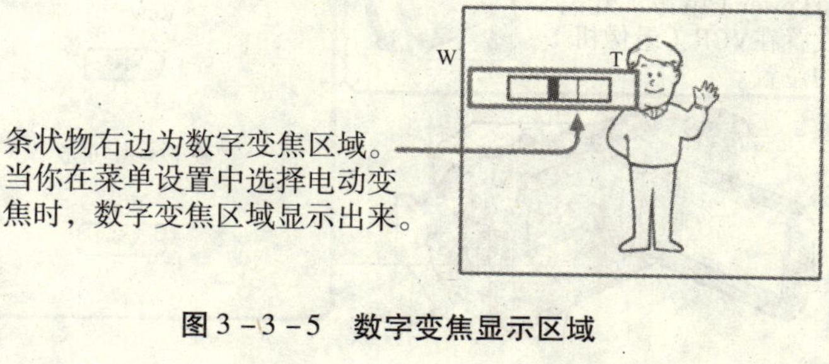

图 3－3－5 数字变焦显示区域

上述摄像机的基本操作已能满足日常的拍摄要求，若要拍摄质量更高的画面，还要进行一些手动操作。

5. 曝光方式的调节

数码摄像机的曝光方式有 Program AE（自动程序曝光）调节和 Exposure（手动曝光）调节两种。

（1）Program AE

自动程序曝光是将某些特殊环境下的光圈与曝光速度设置在机器内，拍摄时只要转动 SEL/Push EXEC 选择所需的 Program AE 方式，就能获得正确的曝光。Program AE 有以下几种：

①Spotlight（点光源）：适于拍摄舞台等强烈灯光照射下的主题，可以防止人物面孔显得苍白。

②Portrait（柔和肖像）：适于特写等，如大景别拍摄人物或花朵时，可以创造出柔和的背景以突出拍摄主体。

③Sports（运动）：适于拍摄运动中的高速动作，减小摄像机拍摄时的抖动。

④Beach & Sky（沙滩与天空）：适合于拍摄沙滩或滑雪场等强光或反光下的人物，可以防止人物面孔显得过暗。

⑤Sunset Moon（黄昏与月色）：适于拍摄黄昏、焰火、霓虹灯或一般夜景。

⑥Land Scape（风景）：适于拍摄较远的景物，如山脉等景象。

（2）Exposure

如果以上各种方式都不能满足需求，将用手动调整曝光来完成拍摄。其调节方法如下：

①在拍摄状态下，按 Exposure 键，在液晶显示屏上会出现相应的曝光指示。

②转动 SEL/Push EXEC 拨盘，对着需要拍摄的场景调节亮度至满意。

③再按一下 Exposure 键即可恢复自动模式。

6. 白平衡调节

在不同的光线条件下，被摄主体的色彩会产生变化，白色物体变化最为明显。例如，在室内钨丝灯下，白色物体看起来会带有橘黄色色调，在这样的光照条件下拍摄出来的画面会偏黄；而在蔚蓝的天空下，被摄主体会带有蓝色色调，这样拍摄出来的画面会偏蓝。

为此，摄像机在设计时就针对某些通用光源存储有最佳的白平衡设置方案。多数光线条件下白平衡功能可以设定为自动，当摄像机对着被摄主体时，随着照明光的色温不同，摄像机的白平衡进行自动调整，不必手动控制。然而，与自动曝光、自动聚焦一样，自动白平衡调整是有一定局限的。一般的摄像机都能在 2 500 ~ 7 000K 的色温条件下正常进行自动白平衡调整，当拍摄时的光线色温超出所设定的范围时，自动白平衡功能就不能正常工作了。这时我们需要选择手动调整白平衡。手动调整白平衡的方法如下：

（1）在拍摄状态下，按 Menu 键转动 SEL/Push EXEC 拨盘，选择手动“M”中的 WHT-BAL 选项。

（2）转动 SEL/Push EXEC 拨盘，对准一张标准白色纸调节选项至满意位置。WHTBAL 的选项内容如下：

①Hold：此选项适于拍摄单色对象或背景。

②Outdoor：此选项适于拍摄日出、日落、日出前、日落后，或霓虹灯、焰火、荧光灯条件下。

③Indoor：此选项适于拍摄照明条件快速变化的情况、演播室的电视照明条件下以及钠灯或水银灯条件下。

（3）将菜单设定中的WHTBAL选项设定为Auto即可恢复自动模式。

通过手动调节白平衡可以获得某些特殊效果。例如，在拍摄红色的夕阳时，对着蓝色的参照物手动调节白平衡可以拍摄出充满温暖气氛的画面；而把摄像机的白平衡设定自动（Auto）位置，摄像机会把夕阳的温暖色温误判为室内，因而补偿画面的蓝色，并减少红色，把夕阳原有的温暖气氛完全破坏了。相反，在海边或进行雪景拍摄时，以红色参照物手动调节白平衡，则可以拍摄出蓝色的冷色调画面。

7. 逆光拍摄（Back Light）

当拍摄背景光线强烈的物体（逆光拍摄）时，按下Back Light键，则可以进行光线调节，再次按下取消该功能。

摄像机还有许多功能，如手动调焦、数字特技等，在这里就不再赘述。

8. 数字摄像机的拍摄技巧

摄像技术是指利用摄像机及其造型手段表达艺术构思的技巧和能力。不同摄像水平的人使用同一台摄像机，拍摄的最终效果也是不同的。画面光线运用是否合理，色彩配置是否和谐，运动速度是否恰当，画面的构图是否完整，画面形象的造型感是否完美，镜头是否具有较强的艺术表达力和艺术感染力，这些都是辨别摄像技巧高低的主要方面。

9. 拍摄的基本要领

（1）拍摄要做到平、准、稳、匀

①平——构图要水平

在构图时，首先应该找到地平线，与其保持平行，或者选择参照物，比如可以将画面中的树与取景框横边比较等。为了使构图水平，拍摄稳定，可借助具有水平仪的三脚架上气泡校准画面的水平；用手持摄像机拍摄时，正确的持机姿势是非常必要的，如图3-3-6所示。通常情况下右手持机，双手大臂紧贴肋骨，左手辅助机身持平，形成三角稳定区。将右手扣带调节到适合自己的尺寸，以大拇指刚好可以触到摄录开关、食指可以自由调节变焦拉杆为准。

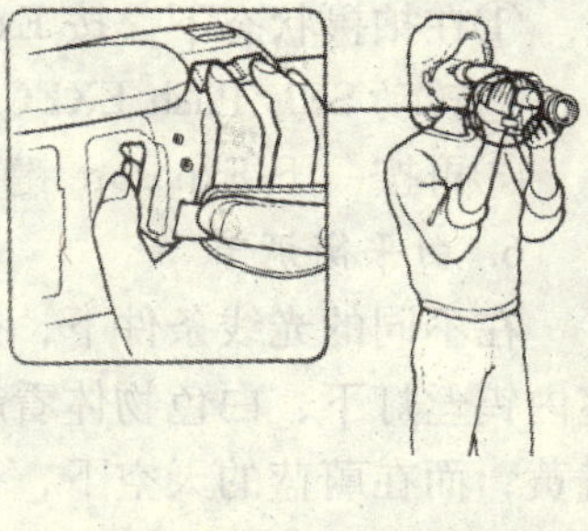

图3-3-6　持机姿势

②准——重点要突出

拍摄对象、范围、起幅落幅、镜头运动、景深运用、焦点变化等都要准确。如在运动拍摄时，摄像机对运动中物体的跟踪要准确，做到重点突出、意图明显。

③稳——持机要稳定

保持画面的稳定，消除不必要的晃动，是摄像的最基本也是最重要的要求，而影响画面稳定的最主要因素来自于拍摄者的持机稳定。除了掌握正确的持机方法外，还可以借助三脚架、轨道车或其他物体来保证摄像机的稳定；用广角镜头拍摄，可提高画面的稳定性。

④匀——镜头运动要匀速

在拍摄时，摄像机的运动有多种形式：推、拉、摇、移、跟等。任何一种运动方式都要求速度保持均匀，不能忽快忽慢、断断续续，要使画面节奏符合正常视觉规律。

（2）画面构图要领

构图是画面美观的关键，摄像构图的规则和图片摄影的构图十分类似，不但要注意被摄主体的位置，而且还要研究整个画面的配置，保持画面的平衡性和画面中各物体要素之间的内在联系，调整构图对象之间的相对位置及大小，并确定各自在画面中的布局地位。构图的方法有多种，这里只介绍黄金分割法、三分法和前视空间构图法。

黄金分割法是影视、摄影和绘画最常用的法则之一。如果用一根线段表示的话，就将其分割为不同长度的两段，比例为 0.618∶1，在摄影、摄像时一般把被拍摄主体放置在一条线段的 0.618 处。

很多专家推行“三分之一”的构图原则。摄像实践表明，让重要的景物或人物正好位于画面 1/3 处而不是在正中央，这样的画面比较符合人的视觉审美习惯，甚至比被摄主体在正中央的画面更具有美感。一个完整画面被两根垂直和两根水平方向上的线等分成 9 等分，其中垂直线与水平线交会的 4 个点就是画面中央，最能突出对象表现构图的艺术美感，也是最能吸引观众视觉注意力的部分，可以把这个位置作为主体最重要的部分的中心，如图 3－3－7所示，具体构图实例参考图 3－3－8 和图 3－3－9，图 3－3－8 中天空占画面的2/3，图 3－3－9 为景物占2/3的构图效果。

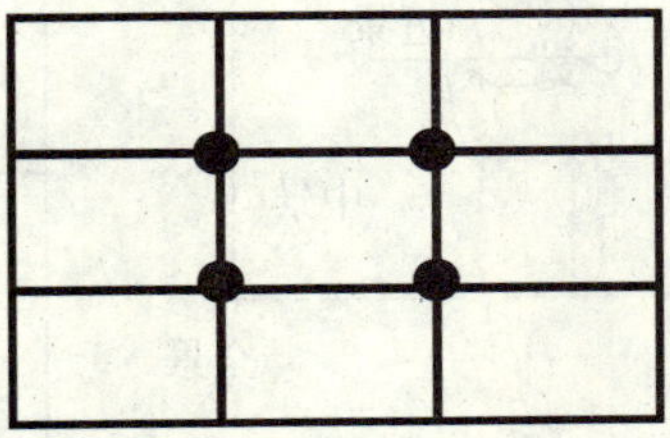

图 3－3－7　构图三分法

图 3－3－8　天空占画面 2/3

图 3－3－9　景物占 2/3

前视空间构图也就是说在画面中人物视线的前方要留出充足的视线空间，或者当拍摄主体看的方向或行走的方向不与画面垂直时，他们面对或前进方向的前面要留下空间，也就是“前视空间”，他们后面的空间是“多余空间”，应该将“多余空间”减少到最低程度。

另外，电视画面构图还应该做到以下几点：

①画面要简洁，避免杂乱的背景。

②主体要突出。

③立意要明确。

④画面应具有表现力和造型美感。

⑤画面运动应有依据。

10. *画面造型三要素*

画面造型的三要素是指画面拍摄的景别、高度和方向。在拍摄时要多景别、多角度取景构图，使画面丰富，也为后期制作提供便利。

（1）景别是指被摄物和画面形象在电视屏幕框架结构中所呈现出的大小和范围。它取决于两个方面的因素：一是摄像机与被摄物之间的实际距离；二是所使用镜头的焦距长短。一般情况下，把景别大致分为远景、全景、中景、近景和特写，如图 3－3－10 所示。

①远景

远景是视距最远、表现空间范围最大的景别。它视野广阔，景深悠远，主要表现地理环境、自然风貌和开阔的场景。它的作用是展示巨大的空间，介绍环境，展现事物的规模和气势。

②全景

全景包括被摄对象的全貌和它周围的环境。与远景相比，全景有明显的内容中心和结构主体，全景的作用是确定事物、人物的空间关系，展示环境特征，为后续情节定向。

③中景

中景画面中，人和物的形象及形状特征占主要成分，它更注重具体动作和情节，可以清楚地看到人与人之间的关系和感情交流，也能看清人与物、物与物之间的相对位置关系。

④近景

近景是拍摄成年人胸部以上的部分或物体局部的画面，用以细致地表现人物的精神和物体的主要特征。使用近景，可以清楚地表现人物心理活动的面部表情和细微动作，容易产生交流。

⑤特写

特写是表现人物肩部以上及头部或某些被摄对象细部的画面，是视距最近的画面。它可以做更细致地展示，揭示特定的含义。特写反映的内容比较单一，起到形象放大、内容深化、强化本质的作用。在具体运用时主要用于表达、刻画人物的心理活动和情绪特点，起到震撼人心、引起注意的作用。

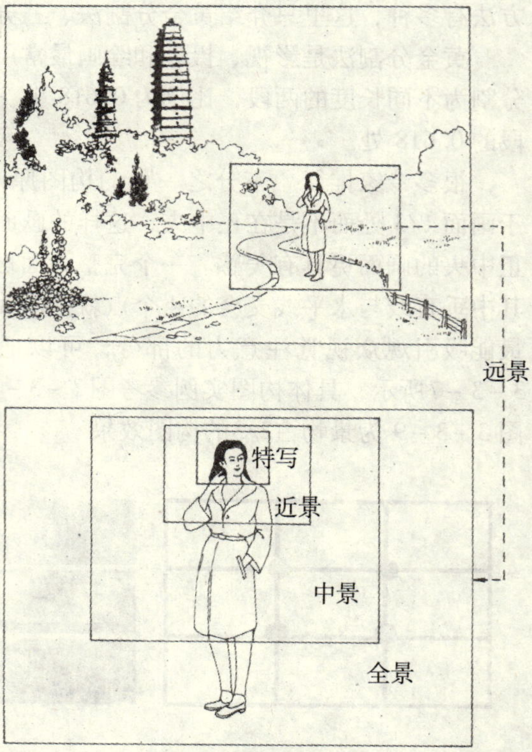

图 3－3－10　人体景别的划分

(2) 拍摄高度

拍摄高度是指以被摄主体为中心，镜头在垂直方向上的不同高度拍摄所构成的拍摄角度。一般分为平摄、仰摄、俯摄 3 种，如图 3－3－11 所示。

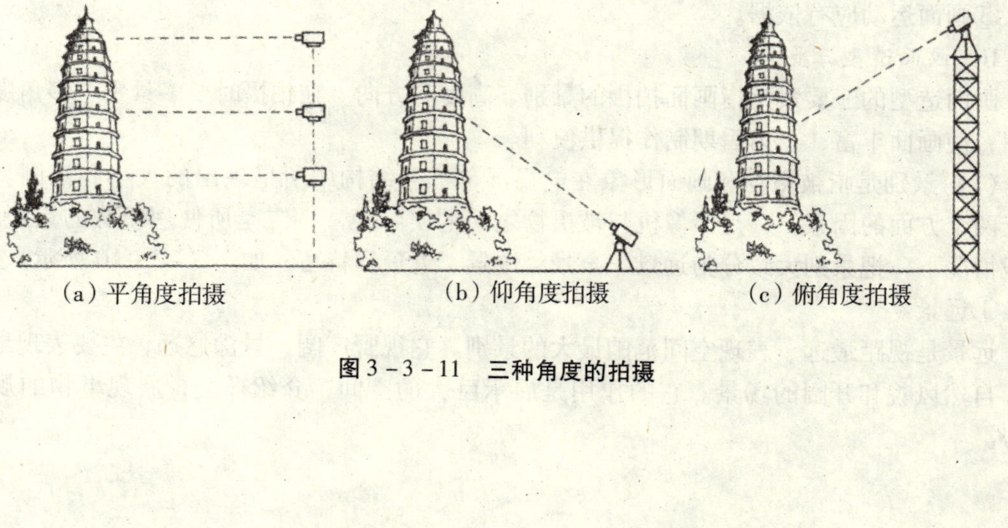

图 3－3－11　三种角度的拍摄

①平摄

平摄是指摄像机镜头与被摄主体在同一水平线上进行拍摄，被摄对象不易变形，使人感到平等、客观、公正、冷静、亲切。不足之处在于把同一水平线上的前后物体相对的压缩在一起，显得呆板、单调，缺乏空间透视效果，不便于表现层次感。

②仰摄

仰摄是指摄像机镜头低于被摄主体的水平线向上拍摄。仰摄有利于突出被摄主体的高大气势，能将向上伸展的景物在画面上充分表现。仰摄人物，容易显示出高昂向上的形象，但在广角状态下近距离仰摄人物容易变形。

③俯摄

俯摄是指摄像机镜头高于被摄主体的水平线向下拍摄，有利于表现地平面上的景物层次、数量、地理位置等，能给人辽阔、深远的感受。俯摄适宜表现盛大、开阔的场面。

（3）拍摄方向

拍摄方向是指以被摄主体为中心，镜头在水平方向上的不同方位进行拍摄，一般分为正面、背面、侧面、斜面等几种拍摄方向，如图3－3－12所示。

①正面拍摄：摄像机镜头在被摄主体的正前方拍摄。

②背面拍摄：摄像机镜头以被摄主体的背后即正后方拍摄。

③侧面拍摄：摄像机镜头在与被摄主体正面方向成90°的位置上即正左方或正右方拍摄。

④斜侧面拍摄：摄像机镜头在被摄主体除正面、背面、侧面以外的任何方向拍摄。

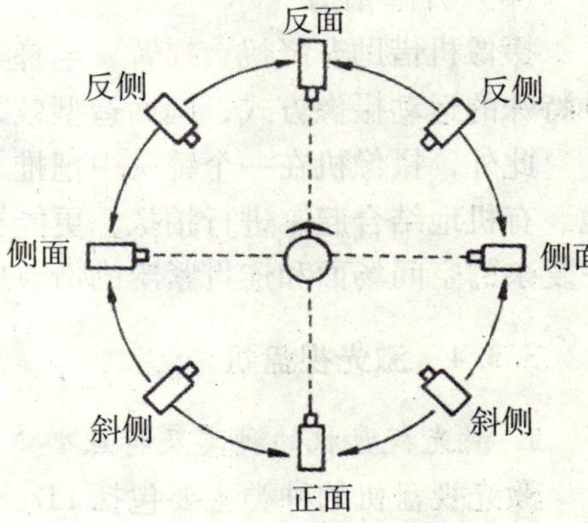

图3－3－12　拍摄方向

11. 运动摄像

运动摄像是影视艺术所独有的造型手段，它通过机位、焦距和光轴的运动，在不中断拍摄的情况下，形成视点、场景空间、画面构图和表现对象的变化，不经过剪辑，在镜头内部形成多构图、多元素的组合。它不仅增强了画面动感，扩大了镜头视野，还影响着相应的速度和节奏，赋予画面独特的感情色彩。运动摄像按其运动方式的不同，可分为推摄、拉摄、摇摄、移摄、跟摄、升降拍摄等基本类型。

（1）推摄

推摄是摄像机向被摄主体方向推进，或者改变镜头焦距（从广角调至长焦）使画面框架由远及近向被摄主体不断接近的拍摄方法。推镜头可以形成视觉前移效果，具有明确的主体目标。起到突出主体人物，突出重点形象，突出重要情节因素等作用。

（2）拉摄

拉摄是摄像机逐渐远离被摄主体，或者改变镜头焦距（从长焦调至广角）使画面框架由近到远与主体拉开距离的拍摄方法。拉镜头可以形成视觉后移效果，被摄主体周围环境由小变大。有利于表现主体和主体与所处环境的关系，使得画面构图形成多结构变化。

（3）摇摄

摇摄是指摄像机机位不动，改变摄像机镜头光轴方向的拍摄方法。摇摄的形式多种多样，有水平摇摄、垂直摇摄、间歇摇摄、环形摇摄、倾斜摇摄和摇速极快的甩镜头等。摇镜头犹如人们转动头部环顾四周或将视线由一点移向另一点的视觉效果。具有展示空间，扩大视野等作用。

（4）移摄

移摄是摄像机移动而进行的拍摄。由于摄像机的运动使得画面框架始终处于运动中，画面内的物体不论是处于运动状态还是静止状态，都会呈现出位置不断移动的态势。移镜头在表现大场面、大纵深、多景物、多层次的复杂场景时，具有气势恢弘的造型效果。

（5）跟摄

跟摄是摄像机始终跟随运动的被摄主体一起运动而进行的拍摄。由于摄像机运动的速度与被摄对象的速度相一致，使运动着的被摄对象在画框中处于一个相对稳定的位置上，而背景环境则始终处于变化中。跟镜头能连续详尽地表现运动中的被摄主体，既可突出主体，又能说明主体的运动方向、速度、体态及其与环境的关系，也可以表现一种主观性镜头。

（6）升降拍摄

摄像机借助升降机、摇臂、电梯等装置一边升降一边拍摄的方式称为升降拍摄。它是一种特殊的运动摄像方式，画面造型效果极富冲击力，能够给人以新奇、独特的感受。

此外，摄像机在一个镜头中把推、拉、摇、移、跟、升降等各种运动摄像方式不同程度地、有机地结合起来进行拍摄，更能够客观、鲜活地表现一个场景中一段相对完整的情节，在复杂的空间场面和连贯紧凑的情节场景中显示出独特的艺术表现力。

3.3.4　激光视盘机

1. 激光视盘机的种类及特点

激光视盘机的种类主要包括 LD，VCD，SVCD，DVD，EVD 等。

（1）LD：LD 是 Laser Disc 的缩写，通常称为激光视盘机、大影碟机。图像质量优于 VCD，不如 DVD，音频质量同 CD 相当，但由于该机价格高、片源少，现已被 VCD，DVD 取代。

（2）VCD：VCD 是 Video Compact Disc 的缩写，意为视频光盘。它采用 MPEG－1 数字压缩的国际标准，图像分辨率为 PAL 352×288，NTSC 352×240，水平清晰度为 250 线，声音为 2 声道，质量与 CD 相当，播放时间可达 74 分钟，兼容 CD 格式。由于 VCD 具有价格低廉、光盘种类繁多、比录像带耐用、便于保存等特点，是目前在教育领域中应用比较普遍的视听设备。

（3）SVCD：SVCD 俗称超级 VCD，其主要性能指标优于 VCD，它选用 MPEG－2 视音频压缩编码的国际标准，图像分辨率为 PAL 576×480，NTSC 480×480，水平清晰度提高到 350 线以上，提供了 4 路单声道和 2 路立体声道的音频，有 4 种语言伴音和 4 字幕选择功能。它与 CD、VCD 兼容，最大播放视音频信号 45 分钟。由于 SVCD 片源短缺、播放时间短，加之 DVD 技术的成熟，因此它是趋于淘汰的产品。

（4）DVD：DVD 是 Digital Video Disc 的缩写，是目前应用最广泛的视音频光盘媒体。DVD 与 VCD 相比，有以下特点：①高密度。DVD 盘与 VCD 盘均是直径 12cm 的光盘，但其区别却显而易见：一是 DVD 光盘采用波长更短的激光刻录并读出信息；二是 DVD 光盘上的信息坑更小，单位面积上记录的信息更多；三是 DVD 光盘结构的重大变化，即单面单层 4.7GB，单面双层 8.5GB，双面单层 9.4GB，双面双层 17GB，VCD 仅能存放视音频图像 74 分钟，而 DVD 单面单层能够存放视音频图像 133 分钟，双层双面可存放视音频图像长达 484

分钟。②高画质。DVD采用国际通用的活动图像压缩标准MPEG-2技术，并选择了较高的码率，画质达到广播级电视图像标准，画面像素为PAL 720×580，NTSC 720×480，水平清晰度超过500线。③高音质。DVD常用的音频格式有：AC-3（1至5.1声道）、MPEG（1至5.1声道或7.1声道）、LPCM（1至8声道）、DTS（1至6声道）等。DVD无论选择哪种音频格式都可以是数字环绕高保真音响效果。④高兼容性。DVD视盘机也可播放CD盘、VCD盘、CD-ROM盘、SVCD盘、DVD-RAM盘和DVD-R盘等视音频光盘。⑤高可靠性。DVD采用先进的纠错编码方式确保了数据读取的可靠性。

2. 激光视盘机使用与维护

第一，影碟机放置环境与位置。影碟机尽量将其置于阴凉通风处，切忌放在阳光直射处或靠近热源；不要将其放在多尘的地方；影碟机要放在牢固无震的台架上，不要和大功率音箱置于同一台面。

第二，影碟机的使用。使用前要正确核定当地电压，且机器连续工作时间不要超过三小时。使用功能键时应力度适中，不要用力过猛；较长时间不使用影碟机时，须将电源线拔离电源插座。注意通风防尘与清洁。影碟机使用时，应保持良好的散热、通风环境，使用完毕后最好用盖布盖好，防止灰尘对影碟机的工作带来影响。碟片使用时注意不要被硬物划伤，有污迹时用干净的绒布沿碟片径向向外擦拭，必要时可蘸些清水擦拭，擦拭完后再用干布擦干水分后使用。要保护好激光头。在播放影碟时，不要挪动和拍打影碟机，以免造成光盘抖动，损坏激光头。不要使用劣质的光盘，有些盗版光盘质量低劣，播放这种光盘对影碟机将造成损害。保护好机芯。影碟机由于长期高速运转，容易摩擦产生静电，吸附油烟、粉尘进入机芯，并日积月累，覆盖激光头发出的信号，导致读取的信号损耗、减弱，甚至时常不能读碟，激光头遭受静电干扰，寿命更是不断减短。

第三，使用和保养光盘。尽量保持光盘清洁，不要接触光盘的正面（即不带标签的一面）。勿跌落、划伤或弯曲光盘。不要用任何书写工具在光盘的标识面上作记号，也不要在上面贴纸或其他附着物。取放光盘时要小心轻放。不用时，应将光盘存放在光盘盒内。光盘切勿放在阳光直射处、潮湿多尘处或高温处。如光盘表面较脏，用洁净的软布按径向自中心向边缘擦拭。如果以上方法仍不见效，可用软布蘸少许水轻轻擦拭。请勿使用挥发性汽油、稀释剂、市售的清洁液或塑胶碟片用防静电喷雾剂等溶剂。

3.3.5　视听媒体教学软件的制作

电视教学片

电视教学片用电视的艺术手法来表现教育信息。电视教学片的主要类型包括讲授型、图解型、表演型等几类，制作方法与编制电视艺术片有所不同，一般包括选题、稿本编写、素材拍摄与收集、后期编辑、配音合成等步骤。

（1）选题

选题就是选择确定编制电视教材的课题。电视教学片的选题应选择那些口授困难、需要形象化、无法直接在教室观察或展示、奇特罕见的事例等，选题时还应考虑到现有的技术力量和设备条件。

（2）稿本编写

文字稿本是将要表达的教学内容以画面和解说相结合的形式组成的书面材料。稿本编写包括文字稿本和分镜头稿本编写两步。讲授型的文字稿本可用讲稿式或教案式，其中需插入模型、图片、标本或外景的，要在稿本的有关部分说明。图解型、演示型的文字稿本通常写成对应式，即左边写画面，右边写解说词。表演型的文字稿本可用对应式，也可用画面、解说词前后穿插的混合式。一部完整的电视教学片的文字稿本，大体可分为开头、中间、结尾三部分。

电视教学片是由一个个分散的电视“镜头”组成的，因此文字稿本的编写主要是编写分镜头稿本。电视的“镜头”一般可以分为远景、全景、中景、近景、特写等。

分镜头稿本的编写：就是依据文字稿本，去分成一个个可供拍摄的镜头，然后将分镜头的内容写在专用的表格上，成为可供拍摄、录制的稿本。方法是根据文字稿本，应用电视艺术的理论与技巧，考虑美学表现需要等因素，详细列出画面内容，包括拍摄场景、拍摄技巧以及镜头的时间长度、解说词的配合要求、音乐音响效果等。

（3）素材拍摄与收集

就是把分镜头文字稿本变成图像画面。素材镜头的拍摄，首先要做好各种前期准备工作。素材镜头的拍摄技巧常有推、拉、摇、移、跟等。“推”是指拍摄时摄像机不断移近被摄物，画面效果是由整体引向局部，突出介绍重点。“拉”的操作与“推”相反，画面效果是由局部引向整体，突出介绍整体。“摇”是在水平或垂直等轴线上改变镜头的拍摄方向，用以展示环境或多个景物之间的关系。“移”是移动摄像机的机位进行拍摄，主体距离不变，背景变化。“跟”是摄像机镜头跟随主体进行拍摄，常用于表现事物的运动过程。

（4）后期编辑

编辑工作是电视节目制作的后期工作，是将前期录制的图像与声音素材，按分镜头稿本的要求，进行再创作，编辑完成完整的电视教材，这一过程也是一个非常重要的创作提炼工作。编辑前要先熟悉所有素材，并做好时间标记，若有缺失的镜头，还必须先补拍好。编辑制作时要根据教材内容需要，按照分镜头稿本的要求进行。编辑的方式分为插入编辑和组合汇编两种：“插入编辑”是在已录有连续控制信号的节目磁带上，同时或单独更改图像和声音信号的编辑方式；“组合汇编”就是将不同场景分段录制在素材带上的图像、声音、控制信号，按分镜头顺序同时记录在编辑带上。电视教学片的镜头在组接时，要注意连贯流畅，特技、动画要运用恰当。常用的组接技巧有：快切——相邻的两个镜头直接切换；叠加——相邻的两个镜头通过画面重叠衔接过渡；划像——相邻两个镜头的画面通过一定运动的边界衔接过渡；淡变——前一个镜头画面从浓到淡消失、后一个镜头画面由淡而浓出现。

（5）配音合成

根据画面需要，将解说、音效、音乐等声音成分混合录制成与画面内容相适应的完整的节目声音。配字幕需通过字幕机操作来完成。清楚的解说、优美的音乐、恰当的效果声可使整个电视教学片增色不少。解说词要用准确、科学、精练、简明、通俗的口语化语言补充画面、提示画面、概括和强化画面。音效是画面直接发出的声响和后期根据画面情景和气氛配上的效果声。音效能有效地揭示与反映客观事物的本质，增强画面的表现力和感染力。音乐是为调节画面节奏、渲染气氛、烘托主题、激发联想、提示段落而选择的乐曲。选择的乐曲要与画面情景、人物情绪相吻合。

3.3.6　视听媒体在教学中应用

视听媒体在教学中应用的主要方式有：

1. 主体式教学

视听媒体应用于教学实践，可在一门课程或课堂教学中作为主体手段运用，如组织学生利用各种开路或闭路教育电视系统播放或收视视听教材，并按照事先排定的授课时间表进行教学活动。这其中，教师作为教学工作的管理者，主要完成组织、辅导答疑、实验指导及批改作业等工作。

2. 补充式教学

视听媒体教学应用在常规学校教育或课堂教学中，主要以补充教学活动的形式来运用。教师在课堂讲解中，可适时插入一段视听媒体教材，以补充表现教师讲解中较难以其他形式表现的知识重点、难点，如学生平时缺乏感性认识的内容，短时间内难有结果的自然科学实验等，都可以通过采用视听媒体补充教育手段来完成，以提高教学效率与质量。

3. 示范式教学

视听媒体教材可以提供规范标准的行为模式，供学生观摩仿效，如实验操作过程、生产流程、行为动作规范等方面，学生可通过接收视听信息来指导自己的学习。这对于师资力量匮乏和实验条件欠缺的教学单位尤其重要，可避免教学过程中对学习者的误导，从而提高教学质量。

4. 个别化教学

视听媒体教学手段除了适合集体教学外，还十分适合于自学方式的个别化教学。电视相当于物化了的教师，学习者利用视听教学手段，不但可以提取丰富的教学信息，还可获得具体的教学指导，十分方便学习者自定步调、因需求学、因材选学的个别化学习方式，有利于发挥各种层次学习者的学习积极性和个体素质优势，适合自学式继续学习。

第4章 现代化教学环境

随着信息化教育的发展，教育环境发生了重大的改变，教育环境从课堂发展到信息空间中，形成了现代教育技术教育环境。现代教育技术环境是指在教与学的实践活动中，所涉及的系统化的信息技术设施与条件。即实现教学信息呈现与教学资源共享、有利于学生主动参与和协作讨论、有利于信息反馈和教师调控的现代化教学环境。本章重点介绍了多媒体综合教室、多媒体网络教室、语言实验室、微格教学系统、校园网的基本组成与应用。

学完本章后，你应该能够

1. 了解各种教学环境的基本构成。
2. 熟悉多媒体综合教室及多媒体网络教室的基本功能及教学特点。
3. 了解校园网络的基本概念与主要功能。
4. 了解微格教学的概念与微格教室设施的基本组成。
5. 掌握微格教学的组织与实施方法。

学习活动建议

1. 有条件的情况下，尽可能做一些实验，比如：多媒体综合教室连接和操作实验；微格教学系统设备的使用实验。没有条件的情况下，可组织学生实地参观。

2. 结合专业背景，写一份微格教案。

3. 制作一份中学校园网调研报告，要求如下：

（1）调查内容包括：中学校园网的主要功能有哪些？哪些功能最有用？你最喜欢哪个中学的校园网站？为什么？

（2）调研报告采用 Power Point 制作。

4.1 现代教育技术环境

4.1.1 环境与现代教育技术环境

随着信息化教育的发展，教育环境发生了重大的改变，教育环境从课堂发展到信息空间中，形成了现代教育技术教育环境。环境（Environment）一词的通常含义是“直接或间接影响个体的形成和发展的全部外在因素”。所以现代教育技术环境可以理解为在教与学的实践活动中，所涉及的系统化的信息技术设施与条件。即实现教学信息呈现与教学资源共享、有利于学生主动参与和协作讨论、有利于信息反馈和教师调控的现代化教学环境。随着多媒体技术和网络技术的发展以及校园网络的逐渐普及，学校的现代教育技术环境大为改善，为教师运用现代教育理论、教学模式和教学方法提供了优良的支持平台，十分有利于高素质、创造性人才的培育与成长。

4.1.2 学校现代教育技术环境的作用

根据“教育技术是关于学习过程与学习资源的设计、开发、利用、管理和评价的理论与实践”的定义，现代教育技术环境应该是为实现学习过程与学习资源的设计、开发、利用、管理、评价提供支持的外部因素，从信息理论的角度，学校现代教育技术环境应该是一种充满信息，而且便于学习者获取信息的环境，应能起到如下作用：

第一，提供现代学习资源设计、开发的条件。现代学习资源主要是指幻灯、投影、录音、电影、电视、计算机等现代教学媒体，包括硬件和软件。至于这些现代教学媒体的设计、开发，应该设立专门的研究与生产部门去进行，但是，在一些学校，应该具备部分现代教育媒体设计与开发的条件，如幻灯投影教材、录音教材、录像教材、计算机课件等的设计与开发条件。

第二，提供现代学习资源利用的条件。学校应为多种多样的现代教学媒体运用于教学活动提供条件。这是学校现代教育技术环境建设的重点，它的建设范围渗透到校园教学环境的各个方面。如在校园环境中，有校园的信息网络，以实现信息资源的共享与利用；在教室环境中有多种媒体组合的课堂教学环境；在图书馆环境中有视听阅览室；在实验室、实践基地环境中充分利用现代媒体技术强化教学活动的功能；在社会与家庭环境中通过建立信息网络控制与利用各类信息去提高教学活动的质量与水平等等。

第三，提供现代学习过程设计、开发与利用的条件。现代学习过程是指在现代教育思想与理论指导下，运用现代教育媒体去开展的学习进程结构。从另一角度被称为新型的教学模式。现代教育技术环境要为创建现代学习过程或新型的教学模式创造条件。

第四，提供学习过程和学习资源的现代管理与评估条件。包括应用现代科学理论与技术成果，建立学校教学信息管理，如教育电视监控、计算机教学管理、校长办公室教学管理等；学习资源检索与管理，以及教学信息的反馈分析和学生考试评分等等。

学校现代教育技术环境仅是学校教学环境的一个部分，也是在教育现代化进程中，需要加速建设的部分。因此它的建设必须与一般的教学环境建设密切结合为有机的整体，才能充分发挥其在教学活动中的功能与作用。另一方面，学校现代教育技术环境，在学校中是一个独立的环境体系，但它必须依赖全国性和地区性现代教育技术环境，与它密切联系、相互补充，才能发挥更大的功能与作用。

4.1.3 学校现代教育技术环境建设的功能要求

教育部1997年启动了1 000所现代教育技术实验学校项目，其中对实验学校的现代教育技术环境建设提出要求，即在“项目实施过程中，要结合实际，积极建设好现代教学环境，并从发挥最大效益出发，建立不同功能的现代化教学环境，使这些教学环境有利于开展多种媒体组合教学，有利于教师对教学过程的调控，有利于学生的积极参与和学习主体作用的充分发挥，有利于开展个别化学习，有利于多种学习资源的利用和资源的共享等”。对现代教育技术环境的功能基本要求是：

第一，有利于开展多种媒体组合教学。如多媒体综合教室，将传统的黑板（白板）和多种现代媒体如幻灯、投影、录音、录像、影碟、多媒体计算机等组合成一个有机系统。大大方便了教师开展多媒体组合教学。

第二，有利于教师对教学过程的调控。这意味着在教学中教师能方便地动手去操作各种媒体，又能方便地取得学生的学习信息去调控整个教学进程。

第三，有利于学生的积极参与和学习主体作用的充分发挥。使学生能利用多种感官，主动获取信息，加工信息，形成自身的知识结构与能力。

第四，有利于开展个别化学习。意味着提供学习资源的数量要多，传输技术要先进，以便学生根据自身需求进行有效的个别化学习。

第五，有利于多种学习资源的利用和资源的共享。这意味着要建立学校的学习资源中心和信息传输网络，达到资源的共享和充分利用。

学校建设的现代教育技术环境，不一定每个都同时具备上述五个有利因素，但起码要满足上述一到两个以上的有利因素。在建设中必须结合实际，讲求效益。结合实际，是指现代教育技术环境建设必须根据教学的实际需要和可以投入经费能力的实际。我国地域广阔，经济发展差异很大，各地的教育经费投入也受多种因素制约，因此，环境建设必须考虑自身的经济能力，从实际出发，去建设合适的项目。讲求效益，是指现代教育技术环境必须得到充分利用，用出效果，不能建了只做摆设，成为参观活动的展品，以应付评比。同样教学功能的环境应采用最节省经费的方案，提高功能价格的比值。

4.2 多媒体综合教室

4.2.1 多媒体综合教室的分类与组成

多媒体综合教室主要由多媒体计算机、中央控制系统、音响系统、电视播放系统以及投影仪、银幕等设备构成。根据媒体数量多少与质量高低，教育功能差异，又可分为简易型、标准型、多功能型、学科专业型。

1. 简易型

简易型多媒体综合教室是在普通教室中装配投影器、银幕、电视机、录像机、摄像机、VCD、音响系统（无线话筒）、VGA－TV 转换卡、计算机等而构成的教室。简易型综合电教室基本能满足开展多媒体组合教学的需要，但由于采用普通电视机，输出的信号需经转换才能在电视屏幕上呈现（见图 4－2－1），因此，影响图像清晰度；另外普通电视机屏幕小，尽管用上 29 寸或 33 寸，对于显示计算机整屏的文字与图像，在教学上也难满足要求，因此，往往要采用 48 寸至 61 寸的背投式电视。

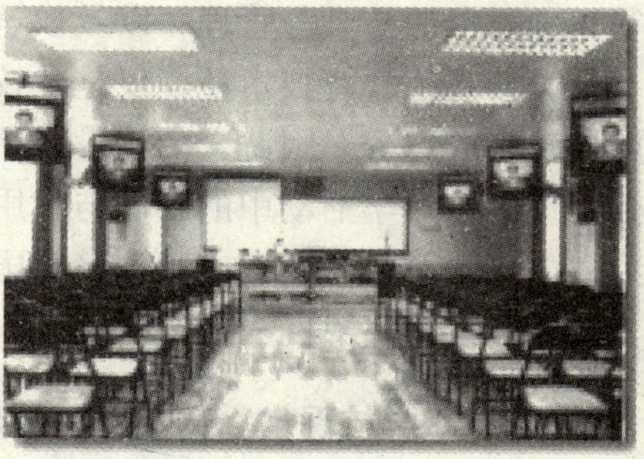

图 4－2－1 简易型多媒体综合教室的组成

2. 标准型

标准型多媒体综合教室克服了简易型的缺陷，增加或改用了一批较高档次的设备与技术，主要由集成控制平台（机械式/智能式）、实物视频展示台、大屏幕投影电视/背投电视等设备组成，如图 4－2－2 所示。

它的主要设备连接成图像与声音两个系统。图像系统共用一个数据/视频大屏幕投影机，多媒体计算机的文字与图像数据信号可直接输入；录像、影碟、实物视频展示台等视频信号通过视频切换器后也可以分别输入，能显示面积大和清晰度高的图像。声音系统是将所有音频信号通过调音台再输入到一个共用的功率放大器，输出保真度高的声音。它比简易型增加与改用的设备与技术主要有：

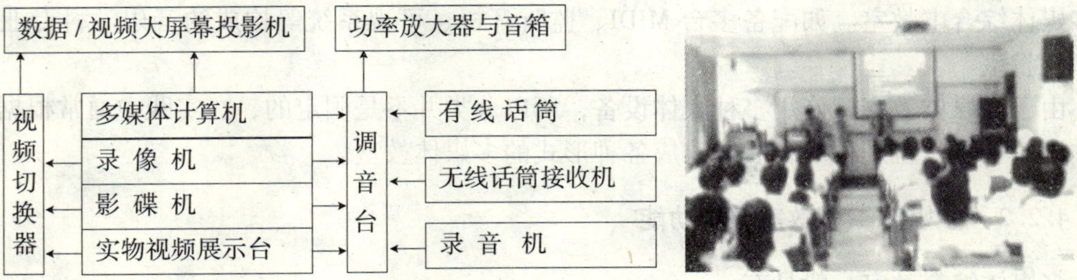

图 4－2－2　标准型多媒体综合教室

（1）数据式大屏幕投影机

标准型多媒体综合电教室采用数据式投影机，克服了普通电视机的缺陷，能直接输入计算机信号，获得清晰的画面。另外，它通过投影能获得大尺寸的画面（80 寸至 200 寸），能满足 50～200 人的教室与讲学厅开展教学活动。

（2）实物视频展示台

实物视频展示台倒挂的摄像机摄取放置于台面上物件的图像信号送至投影机呈现图像。放置的物体可以是实物、标本，也可以是照片、书甚至是演示实验。由于台面有透明灯照射还可投影幻灯片和透明投影片的图像，在某种程度上，它还有代替幻灯机与光学投影器的功能。

（3）集成控制台

为了方便对综合电教室内多种电教媒体和设施（如银幕、灯光、窗帘等）的操作与控制，把操作与控制的功能键集中放置于讲台的一块面板上，这就需要通过集成控制系统去实施，常用的集成控制系统有以下几种方式：

①按键开关式：它用线路连接各种电教设备的控制信号，用手动按键开关操作，特点是简单、可靠、价格低等。

②电脑触摸屏式：它是通过电脑触摸屏去控制电脑主控机的输出，从而实现对各种电教设备与设施的操作与控制，这一方式技术先进，使用方便，但价格较高。

3. 多功能型

与标准型相比，增加了带平台的摄像枪、闭路电视系统、学生信息反馈控制器，根据需要可选择与局域网、校园网、Internet 相连。

（1）摄录像装置

在教室装配有 1～3 台带云台的摄像机，用于摄录师生的教学活动过程，摄像信号传送到中心控制室供记录保存，或同时传至其他教学场所供观摩或扩大教学规模。

（2）学习信息反馈分析装置

通过该装置全班同学可以使用座位旁的按键对老师提出的问题作选择性的回答。它通过计算机收集了分析学生的学习信息，使教师能及时全面了解学生的情况，更有针对性地进行教学活动。

4. 学科专业型

该类型是在简易型或标准型配置的基础上，增加一些某种学科教学特殊需要的设备，如生物科教学需用的彩色显微摄像装置、音乐科教学需用的电子琴等，这样成为某一学科专用的多媒体综合电教室。如配备多台 MIDI、监听耳机、可视系统等构成的音乐学科专业多媒体综合教室。

由于多媒体教室可使用多种媒体设备，所以分类并不是固定的，在实践中通常根据实际条件，对上述设备进行取舍后构建成各种形式的多媒体教室。

4.2.2 多媒体综合教室教学功能

多媒体综合教室一般具有：

（1）丰富高效的讲课功能。综合教学系统能提供教师现代化的科学的教学手段，丰富的教学资源，多样化的教学模式以及快捷的教学效果评价与分析，可以提高教学效果，可以最大限度地提高优秀教师的教学效率，极大地提高生师比。

（2）多样先进的学习功能。综合教学系统提供给学生多样的学习模式（协作式学习模式、发现式学习模式、讨论式学习模式等），合理的学习指导，丰富的学习资源和多样的学习手段，科学的学习测评。

（3）交互式的开放功能。综合教室具有很强的开放功能 开放不仅仅指教学环境对学生开放，更主要的是学习的开放性，学生可以在任何时间、任何地点学习任何课程。开放的网上教学资源库是整个综合教室的核心，它不是封闭的一成不变的，而是开放的不断丰富的，这些丰富的资源将给教学科研带来极大的帮助。

（4）教学资源制作管理功能。综合教学系统提供教学实况的多种实时制作与播出功能。综合教学系统配备专业制作环境和设计制作人员，采用流水线制作方式配合全校教师开发制作网络教材，应用于教学实践。

（5）教学管理与支持功能。综合教学系统提供稳定完善的多媒体教学平台、教学管理系统和支持系统。先进的在线的教务管理功能，能够实现教室调度的自动化管理。网络平台管理可以为整个教学环节提供运行保障，提高多媒体教学设备的使用效率和寿命。与院长评估系统互联。

（6）远程教育功能。综合教学系统为开展远程教育提供网络硬件支撑平台、网络教学软件平台、网络教学资源和最重要的远程教学支持系统（提供给远程学生，最快的教学答疑和学习指导）。

4.2.3 多媒体综合教室教学应用

在多媒体综合教室里，教师可以通过操作计算机和数字视频展示台等设备随心所欲地运用文本、图形、图像、声音等媒体进行教学，也可以运用板书、教材、图表、图片等常规教学媒体进行教学，整个教学过程都可以显示在大屏幕上，摆脱了黑板加粉笔的教学模式。

教师利用多媒体教室可以进行的教学内容一般有：

（1）可以演示各类光学投影媒体；

（2）具备有线和无线扩音系统，可以现场录音；

（3）可以播放电视录像节目；

（4）可以播放 DVD 等数字音像资料；

(5) 可以播放文字、图片、实物等资料;

(6) 可以呈现多媒体计算机上的资料;

(7) 有统一控制各种媒体的电子组合讲台;

(8) 能与校园网相连,实现资源共享;

(9) 具有手动控制和电子遥控功能;

(10) 具有记录存储、远程观摩和监控功能;

(11) 具有考试及分析功能。

4.3 多媒体网络教室

4.3.1 网络教室

网络教室其实是一个小型局域网络,该网络可以通过代理服务器与校园网或 Internet 连接。

网络教室系统硬件的基本配置包括:学生机、教师机、集线器或交换机、服务器等设备,并通过双绞线连接。机房中的服务器可用高性能的 PC 机承担,也可用普通的 PC 服务器承担。学生用计算机除常规 PC 的配置外还需各配网卡、耳机和话筒。由于教师机经常处于多任务工作状态,所以教师机在 CPU、内存等方面的配置应高些。有条件的机房还可以配置功放、投影仪等多媒体演示设备。

网络教室系统中,学生机和教师机的操作系统一般选用 Windows,服务器的操作系统可选择 Windows 2000 Server,它除存放本地的一些教学资源外,还应提供简单的 WWW、FTP、E-mail 等常见的 Internet 应用服务。此外,服务器还应安装代理软件,使学生机用户可以通过服务器访问校园网或 Internet,这样既可增强网络的安全性能,同时还可以进行数据流监控、过滤、记录和报告等网络管理职能。

网络机房中学生机及教师机等网络设备的布局,通常有普通教室型、U 字型、小组协作型、综合型等,如图 4-3-1 (a)、(b)、(c)、(d) 所示。具体实施时可依据教室空间结构、学生群体的特征以及教学活动的内容和模式等因素设计摆放格局,以满足实际教学需求。

4.3.2 多媒体网络教室的组成及功能

多媒体网络教室也称网络化多媒体教室,通常指的是在普通单机机房或普通教学网络(一般为 20~50 台计算机)的基础上,通过音/视频传输卡、信号传输线、控制部件、耳机、麦克风等设备实现教师机与学生机进行连接,实现各计算机之间屏幕、声音的实时交互切换,并且具有多种辅助教学管理功能的教学系统(如图 4-3-2 所示)。多媒体网络教室一般与专门的电子教室管理系统配套使用,可构造出维护简单、全新的教学模式等功能强大的新一代多媒体网络教室,具备以下功能:

广播教学:可将教师机的电脑屏幕画面和语音等多媒体信息(如:教学课件等)实时广播给全体、群组或单个学生。可对单一、部分、全部学生广播。

使用电子教鞭功能:教师对任何应用软件进行注释和讲解,达到辅助教学及加强学生学习的目的。电子教鞭同时提供存储功能,教师可以存储所有讲解的画面,通过课件制作工具输出独立的多媒体产品。并随时调用该产品独立运行或分发给学生。

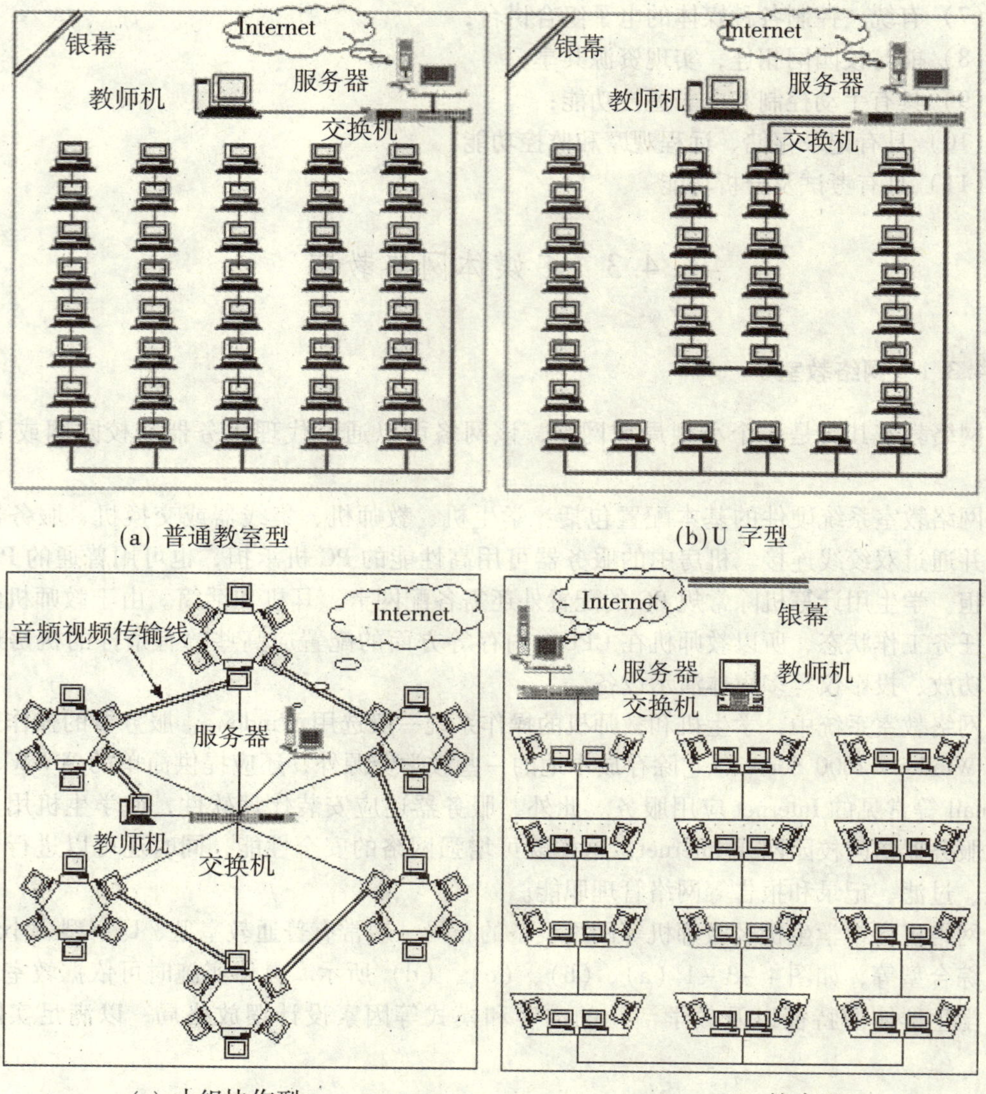

图 4－3－1　网络机房的布局

提供电子黑板和电子白板功能，教师可实现在普通黑板上的全部功能：①供文本输入、编辑；②提供大量图形工具；③可改变调整笔型、笔宽及笔色；④供多种注释方法（箭头、注释模板、区域闪烁等）辅助教学讲解。

语音教学：①可将教师机的语音实时广播给全体、群组或单个学生；②可对单一、部分、全体学生广播；③当教师在口述讲解，无须学生看屏幕时，为了不让学生因看屏幕而影响听讲，在必要时，可强制学生机黑屏，使学生能够集中精力听讲。

屏幕监视：教师可实时监视每个学生的电脑屏幕，观察学生的学习情况，这样教师不用离开座位便可在机上观看学生对计算机的操作情况。可对单一、群组或全体学生进行多画面和单一循环监视。

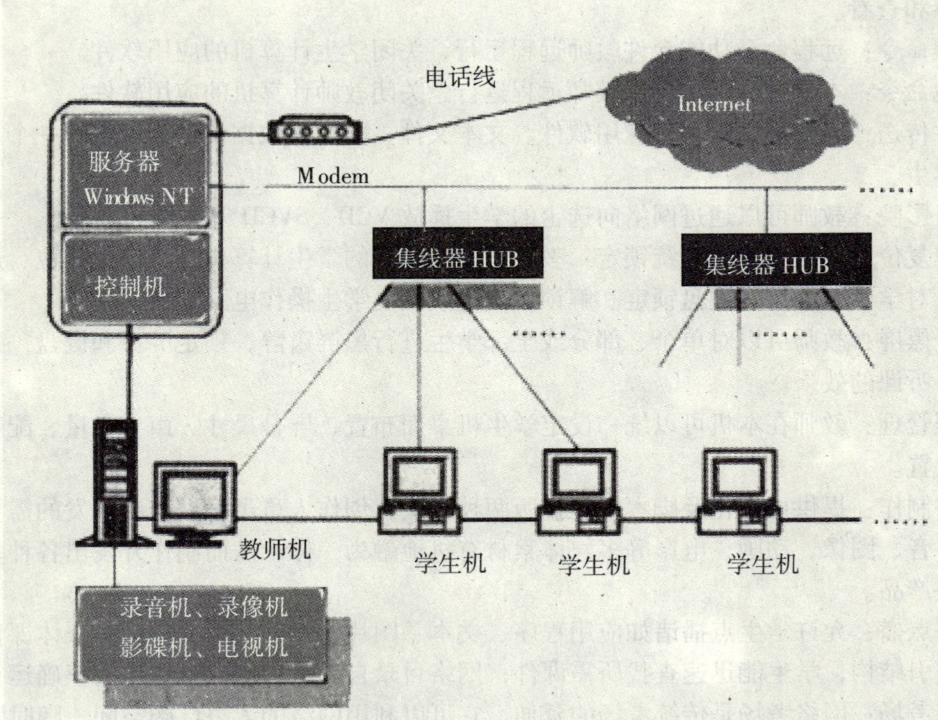

图 4-3-2　多媒体网络教室示意图

遥控辅导：教师可远程接管选定的学生机，控制学生机的键盘和鼠标，对学生远程遥控，辅导学生完成学习操作，进行“手把手”式交互式辅导教学，在此过程中，教师可随时锁定或允许学生操作计算机的键盘和鼠标。教师在遥控辅导教学中可实时监视被遥控的学生的电脑屏幕，教师在遥控辅导教学中可与被遥控学生进行双向交谈，遥控辅导同时可用电子教鞭功能。

教学示范：教师在进行屏幕监视和遥控辅导时可使用转播教学功能，教师可选定一个学生机作为示范，由学生代替教师进行示范教学，该学生机的屏幕及声音可转播给其他学生，增加学生对教学的参与感，提高学习的积极性。在此过程中，可随时使用电子教鞭功能进行教学示范。

师生对讲：教师可与任意指定的学生进行实时双向交谈，教师可以选择是否允许其他学生旁听。

分组讨论：教师可对教室内的学生进行任意分组，每个小组的学生通过文字、语音、电子白板进行交流，教师可随时插入任意小组，并参与讨论，小组内允许多个学生同时交谈。

电子论坛：教师可选择一个或多个学生进行编组讨论，通过文字、语音、电子白板进行交流，不在该讨论组的学生不受干扰。

消息发送：模仿电子邮件功能，教师与学生可选择发送对象，相互发送信息，同时提供附件插入和剪贴拷贝功能。教师可以允许或禁止学生使用消息发送功能。

电子抢答：教师在电子抢答组中使用电子论坛、电子白板提出抢答题目，组织学生进行抢答，抢答过程受教师控制组织。

电子举手：学生使用电子举手功能可随时呼叫教师。教师对举手的学生通过语音和文字随时应答和查看。

远程命令：远程命令功能允许教师远程运行、关闭学生计算机的应用软件。

本地命令：本地命令功能允许教师远程运行、关闭教师计算机的应用软件。

文件传送：教师可以将本机应用软件、文本文件、图片等数据传送给指定的一个、一组或全体学生。

网络影院：教师可以通过网络向选定的学生播放 VCD、SVCD 等文件和碟片。

远程复位、远程关机、系统锁定：教师可以对选定的学生计算机进行远程复位、远程关机、可以对学生机的鼠标键盘锁定和解锁，停止或恢复学生操作电脑。

电子黑屏：教师可以对单个、部分或全部学生进行黑屏肃静，锁定屏幕和键盘，达到让学生专心听课的效果。

远程管理：教师在本机可以统一设定学生机桌面布置、屏幕尺寸、声卡音量、配音方案等各项设置。

课件制作：提供可视化及脚本编程排版两种方式，创作人员可根据产品开发的需要，将文本、声音、图像、动画、电影等多媒体素材有机地融为一体，从而制作开发出各种多媒体应用软件产品。

课件点播：允许学生点播诸如应用程序、文本、图片、动画文件之类的多媒体课件；采用多级索引结构，学生能迅速查找所需课件；网络目录自动映射，保证课件的正确运行。

网络考场：网络考场是传统考场的延伸，它可以利用网络的无限广阔空间，随时随地地对学生进行考试，加上数据库技术的利用，大大简化了传统考试的过程。服务器端对数据库进行管理，客户端通过浏览器登录网络考场。它基于题库操作，能够实现智能自动组卷、自动阅卷和自动分析，大大缩短了考试周期。

视频点播：自动搜索视频服务器和视频节目表单，因采用多级索引结构，用户能够迅速查找喜爱的节目；多人同时点播同一或不同节目，也能流畅观看；提供进度条、总时间和播放时间显示；提供播放、暂停、停止、窗口/全屏切换等功能。

为了使多媒体网络教室实现以上的系统功能，除了对教室硬件环境有所要求外，纯软件系统控制平台是个关键因素，当然，随着计算机技术的不断发展，新的多媒体网络教室控制软件将层出不穷，多媒体网络教室的功能也将不断扩大和延伸。

4.4　语言实验室

语言实验室的英文名称为 language Laboratory，最早由美国夏威夷州立大学提出。其含义是指利用各种实验仪器对语言进行分析和实验的场所。当时不是像现在这样把它用于语言教学上。第二次世界大战以后，美国军队急需培养大量外语人才，于是在语言实验室中采用录音机进行语言训练，收到很好的效果，因此语言实验室得到了迅速发展。现在的语言实验室是现代教育媒体综合运用的重要成果。它是由录音机、电视机、计算机等多种媒体装备起来的教室。在普通学校中，语音室主要用于语言教学，特别是语言训练教学。随着科学技术的飞速发展，各种现代化的视听设备逐渐丰富，以计算机为主的学习反应分析器也被引入语言实验室，从而大大扩大了语言实验室的教学功能。它不仅适用于语言教学，而且还适用于教授其他学科的教学，甚至适用于个别自学和班级复式教学。这种扩大了功能的现代化语言实验室又称为学习实验室或视听室。

4.4.1　语言实验室的分类与组成

语言实验室设备的组成形式多种多样，按其教学功能来分有听音型（AP型）、听说型（AA型）、听说对比型（AAC型）、视听比较型（AV型）、多媒体学习型（ML型）等。

1. 听音型语言实验室

听音型语言实验室（Audio Passive Language Laboratory），简称AP型语言实验室。（如图4－4－1所示）

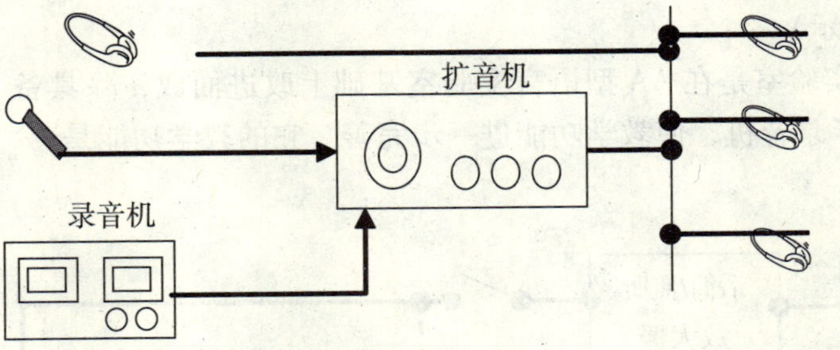

图4－4－1　AP型语言实验室框图

AP型语言实验室是一种简易语言实验室，相当于一间听音教室。它的主要设备是一台或几台录音机与多副耳机。教师通过操纵控制台上的录音机，使学生在耳机中收听各种节目。AP型语言实验室的使用效果比录音机开路播放效果好，学生之间互不干扰，可提高学习效率；它不足的地方是，学生只能根据教师讲授或已录制好的节目被动学习，缺少师生对话和人机对话，也不能听到自己的声音，不便于发现和纠正发音错误以及解决学习中的问题。这种语言实验室不宜于外语专业学生上课用。

2. 听说型语言实验室

听说型语言实验室（Audio Active Language Laboratory），简称AA型语言实验室（如图4－4－2所示）。

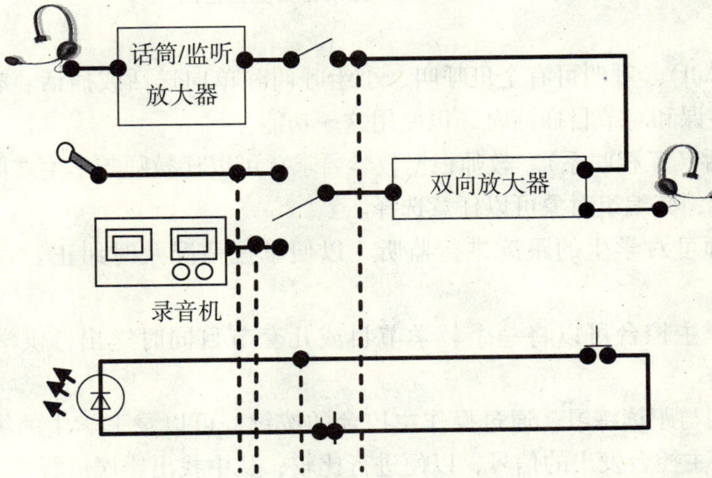

图4－4－2　AA型语言实验室框图

AA型语言实验室除具备AP型语言实验室的功能外，在学生使用的耳机上增设了送话器，师生可以直接对话，同时还增加了监听和呼叫功能。这样教师便可随时监听学生的学习情况和及时进行个别或集体辅导，学生也可以通过呼叫键请求教师解答问题。这种语言实验室可以用作听力、听写、语音、语调、语言句型、会话和口头翻译等多种训练。AA型与AP型相比较，"双向交流"是一个显著优点，更适合教学活动，但它仍属简易型，其缺点是学生不能自录（座位上无录音机），不能录下标准音与自己作业进行比较和研究。

3. 听说对比型语言实验室

听说对比型语言实验室（Audio - Active Comparative Language Laboratory），简称AAC型（如图4-4-3所示）。

AAC型语言实验室是在AA型语言实验室基础上改进而成，除具备AA型原有功能外，学生课桌上增设了录音机，使教学功能进一步完善。它的教学功能是：

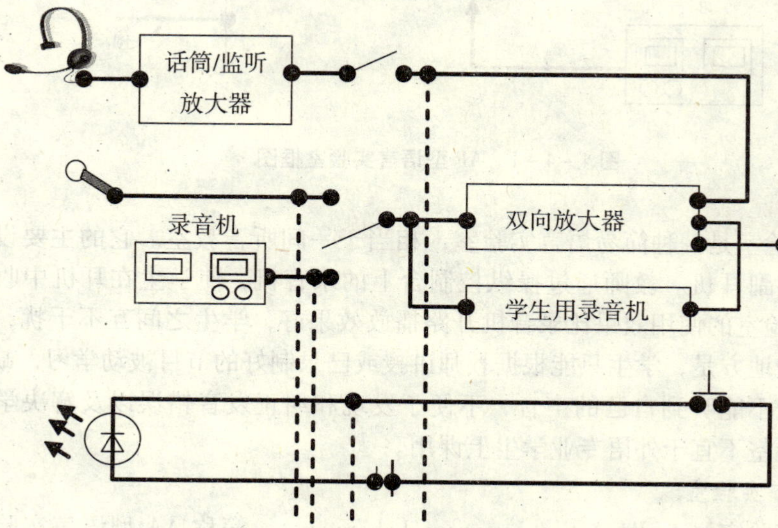

图4-4-3　AAC型语言实验室框图

（1）呼叫（Call）。呼叫可有全班呼叫、小组呼叫和单向送话或插话。教师布置学习要求、下达指令、讲课和对节目插话时，也使用这一功能。

（2）小组会话（互相联系）。教师根据教学要求，可以让教师与学生之间或学生与学生之间进行会话练习，其编组对象可以任意选择。

（3）监听教师可对学生的跟读进行监听，以便掌握情况及时纠正普遍或个别学生的错误。

（4）节目选择主控台可以将一个教学节目或几套节目同时送出，供学生选择听音和复制。

（5）录音复制与跟读练习。通过操作主控台的按键，可以录下学生的练习或教师的讲课，学生也可录下主控台发出的信号，以便进行比较，从中找出错误进行纠正。

AAC型语言实验室对提高学生独立学习能力和学习积极性十分有利，因为每个学生配备了一台录音机和送话器。学生有较强的学习主动性，既可以用来听课又能在听课的同时记录重点、难点，然后根据个人的实际情况反复听，而且还能真实地记录下自己的发音，便于及时纠正错误。AAC 型语言实验室较 AP 型和 AA 型语言实验室效果好，但投资较多。

4. 视听比较型语言实验室

视听比较型语言实验室（Audio - Visual Comparative Language Laboratory），简称 AV 型语言室（如图 4-4-4 所示）。

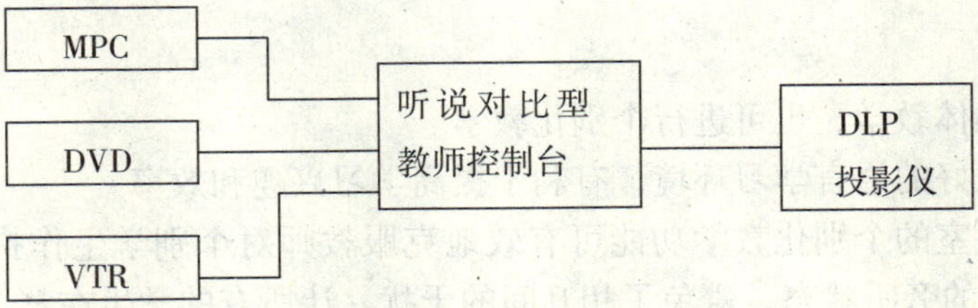

图 4-4-4　AV 型语言实验室框图

AV 型语言实验室是在 AAC 型语言实验室基础上发展起来的一种新型语言实验室，它除了具备听说对比功能外，还增设了图像显示装置。近年来，人们不断改造 AV 型语言实验室的设施，增加了视频展示台、多媒体计算机、多媒体投影机、VCD 放像机等设备，教学功能更加完善，使之成为多功能语言实验室，教师可以根据教学需要放映幻灯片、投影片、文字、图形、图像等各种教学节目。

AV 型语言实验室既能听又能看，学生视听并用，这就大大提高学生的学习积极性，使教学效果更好。它不仅用于外语教学，而且还用于音乐、戏曲、体育、教育等其他科目的教学。

5. 多媒体学习型语言实验室

多媒体学习型语言实验室（ML 型）（如 4-4-5 所示）

多媒体语言实验室是指采用计算机多媒体技术、网络技术，实现和优化课堂教学的一种教学平台。它能改善教学手段和方法，实现校内外资源共享，完善教师与学生、学生与学生之间的双向交流活动。

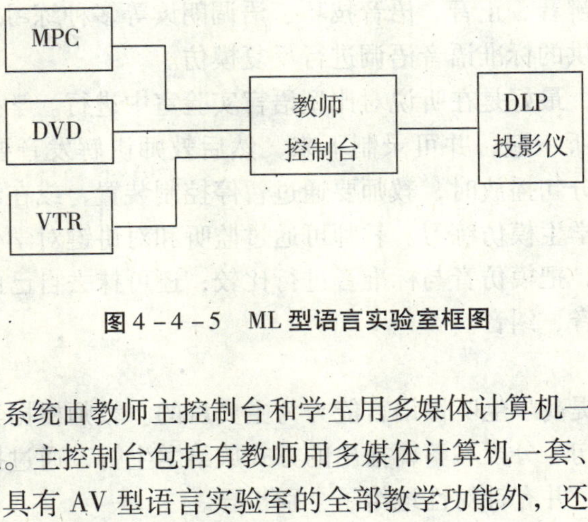

图 4-4-5　ML 型语言实验室框图

多媒体语言实验室系统由教师主控制台和学生用多媒体计算机一套组成，构成一个多媒体计算机网络教学系统。主控制台包括有教师用多媒体计算机一套、视频展示台、录像机。多媒体语言实验室除了具有 AV 型语言实验室的全部教学功能外，还具有网络教学功能，同时还具有很强的控制功能。

多媒体语言实验室由于采用多种媒体和利用计算机技术进行管理，可将学生数、提问次数、问题回答的正确率、错误率等等有关的教学管理的数据信息显示或打印出来供教师随时掌握教学现状，随时修正自己的教学方案，这就将课堂教学置于动态的交互的快速反应状态下，也利于教学管理人员课后根据实际的反应结果作出统计和检查。

4.4.2　语言实验室教学的优点与局限性

1. 优　点

（1）可进行集体教学，也可进行个别化教学。

（2）创造了良好的语言学习环境，有利于提高学习兴趣和效率。

（3）语言实验室的个别化教学功能可有效地克服教师对个别学生作指导或训练时其他同学处于消极被动的旁听状态，避免了相互间的干扰，让所有的学生在整个教学过程中处在积极主动的状态，提高了单位课时的效率。

（4）有利于不同水平的学生选用不同难易的教材，教师通过监听学生的学习，有针对性地个别通话辅导，实现因材施教。

（5）为学习者提供良好的自学环境与自学条件。学生除接受教师的直接指导，还可进行自我比较的学习。学生可以反复听，反复训练，消除了心理负担，学习积极性、主动性得到充分发挥。

（6）语言实验室的多种功能和交互作用，促使教师更新其教学思想，改进教学方法。

2. 局限性

（1）座位的隔断，使师生间的视觉联系也受到阻隔，阻碍了教师形体语言的发挥，如眼神、动作、情绪对学生的积极影响，反过来教师也难以观察学生的表情和学习情绪。

（2）要求师生有正确的操作技术，否则不能充分发挥系统功能，达到预期的教学效果。另外还要求教师有较强的能力去控制课堂。

4.4.3　语言实验室的教学应用

1. 语音课

语音课是以掌握正确的语音、语调为主要目的。语音语调训练是外语初学阶段的重要环节。训练中包括发音、辨音、正音、语音技巧、语调朗读等多种练习。模仿是掌握语音语调的最佳方法，可根据提供的标准语音语调进行反复模仿。

语音课可在听说型，最好是在听说对比型语言实验室中进行。学生根据教学的要求，先将教师播放的模仿材料听一遍，并可录制下来，然后教师讲解发音要领，再分句播放第二次，学生边听边模仿。分句播放时，教师要通过暂停控制装置，或在录制磁带时根据练习的需要，留有暂停时间供学生模仿练习。教师可通过监听和对讲键对学生进行纠音指导，学生模仿练习时可倒回重听，把模仿音与标准音进行比较；还可抹去自己的原模仿练习声音，再重新模仿练习，自己辨音、纠音。

2. 听力课

听力课是以训练和提高学生听懂语言能力为主要目的。教师根据学生水平，选择各种听力录音教材，并采用分句、分段和整篇播出的方式放给学生听，通过提问回答和让学生复述来检查学生的听懂程度，并有针对性地给予个别指导。

训练听力的方法是多种多样的。可用单纯听力理解的方法，将听到的材料通过回答问题的方式，将理解的问题记录下来（可记录在磁带上，也可以用笔写下来）；也可以采取看、听、说并用的方法，边看边听边讲或根据追记理解的方法进行讲述。对于单纯的听力理解练习，可先将一篇短文从头到尾播放 2～3 次，再提出问题让学生回答，或者直接将事先准备好的选择填写题发给学生，待学生听完后现场完成并收回评定。材料的播放次数要根据材料的难易程度、学生的水平和教学要求而定。

3. 会话训练课

会话训练课是在听的基础上训练和发展学生口语能力的课型，它通过大量的语言模仿、重复操练来掌握语言中词的用法和句型结构，培养和训练学生的语言交际技能和技巧。

会话训练时可利用有情景的视觉教材或会话材料，结合学生的看、听、模仿与记忆，让学生进入角色中进行多种形式的会话练习。在训练和编制录音带时可分以下三个步骤进行：

（1）将材料原文让学生听，使学生知其材料内容；

（2）重复原材料，分句播放，播放时通过暂停键控制，留有一定间隙，学生可模仿、记忆；

（3）用角色替换练习，先把 A 角色的讲话录在磁带上，给 B 角色要讲的话留下空隙，让学生担任 B 角色讲话；然后变换角色，把 B 角色的话先录在磁带上，A 角色让学生担任。

4. 句型训练课

句型训练课是以掌握各种不同句型为主要目的的语言训练课，可在听说对比型语言实验室中进行。在录制教材时，可根据句型的难易程度采用不同编辑形式录制。如简易句，训练教材由练习要求和学生训练组成，这种编辑形式称为“二步式”，即“听音—复述”；对于稍难的句型，可采用“三步式”，即在学生的练习后还编辑有正确答案和留有学生复述正确答案的间隙。

5. 跟读复述训练课

跟读复述训练主要是培养学生正确的连续讲读习惯，对培养学生思维和记忆非常有帮助。这种训练方法要求能提供重复教学的语言材料，并要求提供的语言材料有一定的连贯性，最好有故事情节。在复述时，教师要指导学生尽可能地按原文的意思复述，或尽可能地用自己的话照原文复述，并引导学生从单句复述逐步过渡到段落或全文复述。

6. 口译训练课

口译训练是培养和提高学生语言交际能力与技巧的一种有效方法，最好在视听对比型语言实验室中进行。训练前，教师可根据翻译练习的要求先编制好录音带，再对训练的难易程度及速度作出规定。在训练中，学生可以一边听一边作口译训练，也可以采用同声翻译法，先给学生播放幻灯、影视资料，再让学生进行练习。

口译的材料一般以 15 分钟左右为宜。开始训练时，可以逐句或并句翻译为主，然后逐步到小段翻译，最后再一步一步加大难度，利用会话题材进行训练。口译要求逐步达到语言规范、语音清晰，并能抓住线索、跟上情节，保证语速正常。训练中，教师可先进行示范翻译，第一遍让学生细听和记忆，第二遍让学生进行口译训练，然后再播放正确翻译录音，让学生整段练习译文。

4.5　微格教学系统

4.5.1　微格教学的概念

微格教学（Microteaching），意为微型化教学，通常又被称为“微型教学”、“微观教学”、“小型教学”、“录像反馈教学”等。它是由美国斯坦福大学艾伦（D. Allen）教授等人创立的一种利用现代化教学技术手段来培训教师的实践性较强的教学方法。它以现代教育理论为指导，通过视听技术和反馈，按照严格的程序，对师范生和在职教师轮流进行培训，从而使他们更好地理解教学过程和掌握教学技能的一种教学技术。艾伦将微格教学定义为：“它是一种缩小了的可控制的教学环境，它使准备成为或已经是教师的人有可能集中掌握某一特定的教学技能和教学内容。”

根据实践体会，我们认为：“微格教学是在有控制的条件下进行学习的实践系统。它是以现代教育教学理论为指导，利用现代视听技术，通过反馈评价，以集中解决某一特定的教学行为技能为目的，对教师教学技能进行系统训练的方法。”

微格教学具有如下特征：

（1）由少数学习者（5~10人）组成“微型课堂”，以真实的学生或受训者的同学充当“模拟教师”和“模拟学生”，使课堂微型化；

（2）把教师教学技能分解为若干个环节，学习者根据训练目标，选择一小段“微型内容”进行教学设计并编写教案；

（3）被训练者利用5~10分钟的时间进行一段“微型课程”的教学实践，从中训练某一两项教学技能；

（4）在进行“微型课程”的教学实践过程中，利用视听设备系统将实践过程记录下来；

（5）通过视频系统重播已记录的内容，进行反馈评价和分析，可以是自我评价，也可以是他人评价。

微格教学技术自诞生后，得到了迅速推广和大量研究，尤其受到各国师范教育界的重视。在欧美，微格教学已成为教师培训的基本课程。

4.5.2　微格教学系统的组成

微格教学是在有控制条件下培训师范生和在职教师教学技能的一种方法，微格教学系统是一个可控制的实践系统，一般由微格教室、控制室、示范室、观摩室组成（如图4-5-1）：

1. 微格教室

一般的微格教室装有话筒、摄像头、电视机。话筒用来拾取训练者的声音；摄像头用来录取训练者的活动过程，一般的，每个微格教室装有摄像头3个，摄像头的活动由控制室控制；电视用来播放训练者的教学过程，以便进行教学评价。一般在微格教室配有多媒体教学系统，用来播放课件、电教教材。微格教室的所有设备都和控制室相连，可以在控制室控制。

2. 控制室

控制室装有视频切换台、调音台、录像机、监视器。为了操作方便，录像机一般是硬盘录像机，输入输出有模拟和数字两种接口，录像机即可以录制每一台摄像头的画面，也可以录制经视频切换台的信号；调音台用来控制训练者和学生的声音大小。监视器用来监视每个摄像头的工作位置和情况，以便控制摄像头。从微格教室来的信号（视音频）分两路，一路送往录像机，另一路送往观摩室，供同步评价分析。

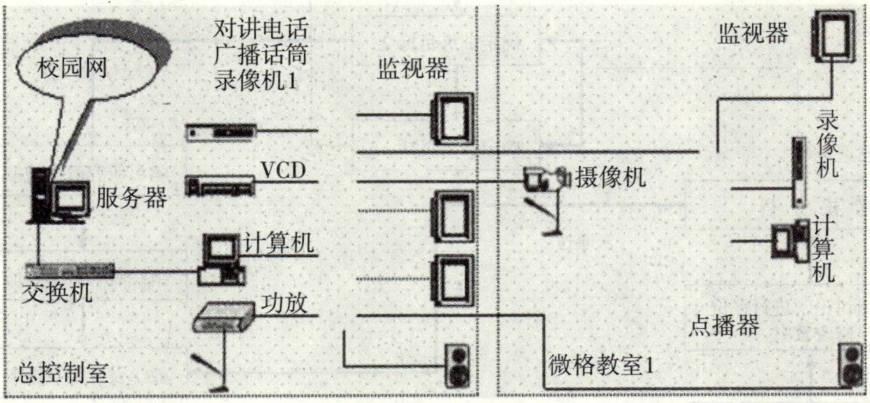

图 4-5-1　微格教室构成

3. 观摩室

观摩室是装有电视的普通教室，将来自某一微格教室的视音频信号，通过控制室的选择传输到观摩室的电视机，其既可以实时的播放，也可以非实时的播放信号。观摩室可以让更多学生观看，也可以供教师评价。

4. 示范室

采用双向闭路电视系统，在示范室内可以选择收看任一微格教室的教学训练情况，同时可以将示范室的信号传输到每个微格教室。示范室一般是一个多用场所，如可以作为演播室。

4.5.3　微格教学系统的应用

微格教学的基本程序。

微格教学系统的应用需要按一定的程序对学生进行特定教学技能的训练。微格教学的程序可用图 4-5-2 表示。

它包括如下几个基本步骤。

1. 确定训练目标

即明确通过训练要使学生了解每一项教学技能的理论和方法，并掌握各个技能的执行程序和实施要求。通过多次实践、评价、修改，使技能趋于完善。并通过综合训练，形成课堂教学能力。

2. 学习和研究教学技能

在进行微型教学实践前，应先组织学生对各项教学技能的有关理论、方法、程序、实施要求进行学习研究，以便为进行教学设计和实践打下基础。

3. 观摩有关教学技能的示范材料

通过播放反映某项教学技能的示范性录音、录像资料，或一些优秀教师的课例实录，使学生对教学技能的事实、观念、过程、操作程序有形象化的了解，使学习者获得不同风格的教学技能模仿的样板，使训练目标和要求更加具体化。

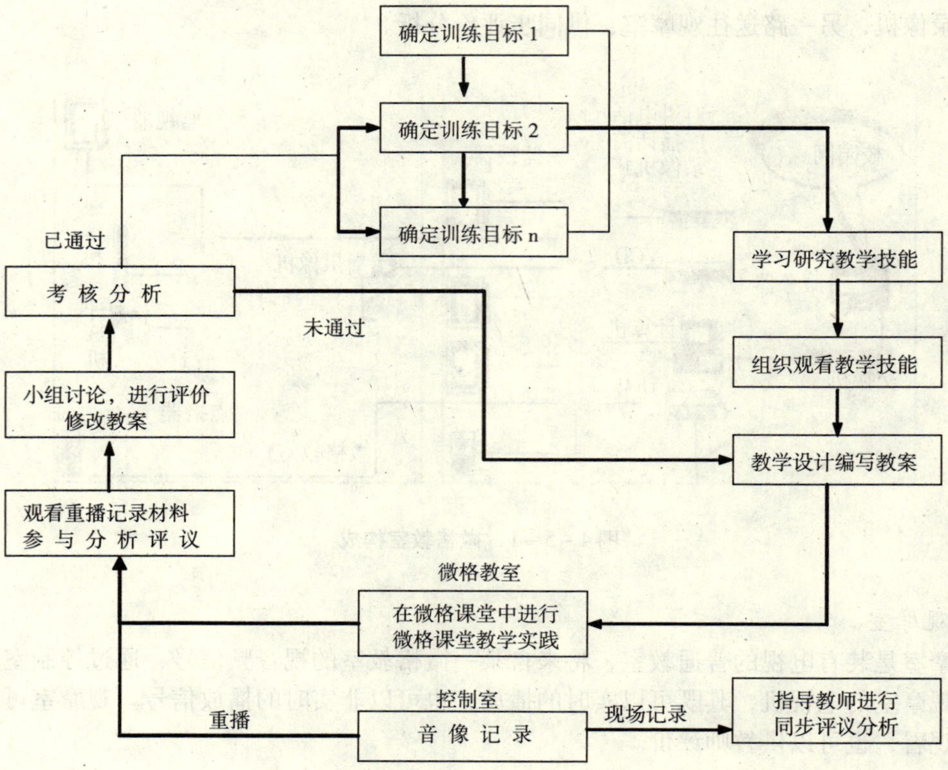

图 4－5－2　微格教学的程序

4. 编写微型教学教案

编写教案是进行教学技能训练的重要环节，是实现训练目标的保证。它能使被训练者更规范、有效地掌握教学技能。教案的具体内容通常包括：教学目标、时间分配、教师教学活动行为、设想的学生学习行为、计划应用的主要教学技能等。

5. 角色扮演——微型课堂教学实践

首先要组成微型课堂。微型课堂由被训练者（扮演教师角色）、被训练的同学（扮演学生角色）、指导老师、评价人员（可由指导老师和学生担任）和操作摄像设备的工作人员组成。在微型课堂上被训练者进行一段教学内容的教学，实践一两项教学技能，时间一般为 10 分钟左右。在上微型课之前，指导老师要做一简短说明，让被训练者明确所训练的技能、教学内容、教学设计思想和所要达到的目标。

6. 声像记录

在实践过程中，利用视听设备对被训练者的教学行为和学习者的学习行为进行记录，以便能及时准确地反馈。在没有上述条件时，也可用录音、照相、文字记录等方法，但不如录像反馈真实、准确、生动。对于有条件的学校，通过视听设备可将微型教学实践的实况同时传送到另一教室，以便供其他同学观看，并由指导老师作实时同步的评述分析，以提高对教学技能的认识。

微格教学教案 2008 年 9 月 28 日

年级 高一 科目 语文 课题 荷塘月色 主讲人姓名 章志芳

训练目的	导入技能			
教学目的	内隐：了解将要学习的内容及有关知识。 外显：学生能以旧拓新进行新旧知识的连接。			
时间分配	授课行为 （讲解、提问的内容）	技能要素	学习行为 （预想的问题）	教学媒体 板书内容
	同学们，你们还记得李白的“清水出芙蓉，天然去雕饰”，周敦颐的“出污泥而不染，濯清涟而不妖”的诗句吗？还记得杨万里的名句“连天荷叶无穷碧，映日荷花别样红”吗？	回顾		
	这些诗句都表达了诗人怎样的感情呢？	提问	生1：表达了诗人对荷花高洁品质的赞美，对清高人格的歌颂，对理想境界的追求。	
	是啊，自古以来，文人墨客都喜爱把自己的感情寄托在景物描写里，	肯定		
3分钟	这在写法上通常叫做融情于景，借景抒情。	板书强化		融情于景 借景抒情
	古语云：一切景语皆情语。写景的目的，旨在抒情。今天，我们又将学习一篇朱自清先生的著名写景散文，这是一篇历来被名家们誉为写景抒情散文的典范之作。文章打破了通常写景在先、抒情在后的写法，先言“我”的心情，然后依次写出眼中景、情中景、景中情，情景交相汇合，如同月光下的荷塘月色水乳交融。	提示		
	那么，在这样的一篇抒情写景散文中又表达了作者怎样的一种感情和矛盾心理呢？	强化		
	下面就让我们一起来学习朱自清先生的《荷塘月色》。	板书		《荷塘月色》

7. 重播录像，自我分析

实践活动完成后要重放录像，让被训练者以“第三者”的身份观察自己的教学行为，与自己的教学设计相对照并找出不足。被训练者看过自己的实践录像后，首先要进行自我分析，检查实践过程是否按教学设计进行，是否达到了预定的目标。

8. 讨论评价，修改教案

指导老师、评价人员、学生角色都要从各自的立场来评价实践过程，有不同看法时可重放录像，帮助形成较为统一的意见。微型教学的评价应以总结优点为主，使被训练者建立自信心，也要提出不足和努力方向，以便改进。最后评价人员要根据自己的判断填写评价单，给出具体结果。

9. 再实践

经过评价，已经达到基本要求的可进入下一技能的学习，实践新的教学技能。未达到要求的则需要进行教学计划，准备再实践。

4.5.4 微格教学训练的内容

利用微格教学系统进行课堂教学技能的训练，一般可包括如下基本内容：

1. 课堂导入技能的训练

课堂导入是教师在一个新的教学内容或活动开始时，引导学生进入学习的行为方式。利用微格教学系统可将导入技能分解为开门见山直接导入、利用旧知识导入、利用直观演示导入、巧设实例导入、利用生动故事导入等多项不同技巧进行训练。

2. 变化技能的训练

变化技能是教师利用对学生不同刺激的变化来组织学生的注意。变化技能有三种类型，即教态的变化、教学媒体的变化和师生相互作用方式的变化。

3. 讲解技能的训练

利用微格教学系统可将讲解技能根据教学内容的不同分解为描述性讲解、描绘性讲解、论证性讲解、启发性讲解、归纳性讲解、演绎性讲解等多种技巧进行训练。

4. 板书板画技能的训练

利用微格教学系统可将板书板画技能分解为提纲式板书、语句式板书、表格式板书、线性式板书、图示式板书、简笔画、示意图绘画等技巧进行训练。

5. 演示技能的训练

利用微格教学系统可将课堂教学中的演示技能分解为实物、标本、模型的演示，挂图的演示，现代教学媒体的演示，课堂实验演示等技巧进行训练。

6. 提问技能的训练

利用微格教学系统可将课堂教学中的提问技能分解为回忆性提问、理解性提问、知识运用性提问、分析性提问、综合性提问和评价性提问等技巧进行训练。

7. 反馈、强化技能的训练

利用微格教学系统可将课堂教学中教师获得反馈信息的技能分解为课堂观察法、课堂提问法、课堂考查法、操作实践法等技巧，而进行强化的技能则可分解为语言强化、符号（标志）强化、动作强化、活动强化等技巧进行训练。

8. 结束教学技能的训练

利用微格教学系统可将结束教学技能分解为归纳式、活动式、比较式、练习式、拓展延伸式等多种技巧进行训练。

9. 组织教学技能的训练

组织教学技能是教师在课堂教学中组织学生的注意、管理纪律、引导学习、建立和谐的教学环境、促进学生进行学习的行为方式。利用微格教学系统可将组织教学技能分解为管理性组织、指导性组织、诱导性组织等多种不同类型技巧进行训练。

4.6　校园网

4.6.1　校园网基本组成结构

校园网络（Campus Network）系统（以下简称校园网）是指利用计算机网络设备、通信介质和相应的协议（例如TCP/IP协议等）以及各类系统管理软件，将校园内计算机和各种终端设备有机地集成在一起，同时又与外部的计算机网络（如Cernet或Internet）连接，以用于教学、科研、学校管理、信息资源共享和远程教育等方面工作的局域网络。中学校园网的一般结构如图4-6-1。

校园网的硬件通常由服务器、工作站、网间互联设备、传输媒质等部分组成。

1. 服务器

服务器（Server）是网络上一种为客户端计算机提供各种服务的高性能的计算机。服务器根据其在网络中所执行的任务不同可分为：Web服务器、数据库服务器、视频服务器、FTP服务器、Mail服务器、打印服务器、网关服务器、域名服务器等等。对于小型的校园网络，往往把Web服务、FTP服务、数据库服务等集于一台服务器上。

2. 工作站

在校园网中，工作站（Workstation）是一台客户机，即网络服务的一个用户。但有时也将工作站当做一台特殊应用的服务器使用，如打印机或备份磁带机的专用工作站。工作站一般通过网卡连接网络，并需安装相关的程序与协议才可以访问网络资源。

3. 网络互联设备

（1）集线器（HUB）：集线器是计算机网络中连接多个计算机或其他设备的连接设备。HUB主要提供信号放大和中转的功能，把一个端口接收的信号向所有端口分发出去，有些集线器还可以通过软件对端口进行配置和管理。

（2）交换机（Switch）：交换机的外形与集线器很接近，也是一个多端口的连接设备，主要区别在于：交换机的数据传送速率通常要比集线器快很多，学校网络中心的核心交换机往往还具有路由器功能。

（3）路由器（Router）：路由器是连接多个网络或网段的网络设备。通常路由器有两大典型功能，即数据通道功能和控制功能，数据通道功能一般由硬件来完成，控制功能一般由软件来实现。

（4）网关（Gateway）：网关是网络连接设备的重要组成部分，它不仅具有路由器的功能，而且能对两个网络段中使用不同传输协议的数据进行互相的翻译转换，从而使不同的网络之间能进行互联。网关一般是一台专用的计算机，该机器上配置有实现网关功能的软件，这些软件具有网络协议转换、数据格式转换等功能。

（5）防火墙（Firewall）：是指一种将内部网和公众访问网（如Internet）分开的硬件或

软件技术。

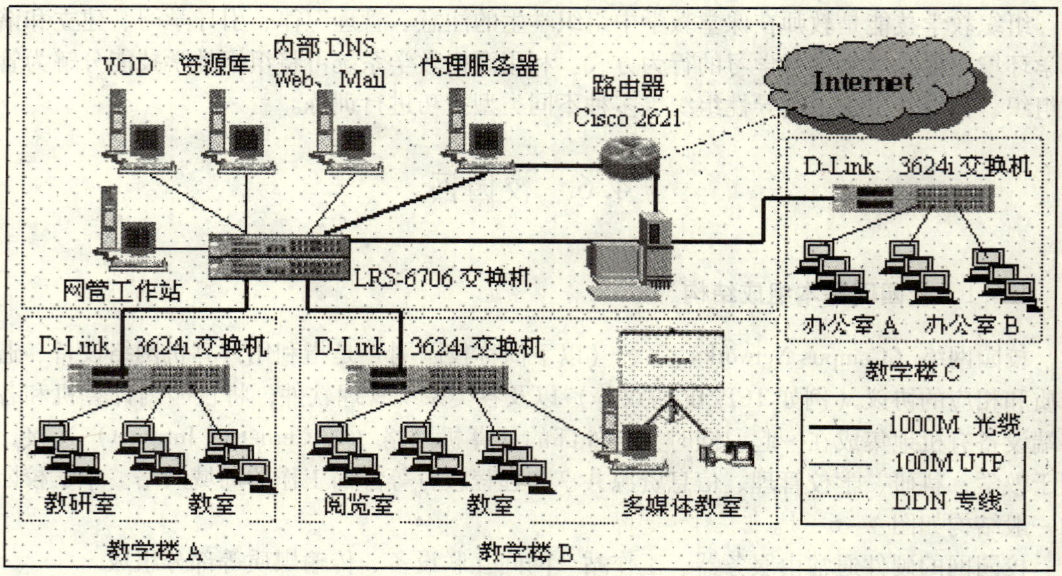

4－6－1 中学校园网络的主干网结构

4.6.2 校园网的主要功能

校园网络最初的概念是以硬件集成为主，即只是一个硬件平台，到第二阶段又提出以教学应用软件集成为主的软件建网的校园网概念，这也是当今大多数校园网所采用的模式。现在，越来越多的人发现，硬件加软件的模式还远不能发挥出校园网的优势，校园网应该建构在全新的教育模式上，而不应依附于传统的教学模式，所以诞生了“硬件＋软件＋现代教育”模式的新一代校园网概念。因此建设校园网的真正目的在于为学校师生提供教学、科研和综合信息服务的高速多媒体网络。

1. 信息发布

学校的 Web 主页犹如学校的一个窗口，通过这扇窗口学校可以向世界各地的人们充分展示学校的形象。一般说来，学校主页的主要内容应包括：学校的历史沿革、院系、部门简介、专业设置、招生与就业分配信息、教学与科研信息等等。学校主页上可以发布学校的各种重大事件、会议通知及安排，也可以发布各种公文，这样既节省了时间和费用，又增强了公示的效果。

2. 教学应用

校园网的主要功能就是教学应用，它可以由网络教学平台提供支持，以网络教学信息资源库作为信息来源，运用多种网络工具完成网络教学任务。

网络教学平台一般由网上备课系统、网上授课系统、网上课程学习系统、网上练习、在线考试、虚拟实验室、网络教学评价、作业递交与批改、课程辅导答疑、师生交流、教学管理等模块组成，它是学校开展网络教学活动的支撑系统，对于促进高水平的师生互动，开展主动式、协作式、研究型学习，促进学校的教育改革发挥积极作用。一个完整的网络教学平台应具备以下功能：

（1）具备支持教师备课、授课、提问答疑与讨论、作业布置与批改、题库维护、组织考试与活动、试卷分析等功能。

（2）具备支持学生选课、学习、递交作业、提问、讨论、实验、资料查阅、考试等功能。

（3）具备支持基于流媒体的网络实时与非实时授课系统。

（4）具备支持教务人员进行学生管理、课程管理、资料管理、教学质量分析等功能。

（5）具备支持教师通过各种网络工具，相互之间或与外校的教师之间进行教学方法、教学艺术的交流与探讨的平台。

（6）具备支持连接 Internet，实现远程教育的功能。

教学信息资源库是学校进行网络教学的重要组成部分，它包括多媒体素材库、教案库、课件库、试题库、学科资料库等等。同时资源库还为师生提供全文检索、属性检索，提供资源的增减与归类，还可以提供压缩打包下载等功能。

3. 管理应用

（1）通过校园网络建立一个集中与分散相结合的分级、分布式数据库管理系统，既能实现学校各部门之间大量数据的共享，同时也为管理人员及时提供数据、快速作出决策提供了帮助。

1）网络招生信息管理系统

通过网络招生信息管理系统，可将考生档案信息电子化后在网上传送，招生部门通过计算机网络即可随时调阅学生档案、查看学生成绩，提出拟录意见和退档意见，交省、市招生办公室审核批准，学校无须派人去招生省份录取现场，即可完成招生录取工作。这样，不仅节省了录取时间，减少了经费开支，同时也提高了招生录取的准确率。

2）教务管理信息系统

教务管理信息系统一般由校长管理、教务管理、教师管理、学生管理、学生成绩管理和系统维护管理模块六个部分组成，系统对不同用户给予不同的权限。其中校长用户拥有校长管理、教务管理分系统的一切权限，教务用户拥有对教师管理、学生管理和学生成绩管理分系统有查阅的权力。

3）行政事务管理信息系统

建立在校园网基础上的学校行政事务管理信息系统，会使原来每天都不能完成的大量日常工作，如人事、财务、教务、日常办公、后勤管理等各项工作大大简化。使人们从这些单调、繁杂的事务中解放出来，把时间用在处理其他事情上。

（2）利用校园网络提供的通信功能，可以为教职工和管理人员提供较完善的多媒体电子邮件（E－mail）功能，能向各部门和管理人员发送各类通知、布告等消息。学校还可以利用校园网络召开电子会议。

（3）校园网络还给学校建立办公自动化提供了技术基础，可以通过校园网络迅速地传递、复制或保存各类信息，将大大节约人力、时间、纸张印刷或交通差旅费用。

4. 科研应用

校园网络可以使用户共享各类计算机软、硬件资源及学术信息资源，从而提高科研的效率。另一方面，校园网络还可以降低科研成本。科研人员可以通过校园网络形成一个工作小组，在不同办公室里的科研人员可以很方便地通过网络与其他成员交流设计思想和设计方案。同时，人们还可利用校园网络的对外联网，检索世界各地的信息资料，也可以使用电子公告栏（BBS）与世界各地的专家探讨最新的思想，发表、交流学术观点，交换论文等。

第5章 多媒体素材获取与编辑

如何才能制作出精美的多媒体课件呢？俗话说“巧妇难为无米之炊”，收集、处理素材是制作课件的第一步，素材运用得是否得当，直接影响多媒体课件的制作效果。那些漂亮的画面、动听的声音、流畅的动画素材从何而来呢？多媒体素材是指多媒体课件中所用到的各种视觉、听觉材料。根据素材在数字化存储设备上存放的文件格式不同，可将素材划分为文本（Text）、声音（Sound）、图像（Image）、动画（Movie）、视频（Video）等种类。本章主要介绍常用多媒体课件素材的格式、多媒体素材采集及加工处理方法，为多媒体课件的制作做好素材准备。

学完本章后，你应该能够

1. 掌握声音、图像、动画、视频的基本知识。
2. 掌握文本、声音、图像、动画、视频的常见格式及其特点。
3. 知道文本、声音、图像、动画、视频素材的获取途径和工具。
4. 能够使用 Word 制作试卷。
5. 掌握“Windows 录音机”和“声音编辑软件 Goldwave”的声音录制方法，并能够使用 Goldwave 对声音进行编辑。
6. 能用 Photoshop 对图像进行简单处理。

学习活动建议

1. 使用各种媒体获取工具获取媒体素材，并分别存储为不同的格式，或通过相应转换工具软件进行格式之间的互相转换，进而理解不同格式的优缺点。
2. 按照提供的一份 . PDF 格式实例试卷，让学生使用 Word 制作一份与样例一样的试卷。
3. 完成以下声音录制任务：

（1）使用 Windows 的录音机录制声音，录制内容：“我是×××（姓名），我的人生格言是：×××××，下面我为大家朗诵一首诗：……”

（2）声音合成。使用声音编辑软件 Goldwave，新建一个文件，把你和你学号前、学号后三个同学第（1）步录制的声音在左声道里组接在一起，其组接顺序为：你 + 你学号前同学录音 + 你学号后同学录音，并从本章素材库里任选一背景音乐插入在右声道上作为背景，以“. wav”格式保存，文件名为你的学号。

（3）格式转换。使用 Goldwave，把第三步合成的声音文件转换为“. MP3”格式。

4. 使用 Photoshop 对图片进行图像剪切、抠图、图像合成、色彩修正等基本图像处理。

5.1　文字素材的获取与编辑

文字是多媒体课件中教学信息的主要承担者，文本是教学传播的重要媒体元素。其包含的信息是教学信息的重要组成部分，文本在多媒体教学课件中主要用于概念、定义、原理的阐述，问题的表述，标题、菜单、按钮、导航等的显示。

5.1.1　文本素材格式

目前，多媒体课件多以 Windows 为系统平台，因此准备文字素材时应尽可能采用 Windows 平台上的文字处理软件，如 Word、写字板、WPS 等来对文本素材进行编辑和处理。文本信息的加工与处理关键是要如何围绕重点精选材料，体现设计意图。根据媒体表达形式的特点，在有限的版面中使得内容表达更加丰富、深刻。

1. TXT 文本

TXT 文件在 Windows 平台一般用记事本编辑，TXT 文件的体积非常小，适合纯文本内容的表现，不能进行插入图片等操作，网上有许多电子书就是 TXT 文件格式，但除了可以对文字大小等极少数文字属性进行编辑外，几乎不可再进行其他的编辑处理。

2. DOC 文本

DOC 文件是 Microsoft Word 最常用的文本格式，区别于处理文字的文本文档 TXT 格式，Word 格式可以编辑图片等文本文档所不能处理的内容。

3. WPS 文本

WPS 是英文 Word Processing System（文字处理系统）的缩写。它集编辑与打印为一体，具有丰富的全屏幕编辑功能，而且还提供了各种控制输出格式及打印功能，使打印出的文稿既美观又规范，基本上能满足各界文字工作者编辑、打印各种文件的需要和要求。WPS 是金山软件公司的一个办公软件。最初出现于 1989 年，在微软 Windows 系统出现以前，DOS 系统盛行的年代，WPS 曾是中国最流行的文字处理软件。

4. RTF 文本

也称为富文本格式（Rich Text Format）是由微软公司开发的跨平台文档格式。大多数的文字处理软件都能读取和保存 RTF 文档。作为微软公司的标准文件，早期需要数十美元才能购买一本薄薄的 RTF 标准文件。不过随着采用 RTF 格式标准的软体愈来愈多，RTF 格式也愈来愈普遍。比如早期 WPS Office 不支持 DOC 格式文件时，就可把 DOC 格式在 Microsoft Word 中先保存为 RTF 格式后即可在 WPS Office 中打开。

5. WRI 文本

WRI 文本格式是 Windows 自带的写字板程序所生成的文档文件。在写字板中编辑文本时，对文字及版面的编辑功能比记事本程序稍强，但仍然不如 Word 文字处理程序。

5.1.2　文本素材的获取

目前，文本素材的来源主要有三种方式：直接输入、图形识别、语音识别。

1. 直接输入文字

直接输入文字是最常见的文字获取方式，一般来说，多媒体课件制作工具都支持直接输入文字，但当文字内容太多时，往往需要专门人员用文字处理软件进行录入。常用的文字处理软件有：记事本、写字板、Microsoft Word、WPS Word 等。

2. OCR 技术（光学字符识别）

将印刷品和其他现成的文字材料加入到课件中。由于它们不是电子化的文本文件，我们就需要利用扫描仪以图片形式将其扫描到计算机中，然后通过光学字符识别（OCR）软件将字符图像转变成可以编辑的电子文本。常见的 OCR 软件有：OmniPage、Typestry、OCR 等，此类软件一般随扫描仪配给。

3. 网络下载

目前，网上有丰富的资源可供下载，根据课件制作的需要，利用搜索引擎检索到所需内容，即可从网页拷贝，也可从网上下载相关电子书进行复制使用。

4. 语音识别

与机器进行语音交流，让机器明白你说什么，这是人们长期以来梦寐以求的事情。语音识别技术就是让机器通过识别和理解过程把语音信号转变为相应的文本或命令的高技术。

通过语音识别输入文字只是语音识别技术的其中一个应用，即通过语音输入设备（麦克风等）将语音信号输入计算机，并由相应的软件转换成文本。常见的语音识别软件有 IBM 公司开发的 ViaVOICE 以及 MS - Office2003 自带的语音识别软件。

5. 文本的设计技巧

(1) 多媒体文本的设计，要尽量简洁。

(2) 当使用大量的文字时，尽量不要集中在一起或在一屏上出现太多的字。

(3) 不要将文字排列成锥形体，这样会破坏文字的块结构。

(4) 文本中必须要选用容易阅读的字体。考虑到用户可能没有安装某种字体，可以把文字都转成图形文本。

5.1.3　文本编辑

文本编辑可以通过 Microsoft Word、WPS、写字板等完成。考虑到其他课程已涉及，限于篇幅，在此仅介绍比较实用的一项功能——Microsoft Word 自动目录生成功能。

1. 打开需要插入目录的 Word 文本文件，选择“插入—引用—索引和目录”打开索引和目录窗口，如图 5 - 1 - 1 所示。选择“目录”选项卡，并按需求选择其他内容，如“显示页码、显示级别”等，最后点击图上左下角的“显示大纲工具栏”按钮以打开大纲工具栏悬浮窗口。

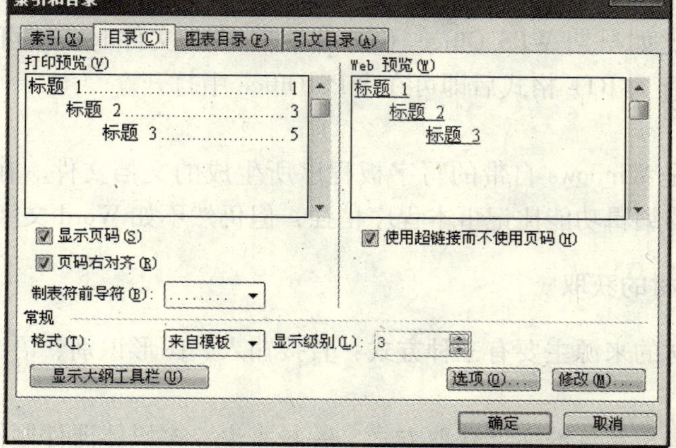

图 5 - 1 - 1　索引和目录窗口

2. 选择相应的标题并在大纲工具栏悬浮窗口上更改该标题的级别。如图 5－1－2 所示。

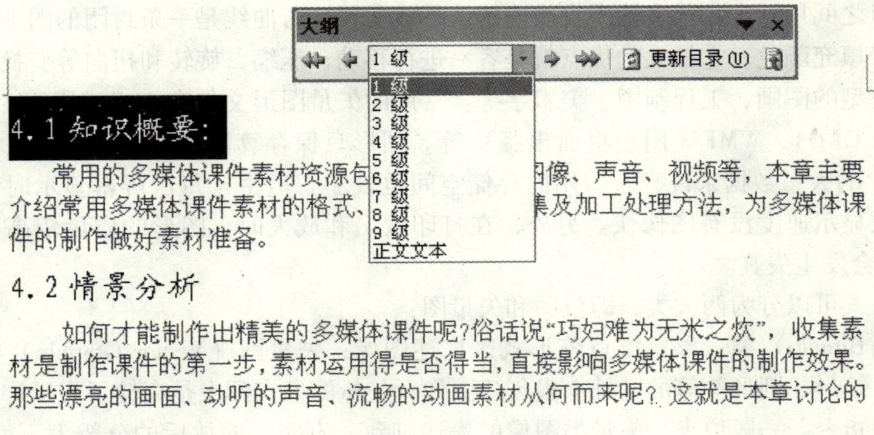

图 5－1－2　**标题级别更改**

3. 最后，将光标移至需要插入目录的地方，并选择"插入—引用—索引和目录"打开索引和目录窗口，单击"确定"按钮即可插入目录。如图 5－1－3 所示。

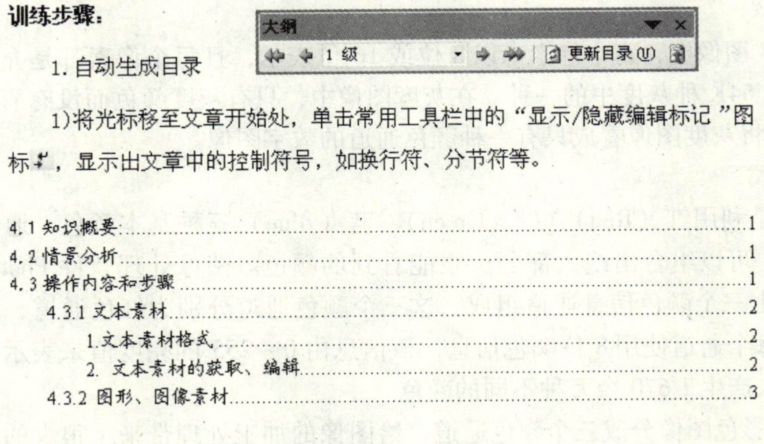

图 5－1－3　**插入的目录**

4. 若文中某些标题被修改后需要更新原有目录，只需在原有目录上点击鼠标右键选择"更新域——更新整个目录"即可。

5.2　图形、图像素材的获取与编辑

5.2.1　基础知识

图像是指由输入设备捕捉的实际场景画面或以数字化形式存储的任意画面，图像一般数据量比较大。它除了可以表达真实的照片外，也可以表现复杂绘画的某些细节，并具有灵活和富有创造力等特点。

图形一般指用计算机绘制的画面，如直线、圆、圆弧、任意的曲线和图表等；与图像不同，在图形文件中只记录生成图的算法和图上的某些特点，也称矢量图。在计算机还原时，相邻的特点之间用特定的很多段小直线连接就形成曲线，若曲线是一条封闭的图形，也可靠着色算法来填充颜色。它最大的优点就是容易进行移动、压缩、旋转和扭曲等变换，主要用于表示线框型的图画、工程制图、美术字等。常用的矢量图形文件有 3DS（用于 3D 造型）、DXF（用于 CAD）、WMF（用于桌面出版）等。图形只保存算法和特征点，所以相对于位图（图像）的大量数据来说，它占用的存储空间也较小。但由于每次屏幕显示时都需要重新计算，故显示速度没有图像快。另外，在打印输出和放大时，图形的质量较高而点阵图（图像）常会发生失真。

图像格式可以分为两大类，即位图和矢量图：

位图（Bitmap）类：以二维点阵形式来描述图像；矢量图（Vector Graphic）类：它在绘制线条、矩形、圆形等等的基础上去创建图像，矢量图像实际上是存储了表示许多单个对象的一系列指令。一般说来，矢量类图像的表达细致、真实，缩放后的分辨率不变，同时，它所需的存储空间也比较小。

人们根据实际需要为点阵式图像定义了多种颜色模式，并以各种颜色模式来定义颜色，如灰度模式、RGB 模式、CMYK 模式等。每一种模式都有自己的优缺点和适用范围，并且各个模式之间可以相互转换。

1. 灰度模式

在灰度模式图像中，每个像素都以 8 位或 16 位表示，且每个像素都是介于黑色与白色之间的 256K 或 64K 种灰度中的一种。在灰度图像中，只有灰度颜色而没有彩色，图像处理软件 Photoshop 将灰度图像看成只有一种颜色通道的数字图像。

2. RGB 模式

RGB 模式是利用红（Red）、绿（Green）、蓝（Blue）三种基本颜色，通过颜色的相加进行色彩再现，可以组合出绝大部分肉眼能看到的颜色。图像处理软件 Photoshop 将 24 位 RGB 图像看做由三个颜色信息通道组成，这三个颜色通道分别为红色通道、绿色通道和蓝色通道。其中每个通道使用 8 位颜色信息，该信息由 0 ~ 255 的亮度值来表示。这三个通道通过组合，可以产生 1 670 余万种不同的颜色。

将 24 位真彩色图像分成三个颜色通道，给图像的加工处理带来了很大的便利。用户可以通过不同通道对 RGB 图像进行细致处理，从而增强了图像的可编辑性。

3. CMYK 模式

CMYK 模式是一种印刷模式，其中的四个字母分别指青色、洋红、黄色和黑色。CMYK 与 RGB 模式在本质上没有什么区别，只是产生颜色的原理不同。RGB 产生颜色的方法为加色法，而 CMYK 产生颜色的方法为减色法。

在处理图像时，一般不采用 CMYK 模式，因为这种模式的图像文件占用的存储空间很大，而且在这种模式下，图像处理软件 Photoshop 提供的很多滤镜都不能使用。因此，只是在印刷时才将图像颜色模式转换成 CMYK 模式。

分辨率、色彩数、灰度是图像的几个主要指标。图像的分辨率包括屏幕分辨率和输出分辨率，前者用每英寸行数表示，数值越大则质量越好；后者衡量输出设备的精度，以每英寸的像素点数表示。图像的色彩数和图像灰度用位（bit）表示，通常写成 2 的 n 次方，n 代表位数。当图像达到 24 位时，可表现 2^{24} = 1 677 万种颜色，即真彩色。

一般来说，如果图片作品是在显示器上观察用，分辨率达到 72dpi 即可，若需打印输出，则可适当提高至 300dpi 或以上。

Windows 系统自带了一个图片传真和查看器，也可以使用流行的图片浏览软件 ACDSee 进行浏览。ACDSee 是目前非常流行的看图工具之一，它提供了良好的操作界面，简单人性化的操作方式，优质的快速图形解码方式，支持丰富的图形格式，强大的图形文件管理功能等等。ACDSee 本身也提供了许多图像编辑的功能和多种图像格式的转换，并且可以从数码相机输入图像。

5.2.2　图形、图像格式

1. BMP 格式

BMP 是一种与设备无关的图片文件格式，它是 Windows 系统推荐使用的一种标准图片格式。最典型应用 BMP 格式的程序是 Windows 的画笔。BMP 文件几乎不压缩，占用磁盘空间较大，是当今应用比较广泛的一种格式。它适用于对图片要求较高场合的应用，例如广告、印刷等。

2. GIF 格式

GIF 是图形交换格式（Graphics Interchange Format）的缩写，是由 CompuServe 公司于 1987 年推出的一种高压缩比的彩色图片文件格式，主要用于图片文件的网络传输。考虑到网络传输中的实际情况，GIF 格式图片在传输过程中，用户可以先看到图片的大致轮廓，然后随着传输过程的继续而逐渐看清图片的细节部分，从而适应了用户的观赏心理。GIF 支持有限的透明度，没有半透明效果或褪色效果（例如，Alpha 通道透明度提供的效果）。

3. JPEG（或 JPG）格式

JPEG 格式是压缩比较高的图片格式，在保存图片时能够将人眼无法分辨的信息删除，以节省存储空间，但是这些被删除的信息无法在解压时还原，所以 JPEG 文件并不适合放大观看，输出成印刷品时品质也会受到影响，但在 Internet 上，它已成为重要的图片格式。

4. PNG 格式

PNG 格式是一种新兴的网络图形格式，PNG 最大色深为 48 位，它结合了 GIF 和 JPEG 的优点，采用无损压缩方案存储，PNG 支持 Alpha 通道透明度，具有存储形式丰富的特点。Macromedia 公司的 Fireworks 软件的默认格式就是 PNG。

5. WMF（Windows 图元文件）格式

“Windows 图元文件”是 16 位图元文件格式，可以同时包含矢量信息和位图信息。它针对 Windows 操作系统进行了优化。WMF 是 Windows 标准格式，可很好地在 Office 中使用，例如 Microsoft Word 中的剪贴画就是 WMF 格式的文件。

6. PSD 格式

PSD 格式是唯一支持全部颜色模式的图像格式，它是图像处理软件 Photoshop 生成的图像格式，可包括图层、通道和颜色模式等信息。在保存图像时，若图像中含图层信息，则必须以 PSD 格式保存，若希望以其他格式保存，则必须在保存之前先合并图层。由于 PSD 格式文件保存的信息较多，因此，其文件所占存储空间非常庞大。

7. TIFF 格式

TIFF（Tag Image File Format）格式是由 Aldus 和 Microsoft 公司为扫描仪和桌上出版系统研制开发的一种较为通用的图像文件格式，几乎所有的扫描仪和图像处理软件都支持这一格式。TIFF 格式灵活易变，它又定义了四类不同的格式：TIFF－B 适用于二值图像；TIFF－G 适用于黑白灰度图像；TIFF－P 适用于带调色板的彩色图像；TIFF－R 适用于 RGB 真彩色图像。

5.2.3 图形、图像的获取

1. 数码拍摄

数码拍摄即通过数码相机拍摄所需要的图像，然后导入编辑软件进行编辑之后导入课件制作软件。

2. 网络下载

通过搜索引擎，在网上搜索到所需要的图片之后下载保存及修改后供课件制作使用。如图 5－2－1 所示。

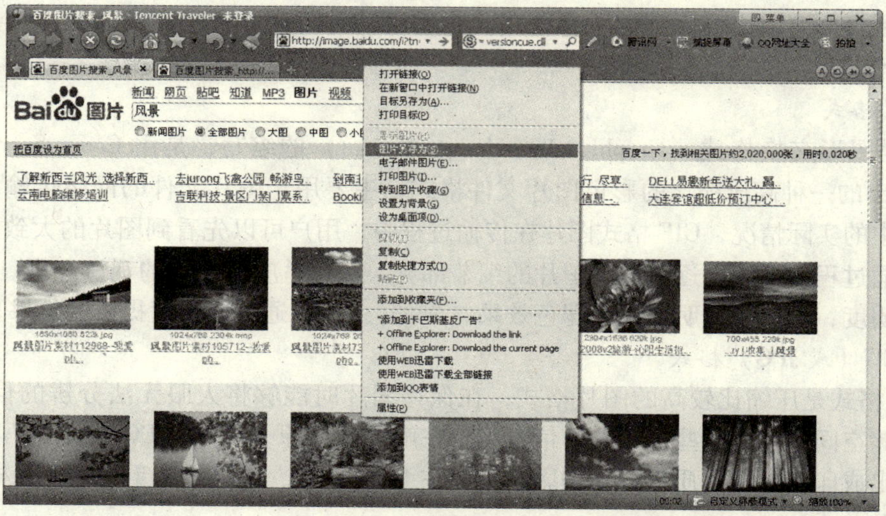

图 5－2－1 图片下载

3. 图片扫描

即通过扫描仪扫描输入，但要注意扫描分辨率等参数的设置，一般来说，屏幕上观看的图片分辨率在 72dpi 时即可，打印输出时可调整到 300dpi，具体分辨率可根据实际需要作相应调整。

4. 抓取屏幕

在没有抓图软件的情况下，也可使用键盘上的功能键 Print Screen SysRq 来抓图（这种方法也称为屏幕硬拷贝），该键一般位于大键盘和小键盘之间。使用功能键 Print Screen SysRq 抓图时有两种方式：一种是全屏抓取，另一种是活动窗口抓取，后者需要组合 ALT 键使用。

抓图软件可把计算机屏幕上的内容以图片的形式抓取下来以供使用。常见的抓图软件如 Snagit、HyperSnap 等。如图 5－2－2。

图 5－2－2　Snagit8 中文版界面

5. 录像抓帧

录像抓帧是指从视频文件中导出单帧或序列画面的方法，一般使用视频播放软件或视频编辑软件都可以实现，如图 5－2－3 所示。常见的录像抓帧软件如豪杰解霸视频播放器、Premiere、绘声绘影视频编辑软件等。

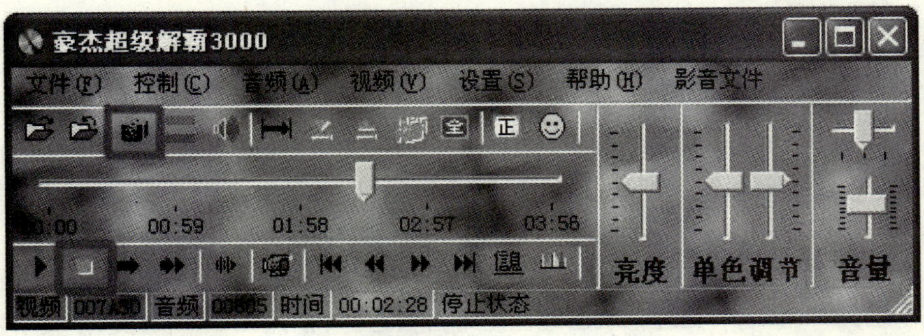

图 5－2－3　用豪杰解霸播放软件抓图

5.2.4　图形、图像编辑

数字化图像最重要的特点之一就是可以方便地进行后期处理，通过图像处理软件能够制作更为适合自己需要的图像，并向观众有效表达自己的思想。越来越多的图像处理软件被有效地利用，如 Photoshop、CorelDraw、PhotoImpact、FreeHand、Illustrator 等，每款软件都有适用于不同专业领域的独特优势。

常用的图像处理软件是 Photoshop，Photoshop 是目前最流行的平面设计软件之一，广泛应用于多媒体制作、平面设计、效果图制作中，同时也是多媒体课件制作中不可缺少的图像素材编辑软件，该软件最新版本为 Photoshop CS3. 0。它是 Adobe 公司旗下最为出名的图像处理软件之一。Adobe 公司成立于 1982 年，是美国最大的个人电脑软件公司之一。

1. Photoshop 的基本功能

从功能上看，Photoshop 可分为图像编辑、图像合成、校色调色及特效制作等四部分。

图像编辑是图像处理的基础，可以对图像做各种变换如放大、缩小、旋转、倾斜、镜像、透视等。也可进行复制、去除斑点、修补、修饰图像的残损等。图像合成则是将几幅图像通过图层操作、工具应用合成完整的、传达明确意义的图像，这是美术设计的必经之路。Photoshop 提供的绘图工具让外来图像与创意很好地融合，成为可能使图像的合成天衣无缝。校色调色是 Photoshop 中最具威力的功能之一，可方便快捷地对图像的颜色进行明暗、色偏的调整和校正，也可在不同颜色进行切换以满足图像在不同领域如网页设计、印刷、多媒体等方面应用。特效制作在 Photoshop 中主要由滤镜、通道及工具综合应用完成。包括图像的特效创意和特效字的制作，如油画、浮雕、石膏画、素描等常用的传统美术技巧都可借由 Photoshop 特效完成。

具体来看，Photoshop 目前广泛应用于以下领域：

（1）平面设计

平面设计是 Photoshop 应用最为广泛的领域，无论是我们正在阅读的图书封面，还是大街上看到的招贴、海报，这些具有丰富图像的平面印刷品，基本上都需要 Photoshop 软件对图像进行处理。

（2）修复照片

Photoshop 具有强大的图像修饰功能。利用这些功能，可以快速修复一张破损的老照片，也可以修复人脸上的斑点等缺陷。

（3）广告摄影

广告摄影作为一种对视觉要求非常严格的工作，其最终成品往往要经过 Photoshop 的修改才能得到满意的效果。

（4）影像创意

影像创意是 Photoshop 的特长，通过 Photoshop 的处理可以将原本风马牛不相及的对象组合在一起，也可以使用“狸猫换太子”的手段使图像发生面目全非的巨大变化。

（5）艺术文字

当文字遇到 Photoshop 处理，就已经注定不再普通。利用 Photoshop 可以使文字发生各种各样的变化，并利用这些艺术化处理后的文字为图像增加效果。

（6）网页制作

网络的普及是促使更多人需要掌握 Photoshop 的一个重要原因。因为在制作网页时 Photoshop 是必不可少的网页图像处理软件。

（7）建筑效果图后期修饰

在制作建筑效果图包括许多三维场景时，人物与配景包括场景的颜色常常需要在 Photoshop 中增加并调整。

（8）绘画

由于 Photoshop 具有良好的绘画与调色功能，许多插画设计制作者往往使用铅笔绘制草稿，然后用 Photoshop 填色的方法来绘制插画。除此之外，近些年来非常流行的像素画也多为设计师使用 Photoshop 创作的作品。

（9）绘制或处理三维贴图

在三维软件中，如果能够制作出精良的模型，而无法为模型应用逼真的贴图，也无法得到较好的渲染效果。实际上在制作材质时，除了要依靠软件本身具有材质功能外，利用 Photoshop 可以制作在三维软件中无法得到的合适的材质也非常重要。

（10）婚纱照片设计

当前越来越多的婚纱影楼开始使用数码相机，这也使得婚纱照片设计的处理成为一个新兴的行业。

（11）视觉创意

视觉创意与设计是设计艺术的一个分支，此类设计通常没有非常明显的商业目的，但由于它为广大设计爱好者提供了广阔的设计空间，因此越来越多的设计爱好者开始了学习 Photoshop，并进行具有个人特色与风格的视觉创意。

（12）图标制作

虽然使用 Photoshop 制作图标在感觉上有些大材小用，但使用此软件制作的图标的确非常精美。

（13）界面设计

界面设计是一个新兴的领域，已经受到越来越多的软件企业及开发者的重视，虽然暂时还未成为一种全新的职业，但相信不久一定会出现专业的界面设计师职业。在当前还没有用于做界面设计的专业软件，因此绝大多数设计者使用的都是 Photoshop。

上述列出了 Photoshop 应用的 13 大领域，但实际上其应用不止上述这些。例如，目前的影视后期制作及二维动画制作，Photoshop 也有所应用的。

2. Photoshop 的工作界面

Photoshop 的工作界面包含了整个绘图窗口以及工具箱、工具选项栏、参数设置调板等各个组成部分。熟悉 Photoshop 的工作界面是学习 Photoshop 十分重要的第一步，下面介绍 Photoshop 工作界面的各个组成部分，如图 5-2-4 所示。

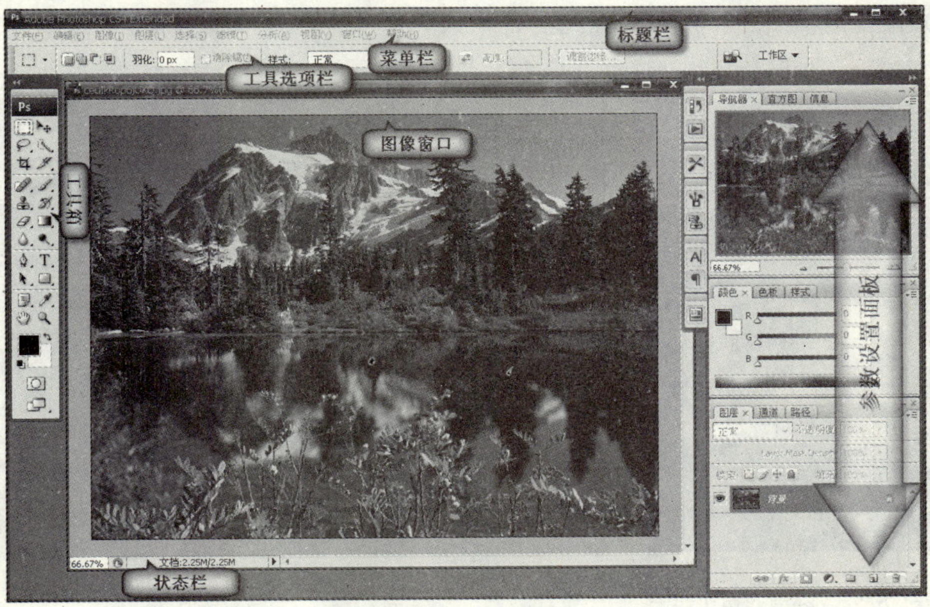

图 5-2-4　Photoshop 的工作界面

从图 5－2－4 中我们可以看出 Photoshop 的工作界面主要由以下几个部分组成：

（1）标题栏

标题栏显示当前应用程序的名称（即 Adobe Photoshop），当将图像窗口最大化显示时，此处会改为显示当前编辑图像的文件名及颜色模式和正在使用的显示比例。

（2）菜单栏

使用菜单栏中的菜单可以执行 Photoshop 的许多命令，在菜单栏中共有九个菜单，每个菜单都带有一组自己的命令。

（3）工具选项栏

当在工具箱中选择某一个工具时，在工具选项栏中会呈现与该工具对应的一些选项，以方便用户使用。

（4）工具箱

工具箱包含了 Photoshop 中大部分常用的工具，单击某一工具按钮就可以调出相应的工具使用，它是用户最常使用的地方。

（5）图像窗口

即图像显示的区域，可以编辑和修改图像，对图像窗口我们也可以进行放大、缩小和移动等操作。

（6）参数设置调板

也称为调板，可以使用它们配合图像编辑操作和 Photoshop 的各种功能设置。执行“窗口”菜单中的对应命令，可通过“窗口”菜单下的相应命令显示或者隐藏各种调板。

（7）状态栏

窗口底部的横条称为状态栏，为用户提供一些当前操作的信息。

3. Photoshop 应用举例

实例：为照片更换背景

（1）准备两幅照片。其中一幅纯黑背景人物照片，一幅风景照片。如图 5－2－5 和图5－2－6。

图 5－2－5　纯黑背景人物照

图 5－2－6　风景照片

图片来源：http：//www. foreweb. com/Article/Special/pskt/.

（2）在 Photoshop 中打开人物照片，复制红色通道，并将其反相。如图5-2-7。

图5-2-7　反相

图5-2-8　加深发丝

（3）用加深工具将人物白色部分加深，主要加深头发边缘的白色发丝，如图5-2-8。

（4）点击选择菜单——色彩范围，进行适当的调整，如图5-2-9所示。

图5-2-9　调整色彩范围

（5）点击图层面板，为图层添加图层蒙板，如图 5－2－10 所示。

图 5－2－10　为图层添加图层蒙板

（6）用减淡工具涂抹头发边缘，有些减淡工具擦不到的地方可以用画笔工具进行涂抹，注意画笔的硬度和透明度，人物主体可用画笔工具进行涂抹，注意画笔的硬度。

（7）新建文件，打开风景照，复制处理好的人物照片，粘贴到风景照背景上，即可得到如图 5－2－11 所示效果。

图 5－2－11　最终效果

5.3　声音素材的获取与编辑

声音是人们获取信息的重要来源，在教学信息的传播过程中声音占有极其重要的地位。音频媒体的表现比印刷材料更富有情感表现力，更能激发学习者的想象力，并能使教育信息的传播打破了时空的界限。在多媒体课件中，语言解说和背景音乐是课件的重要组成部分。

5.3.1　音频基础知识

声波是在介质中传播的声振动。声音是人耳听到的声波，是由声源振动、声波在介质中的传播和听觉感受三个环节形成的。

声音分为乐音和噪声两大类。乐音是由规则振动产生的，只包含有限的某些特定频率，具有确定的波形；而噪声是由不规则振动产生的，它包含有一定范围内的各种频率的声振动，没有确定的波形。乐音又分为纯音和复音。纯音是单个简谐振动所发出的声音，复音是由多个简谐振动复合而成的声音，一个复音可分解为若干个纯音，其中频率最低，强度往往也是最强的音叫基音，其他的叫泛音，泛音的频率是基音的整数倍。

音量、音调、音色是乐音的三要素。

1. 声音的音量分为客观评价和主观评价

客观评价通常以声压级或声强级来评价。声压级指的是有效声压和基准声压比值的常用对数的20倍，单位为分贝（dB），用 L_p 表示

$$L_p = 20 \times \lg P_e / P_r$$

其中，P_r 是基准声压，通常取 $P_r = 1 \times 10^{-5}\text{Pa}$，是人耳能听到最小声音的声压值。

声强级是指声强与基准声强比值的常用对数的10倍，单位也是分贝（dB），用 L_I 表示

$$L_I = 10 \times \lg I_e / I_r$$

其中，L_I 是基准声强，取 $L_I = 1 \times 10^{-12}\text{w/cm}^2$，是人耳能听到最小声音的声强值。

由于人的生理特征，人对声音大小的主观评价与客观评价并不完全一致，除了声音的压强或能量起主要决定作用外，还与声音的频率和波形有关。

人对声音的主观评价通常以响度级为准，响度级指的是将待定声音与1kHz的纯音作比较，当两者听起来一样响时，该1kHz声音的声压级数值就是该声音的响度级数值，单位是“方”（phon）。

2. 声音的高低——音调

音调的高低主要取决于基音的频率，而比较两个声音音调高低又取决于两个频率的比值，若两者频率相差一倍即相差一个倍频程，则在音乐中称相差一个“八度”音程。一个“八度”音程内有12个音，每相邻两音音程差为半度；另外，两个频率相等的音，若声压级不同，听起来音高也略有不同。在不同频段人耳对音调辨别的能力也有所不同。人耳对中频的辨别能力最强。1kHz左右的声音，琴师可分辨1Hz的差别，一般人也能分辨出3Hz左右的差别，而相对于低频段和高频段来说，人耳的分辨能力就要差一些。

3. 声音在人耳的主观感受——音色

音色是由声音中包含泛音的多少及其强弱（即频谱结构）决定的，另外音色还与声音的音量、音调、建立过程、持续时间、衰减过程有一定关系。如钢琴的频谱如图5－3－1所示。

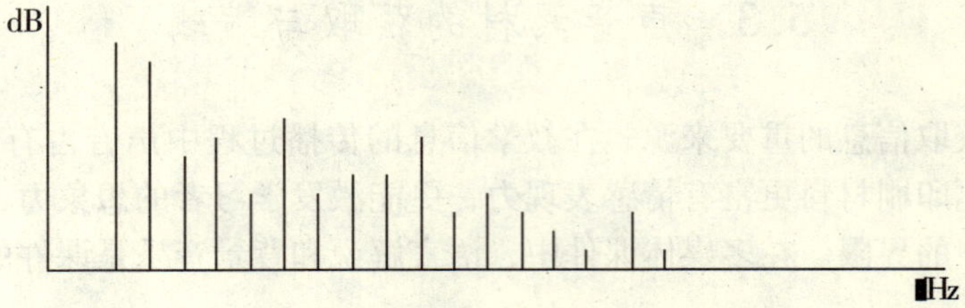

图 5-3-1　钢琴的频谱

5.3.2　人的听觉特性

人耳听觉感受的动态范围很宽，能感受到的最小声压级为 0dB，能耐受的最大声压级可达 130dB，两者声压相差 1 亿倍；一般人耳能听到的纯低音最低可达 20Hz，最高为 20kHz。声音要达到一定声压级才能听到，最小可听声压级称为绝对阈限，是听觉绝对感受性的表征量。正常人的听觉范围，如图 5-3-2 所示。语言主要在中频中强范围内，这一范围也正是人耳最灵敏的部分。

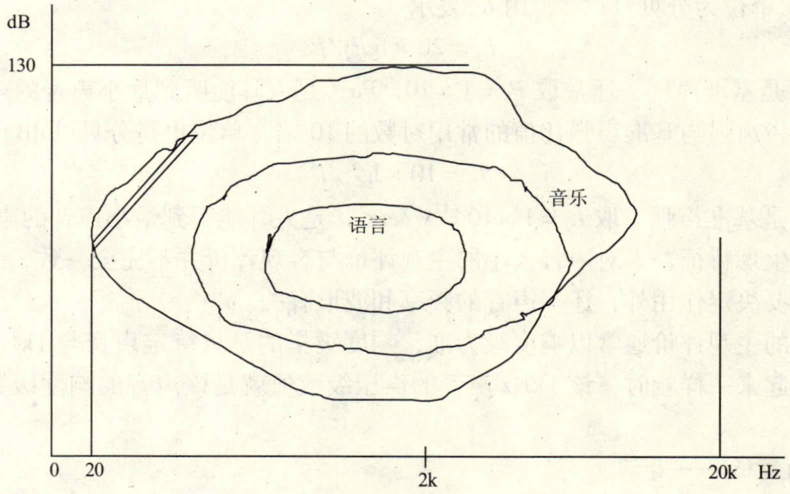

图 5-3-2　正常人的听觉范围

5.3.3　声音素材格式

常见的声音文件格式有：WAV、MIDI、MP3、WMA、RA。

1. WAV 声音格式

波形声音是 Windows 操作系统下的标准数字音频，它是对实际声音的采样。

因此，它可以重现各种类型的声音，包括噪声、乐声，以及立体声、单声等。波形声音的主要缺点是文件的容量较大。例如，以 16 位量化级 44.1K 采样率进行采样的一分钟单声道声音文件大约可达5MB，因此，它不适合于长时间记录高质量的声音。

由于原始声音数据量太大，我们的解决方法之一是利用硬件或软件方法进行压缩，另外一种方法是适当降低音质，例如，对于一般人的声音，使用8位量化级和11.025K采样率就可以比较好地进行还原，这样可以将数据量降至原来的1/8。

2. MIDI声音格式

MIDI（Musical Instrument Digital Interface）文件即乐器指令数字接口文件，文件扩展名为MID。MIDI文件中的数据是一系列指令。它将乐器弹奏的每个音符表示为一串数字，用来代表音符的声调、力度、长短等，在发声时，经过声卡上的合成器将这组数字进行合成并通过扬声器输出。

与波形文件相比，MIDI文件的容量要小得多，因此在多媒体课件中的应用广泛。它的主要缺陷是表达能力有限，无法重现自然声音；其次是MIDI文件只能记录有限的几种乐器的组合，比如许多中国民族乐器的乐声就不能记录。

3. MP3声音格式

它是目前最流行的声音文件格式之一，因其压缩率大，在网上音乐、网络可视电话等方面应用十分广泛，但音质与CD唱片相比要差一些。该文件的扩展名为MP3。

4. WMA声音格式

WMA的全称是Windows Media Audio，它是微软公司推出的与MP3格式齐名的一种新的音频格式。由于WMA在压缩比和音质方面都超过了MP3，更是远胜于RA（Real Audio），即使在较低的采样频率下也能产生较好的音质，再加上WMA有微软的Windows Media Player做其强大的后盾，所以一经推出就赢得一片喝彩。

5. RA声音格式

RA格式是Real Networks公司所开发的一种新型流式音频Real Audio文件格式。主要用来在低速率的网络上实时传输声音，可以根据网络数据传输速率的不同而采用不同的压缩比率，在数据传输过程中边下载边播放视频影像，从而实现影像数据的实时传送和播放。客户端通过Real Player播放器进行播放。

5.3.4　音频素材获取

在采集波形音频时，通常需要在声音质量与占用存储空间的要求之间作出折中选择。采样频率越高，声道数越多，则所得的数字化音频效果就越好，但所占存储空间就越大。波形文件存储空间的计算公式为：采样频率×每个采样的位数×声道数，8为每秒存储的字节数（Biffs）。

对语音信号的录制通常只用：采样频率：11kHz，位数：8，声道数：1，即单声道就能够较好的采集与还原，这样保证波形文件不占过大的存储空间。

1. 录　制

录音软件可用Windows自带的录音机程序，也可用其他的专门音频编辑软件，如Sound Forge、GoldWave、Audition等。录音可分为三种，第一种是录取话筒输入的声音；第二种是录取线路输入的声音，此种方法可将模拟音频信号数字化；第三种是录取当前程序播放的声音。

Windows自带的录音机程序录制声音是一种方便快捷的方法。

（1）准备工作

首先将麦克风插入声卡的麦克风（MIC）插口，双击Windows任务栏右边的小喇叭图标，弹出“音量控制”对话框，执行“选项”→“属性”命令，在弹出的对话框中，选择“录音”选项，单击“确定”按钮。

（2）进行录音

执行“开始”→“程序”→“附件”→“娱乐”→“录音机”命令，打开 Windows 环境下的录音机程序。单击录音机程序上的“录音”按钮，即可通过麦克风进行录音。完毕后，单击“停止”按钮即可结束录音，如 5－3－3 图所示。最后执行“文件”→“保存”命令保存录制好的声音。

图 5－3－3　Windows 的录音机

（3）截取正在运行的程序中的声音

①做好录音前的准备工作，打开录音机程序，其方法如前所述。

②打开所要运行的程序（如课件、游戏软件等），并找到想要录制的声音部分。

③激活 Windows 录音机程序，并单击录音机上的“录音”按钮。如果上一步打开的程序窗口是全屏的，可以按快捷键 Alt＋Tab 来切换窗口，使录音机窗口处于被激活状态。

④激活待运行的程序，或按快捷键 Alt＋Tab 切换到待运行程序的窗口，播放想要录制的声音。

⑤要结束录音时，只需激活录音机程序（可按快捷键 Alt＋Tab），单击“停止”按钮。最后，保存声音文件即可。

（4）注意事项

在声音录制或采集时，声卡和麦克风的质量将直接影响所录制的声音文件的质量。此外，采样位数与采样频率的设定是十分关键的。为了设置录音质量，在 Windows 录音机中执行“编辑”→“音频属性”命令，在弹出的“音频属性”对话框中的“录音”选择区域中单击“高级属性”按钮，然后在弹出的对话框中调节“采样率转换质量”，一般情况下都选择“一般”选项，若要录制高质量的声音则需要调节到“最佳”，这样才能获得最佳的录音质量。

2. 网络下载

现在网上有许多音频文件提供下载，可通过搜索引擎找到所需要的音频文件并下载使用。如 Baidu 等搜索引擎提供了专门的音乐搜索引擎。下载音频文件时最好用专业下载软件下载，如迅雷、网际快车、网络蚂蚁、BT、Emule 等。

3. 从 CD 获取

CD 是一种音频质量相对较高的音频格式，但不能通过直接拷贝的方法把声音从 CD 上复制下来，可通过抓音轨方法获取 CD 音频，常用的软件如豪杰音频解霸等。获取音频时可根据实际需要设置所要的音频文件格式及压缩比例。

4. 专业演奏

即通过计算机音频工作站专业演奏软件进行音频生成，但这种方法对硬件配置要求较高，特别是对音乐等专业知识的掌握使得许多人无法采用。

5.3.5　音频素材编辑

无论使用何种方法采集声音，通常都需要一个声音编辑器工具来编辑声音，音频编辑如同用 Photoshop 编辑图片一样，它能够去掉音频中的瑕疵、进行音频文件格式转换或者创造出许多音乐特效，以供使用。许多声卡所附的软件都带有完成这类工作的工具。常见的音频编辑软件有 Sound Forge、GoldWave、Audition（CoolEdit 发展而来）等。

GoldWave 是一个集声音编辑、播放、录制和转换的音频工具，体积小巧，功能强大。可支持的音频文件相当多，包括 WAV、OGG、VOC、IFF、AIF、AFC、AU、SND、MP3、MAT、DWD、SMP、VOX、SDS、AVI、MOV、APE 等音频文件格式，你也可以从 CD、VCD、DVD 或其他视频文件中提取声音。内含丰富的音频处理特效，从一般特效如多普勒、回声、混响、降噪到高级的公式计算（利用公式在理论上可以产生任何你想要的声音），应有尽有，足以满足多媒体课件制作中对音频素材的处理。

Sound Forge 是 Sonic Foundry 公司的产品，是一款在 Windows 中的专业级音效编辑软件，包括了一个广泛的音效处理过程、工具和效果，可以处理多个音效。除了音效编辑软件已有的功能外，它也可以让你处理大量的音效转换的工作，能够轻松地完成看似复杂的音效编辑。

Audition 目前最新版本是 Adobe Audition 3.0。它既具有专业软件的全方位功能，又比其他专业软件更容易掌握。1997 年 9 月 5 日，美国 Syntrillium 公司正式发布了一款多轨音频制作软件，名字是 Cool Edit Pro（取“专业酷炫编辑”之意），Cool Edit Pro 因其“业余软件的人性化”和“专业软件的功能”，继续扩大着它的影响力，并最终引起了著名的媒体编辑软件企业 Adobe 的注意，2003 年 5 月，为了填补本公司产品线中音频编辑软件的空白，Adobe 向 Syntrillium 收购了 Cool Edit Pro 软件的核心技术，并将其改名为 Adobe Audition。

5.3.6　GoldWave 软件使用

1. GoldWave 简介

GoldWave 是一款相当棒的数码录音及编辑软件，除了附有许多的效果处理功能外，它还能将编辑好的文件存成 WAV、AU、SND、RAW、AFC 等格式，而且若你的 CD ROM 是 SCSI 形式，它可以不经由声卡直接抽取 CD ROM 中的音乐来录制编辑。GoldWave 是一个“环保”的工具，安装程序不会改写你的系统文件，英文版安装时直接运行 GoldWave. exe 即可，中文版将文件解压到某一个目录下，不安装，直接运行 GoldWave. exe 即可。以下是 GoldWave 的特性：

（1）直观、可定制的用户界面，使操作更简便。

（2）可以同时打开多个文件，简化了文件之间的操作。

（3）编辑较长的音乐时，GoldWave 会自动使用硬盘，而编辑较短的音乐时，GoldWave 就会在速度较快的内存中编辑。

（4）GoldWave 允许使用很多种声音效果，如：倒转（Invert）、回音（Echo）、摇动、边缘（Flange）、动态（Dynamic）和时间限制、增强（Strong）、扭曲（Warp）等。

（5）精密的过滤器（如降噪器和突变过滤器）帮助修复声音文件。

（6）批转换命令可以把一组声音文件转换为不同的格式和类型。该功能可以转换立体声为单声道，转换8位声音到16位声音，或者是文件类型支持的任意属性的组合。如果安装了MPEG多媒体数字信号编解码器，还可以把原有的声音文件压缩为MP3的格式，在保持出色的声音质量的前提下使声音文件的尺寸缩小为原有尺寸的十分之一左右。

（7）CD音乐提取工具可以将CD音乐拷贝为一个声音文件。为了缩小尺寸，也可以把CD音乐直接提取出来并存为MP3格式。

（8）表达式求值程序在理论上可以制造任意声音，支持从简单的声调到复杂的过滤器。内置的表达式有电话拨号音的声调、波形和效果等。

2. GoldWave的界面

GoldWave的界面如图5－3－4所示，这是一个空白的GoldWave窗口。刚进入GoldWave时，窗口是空白的，而且GoldWave窗口上的大多数按钮、菜单均不能使用，需要先建立一个新的声音文件或者打开一个声音文件。GoldWave窗口右方的小窗口是设备控制窗口，设备控制窗口的作用是播放声音以及录制声音。

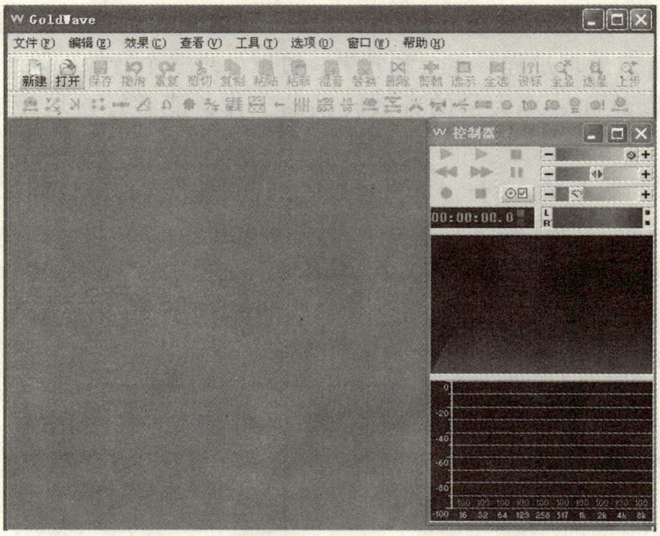

图5－3－4　GoldWave编辑界面

3. 打开与保存音频文件

（1）打开一个已有的声音文件

使用File（文件）菜单中的Open（打开）命令或使用工具栏上的打开按钮都可以打开一个声音文件。

GoldWave支持多种声音格式，它不但可以编辑扩展名是WAV、MP3、AU、VOC、AVI、MPEG、MOV、RAW、SDS等格式的声音文件，还可以编辑Apple电脑所使用的声音文件；并且GoldWave还可以把Matlab中的MAT文件当做声音文件来处理，这些功能可以很容易地制作出所需要的声音。

现在我们来打开一个 Windows 的波形文件（可以在 Windows 目录下的 Media 子目录中找到）。点击工具栏上的 Open 按钮或使用 File 菜单中的 Open 命令，GoldWave 就弹出打开窗口，找到所要打开的波形文件后按打开按钮（或直接用鼠标双击这个波形文件）即可打开文件。

打开波形文件之后会看到，GoldWave 的窗口中显示出了波形文件的声音的波形。如果是立体声，GoldWave 会分别显示两个声道的波形，绿色部分代表左声道，红色部分代表右声道。而此时设备控制面板上的按钮也变得可以使用了（即由黑白变为彩色）。点击设备控制面板上的 Play 按钮，GoldWave 就会播放这个波形文件。

播放波形文件的时候，在 GoldWave 窗口中会看到一条白色的指示线，指示线的位置表示当前播放的位置。与此同时，在设备控制面板上会看到音量显示以及各个频率段的声音的音量大小。如图 5－3－5 所示。

在播放波形文件的过程中可以随时暂停、停止、倒放、快放播放进度，使用方法与普通的录音机一样。在设备控制面板上还有一个录音按钮，你可以用它录制自己的声音，甚至可以把自己的声音录制到一个已有的声音文件中与原有的声音混合，或者把原有的声音覆盖。也可以在设备控制面板上调整音量、左右均衡和播放速度。

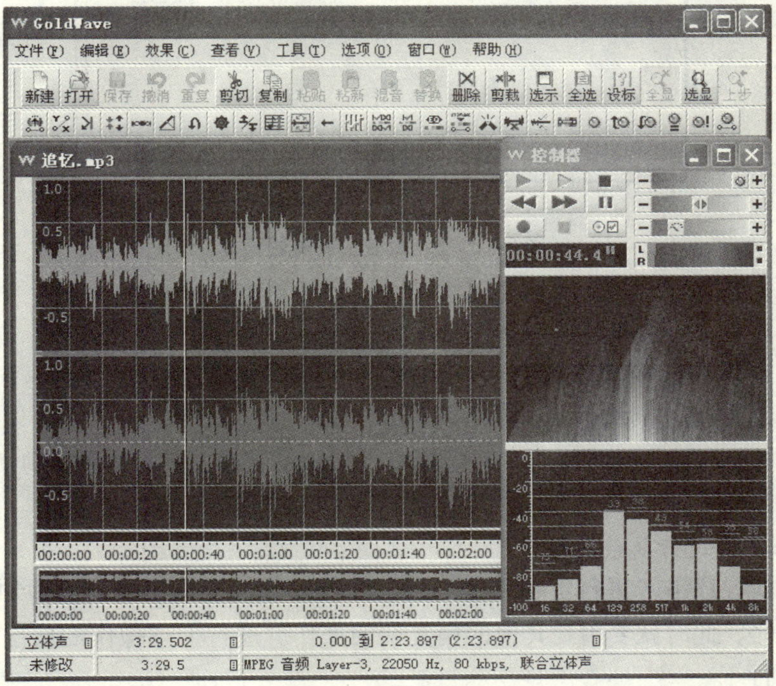

图 5－3－5　GoldWave 播放音乐界面

在设备控制面板上有两个播放按钮，即播放和自定义播放按钮。使用播放按钮时，总是播放选中的波形；如果使用自定义播放按钮，就可以自己决定播放哪一段波形。通过属性按钮，可以定义自定义播放按钮的功能。用鼠标点击设备控制面板上的属性按钮，GoldWave 就会弹出设备控制属性窗口。如图 5－3－6 所示。

在设备控制窗口中可以调整播放属性、录音属性、音量、显示图的内容以及声卡设备。

（2）保存波形文件

保存文件的方法和打开文件的方法很类似，最简单的方法是使用工具栏上的保存按钮。如果要把声音文件保存为其他的格式，就要使用 File 菜单中的 Save as 命令，然后在另存为窗口中选择要保存的文件格式。

4. 对波形文件进行简单操作

（1）选择波形

因为在 GoldWave 中，我们所进行的操作都是针对选中的波形。所以，在处理波形之前，要先选择需要处理的波形。为便于选择波形，建议改变显示比例（用 1:10 或 1:100 较为合适，在 1:100 条件下选择语音中的一个字更容易）。

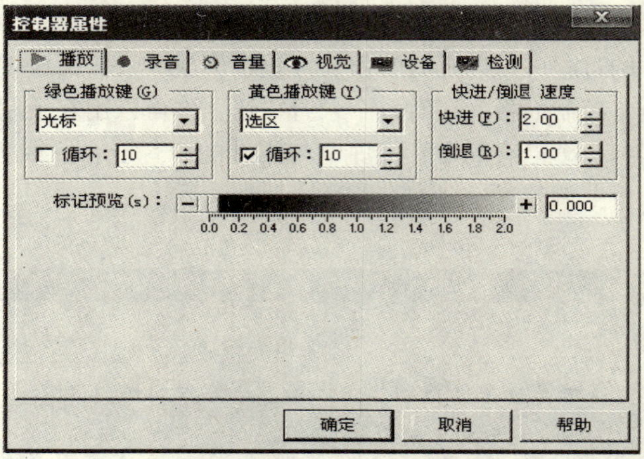

图 5-3-6　设备控制属性窗口

选择波形的具体方法是在波形文件上点右键分别设置起点和终点即可。通过右键还可以确定选择左声道还是右声道波形。

（2）拷贝、剪切、删除、裁剪波形段

与其他 Windows 应用程序一样，在选定波形对象的基础上进行拷贝、剪切、删除、裁剪波形都非常简单。

5. 对波形文件进行复杂的操作

如果你想对一段声音进行更精密的处理，如偏移、改变播放时间、增加回声、声音渐弱、交换声音等，此时就要用到其他的稍复杂的操作。进行上述操作的按钮位于 GoldWave 工具栏的第二行。

这些按钮的使用方法很类似，按下按钮后，就会弹出一个窗口，只要调节各个参数就可以完成对声音的处理，我们就不一一详述了。

6. 使用表达式求值器

GoldWave 不但有完善的声音编辑功能，还有强大的声音生成功能，你可以使用一些数学公式来生成各种各样的声音。选定插入点后，点击工具栏上的表达式求值器 f（x）按钮，即可进入表达式求值器窗口进行修改。

你也可以直接在 Expression 文本框中直接输入表达式来产生声音。例如，你可以输入类似 sin（t）＊log（t）－exp（t）这样的表达式。

5.3.7　常见声音格式的转化

1. CD COPY

可将 CD 音轨直接变为 WAV、RAW、AU、MP2、MP3、VQF、RA、AAC、WMA 等格式，除此之外还提供了 WAV→MP3，MP3、VQF、WMA→WAV 的转换，如果你的电脑里有相应的编码解码器，更可实现 MP2、MP3→RA、VQF、WMA 的转换。

2. 特殊格式之间的转化

MIDI→WAV：有许多小软件都可以实现 MIDI→WAV 的转换，但利用声卡就可以完成这项任务。双击任务栏的系统调音台（右下角的小喇叭）按选项→属性→录音→确定，在 MIDI 下打钩。然后在播放 MIDI 的同时用任何音频录音软件（如 Windows 的录音机）录音，WAV 文件就自生成了。

WAV→CD－DA：将 WAV 转刻成 CD 音轨。利用 Easy CD Creator，选“新 CD 版面”，然后选择“音频 CD 版面”标签，将你喜欢的 WAV 文件拖放到音频 CD 版面中，再双击“音频 CD 版面”中的曲目键入曲名，最后选择“制作 CD”，对 CD 作完设置后“确定”。

MP3→CD－DA：MP3 CD Maker，把 MP3 解码器与刻录软件合二为一，能使 MP3 直接生成音乐 CD。

WAV→MIDI：Amazing 软件可以实现。

5.4　视频素材的获取与编辑

视频素材也称影像素材，它是指在多媒体课件中所播放的一种既有活动画面又有声音的文件。在多媒体课件中可使用视频让学生获取替代性的经验，视频是重要的多媒体课件素材。通过本节内容的学习，能让你了解常用视频格式、特点及格式转换、掌握非线性编辑概念，及进行简单的视频编辑。

5.4.1　视频基础知识

1. 模拟视频

在多媒体教学资源中，视频以其直观和生动的特点在教学中得到广泛的应用。视频与动画一样，也是由一幅幅以一定速率播放的帧序列组成，从而使观察者获得连续的感觉。由于世界各国的电视制式没有统一的标准，因此，视频的传输、存储方式等也不相同。目前，世界上彩色电视的制式有三种：NTSC 制、PAL 制和 SECAM 制。美国和日本采用的是 NTSC 制，我国和一些欧洲国家采用 PAL 制，而法国等一些欧洲国家使用 SECAM 制。

世界各国在开办彩色电视广播时，都要考虑到与黑白电视兼容的问题，因此采用 PAL 制的国家较多，如中国、德国、新加坡、澳大利亚等。不过，仍需注意一个问题，由于各国采用的黑白电视标准并不相同，即使同样是 PAL 制，在某些技术特性上还会有差别。

虽然这些制式不同，但它们的基本原理都是一样的。描述视频的主要参数有图像大小、帧和帧速率。

（1）图像大小

一段视频是由若干画格组成，这些单独的画格就是图像。在播放节目的时候，图像大小的设置是一项重要的参数。在进行拍摄和播出的时候，图像的大小就是长宽比，它是图像水平扫描的长度与全部扫描行的垂直距离之比，即帧画面的长宽比。尽管电视的制式没有一个统一的标准，但帧画面的长宽比早就标准化为4∶3的格式。

对于PAL制电视来讲，它规定每帧的扫描行数为625行，由于消隐现象的存在，在垂直消隐期间，扫描行不可能分解图像，而垂直消隐期约占扫描时间的8%，因此，625行中用于扫描图像的有效行数为$625 \times 92\% \approx 576$行。按照4∶3的比例，如果把像素看做方形，一帧图像在水平方向上就应该有$576 \times 4/3 = 768$个像素。显然，如果把一帧图像看成栅格的话，它就是由768×576个像素组成。另外，对于PAL制的图像来说，数字化后常见的图像尺寸是720×576，4∶3的比例没变，但像素是矩形的。

（2）帧和帧速率

视频领域是利用人眼的视觉暂留特性产生的运动影像，因此，必须对每秒扫描多少帧即帧速率有一定的规定。对于PAL制信号来说，帧速率是每秒25帧，而NTSC制信号的帧速率则为每秒30帧。帧速率虽然用于提供平滑的运动，但它们还远远没有达到使视频显示避免闪烁的程度。有关研究表明，人的眼睛可以觉察到低于以1/50秒的速度刷新的图像中的闪烁。然而要把帧速率提高到这种程度，就要显著增加系统的频带宽度，这是相当困难的。为了克服这一点，在电视系统中采用了隔行扫描的办法。

2. 数字化视频

数字视频信号基于数字技术的图像显示标准。数字视频技术有两层含义：一是将模拟视频信号输入计算机进行数字化视频编辑，最后制成数字视频产品；二是指视频图像由数字摄像机拍摄下来，从信号源开始，就是无失真的数字视频，输入计算机后通过软件编辑制成产品，这是纯粹的数字视频技术。目前的视频技术还停留在第一层含义上，即模拟视频的数字化处理、存储和输出技术，该过程中涉及的主要技术有以下两个方面：

（1）采样与量化

模拟信号在时间上和幅度上都是连续的，为了把这种连续的信号转换为数字的0、1信号，就必须把这两个量纲转换为不连续的数值。把时间转换成离散值的过程称为采样，而把幅度值转换成离散值的过程称为量化。这两个过程称为模拟/数字转换，简称模/数转换（A/D）。由于连续的模拟信号经过A/D转换后变成离散值，所以只能建立原始信号的近似值。若选择的采样值和量化值比较合适，A/D转换就能以较高的精度完成，使近似值误差在数字系统中再现时不被观测出来。数字系统能正确地再现数字值，不存在损失。整个过程中最为重要的是最初的A/D转换所得到的近似值，它决定了整个系统的精确度。

对于采样来说，它采用了一定频率的时间脉冲读取模拟波形的瞬间值，从而产生一系列采样值，因此，采样时间频率也称为采样速率。显然在采样过程中，采样频率越高，波形被等分的份数越多，质量越好。需要注意的是，在采样阶段，信号只在时间上是离散的，每一个采样值仍然是模拟信号，而且每一个采样值都可以具有在连续范围内的任意值。最终把这些离散的模拟信号转化为数字信号的过程就是量化。量化值可用采样精度表示，即波形垂直等分的数目，等分的数目越多，则采样精度越高，质量越好。若用8位转换器，可把采样信号分为256等分；而用16位转换器，则可将其分为65 536等分。

（2）压缩编码

通过数字化处理后的模拟视频信号在计算机中所占的存储量是巨大的。例如，显示分辨率640×480的一帧视频图像，若每个像素用24位颜色来表示，则一帧视频图像占640×480

×24/8B≈900KB。如果按每秒25帧的速度播放，则每秒视频图像需占22MB存储空间。可见，将不经压缩的数字视频数据存储到计算机中是不现实的。解决这一问题的方法是对视频数据进行压缩。视频图像数据具有很大的压缩潜力，像素与像素之间在行和列上有很大的相关性，因此，整体上数据的冗余度很大。在允许一定失真限度的前提下，可对视频图像数据进行大幅度的压缩。

衡量一种数据压缩方法的优劣有三个重要指标：一是压缩比要大；二是实现压缩的方法要简单；三是恢复的效果要好。目前常用的压缩编码方法可分为两大类：一类是冗余压缩法，又称为无损压缩，主要采用哈夫曼编码、算术编码、行程编码等；另一类是熵压缩法，也称为有损压缩法，主要包括预测编码、变换编码、子带编码、矢量化编码、混合编码和小波编码等。由于无损压缩不会产生失真，因此常用于文本和数据的压缩，它能保证完全地恢复数据，但这种方法的压缩比低，一般在2:1~5:1之间。而有损压缩法由于允许一定的失真，其压缩比可达到100:1~200:1，故可用于图像、声音、动态视频等数据的压缩。

视频图像的压缩主要遵循MPEG（Moving Picture Experts Group）动态图像压缩国际标准，MPEG是压缩比可达到100:1~200:1的帧间压缩方法。它通过实时帧内编码单独地压缩每一帧，主要将频域里人眼不敏感的部分滤除，而且帧在时域里是均匀分布的，因此在编辑的时候可随便编辑任意帧，而与其他的帧不相关，这对于以帧为精度的后期编辑处理来讲是非常重要的。

5.4.2 视频格式

1. AVI格式

AVI是音频视频交互（Audio Video Interleaved）的缩写，该格式的文件是一种不需要专门的硬件支持就能实现音频与视频压缩处理、播放和存储的文件。这种视频格式的优点是图像质量好，可以跨多个平台使用，其缺点是体积过于庞大，而且更加糟糕的是压缩标准不统一，最普遍的现象就是高版本Windows媒体播放器播放不了采用早期编码编辑的AVI格式视频，而低版本Windows媒体播放器又播放不了采用最新编码编辑的AVI格式视频，所以在进行一些AVI格式的视频播放时常会出现由于视频编码问题而造成的视频不能播放或即使能够播放，但存在不能调节播放进度和播放时只有声音没有图像等一些莫名其妙的问题。如果用户在进行AVI格式的视频播放时遇到了这些问题，可以通过下载相应的解码器来解决。

2. MPEG格式

MPEG是Moving Picture Expert Group的缩写，即运动图像专家组格式，VCD、SVCD、DVD就是这种格式。MPEG文件格式是运动图像压缩算法的国际标准，依据是相邻两幅画面绝大多数是相同的，把后续图像中和前面图像有冗余的部分去除，从而达到压缩的目的，其最大压缩比可达到200:1。目前MPEG格式有三个压缩标准：MPEG1、MPEG2和MPEG4，另外，MPEG7与MPEG21仍处在研发阶段。

MPEG1：于1992年制定，它是针对1.5Mbps以下数据传输率的数字存储媒体运动图像及其伴音编码而设计的国际标准，也就是我们通常所见到的VCD制作格式。这种压缩算法可以把一部120分钟长的电影压缩到1.2GB左右大小。其扩展名包括.MPG、.MLV、.MPE、.MPEG及VCD光盘中的.DAT文件等。

MPEG2：于1994年制定，为高级工业标准的图像质量以及更高的传输率设计，主要应用在 DVD/SVCD 的制作（压缩）方面，同时在一些 HDTV（高清晰电视广播）和一些高要求视频编辑、处理上面也有相当的应用。它可以把一部 120 分钟长的电影压缩到 4GB～8GB 的大小，文件扩展名包括 . MPG、. MPE、. MPEG、. MOV 及 DVD 光盘上的 . VOB 文件等。

MPEG4：于 1998 年制定，为播放流媒体的高质量视频而专门设计的，它可利用很窄的带宽，通过帧重建技术，压缩和传输数据，以求使用最少的数据获得最佳的图像质量。MPEG4 最有吸引力的地方在于它能够保存接近于 DVD 画质的小体积视频文件。另外，这种文件格式还包含了可伸缩性、动画精灵、交互性甚至版权保护等一些特殊功能。这种视频格式的文件扩展名包括 . ASF、. MOV 和 DivX AVI 等。

3. MOV 格式

MOV 是著名的 APPLE 公司开发的一种视频格式，默认的播放器是苹果的 QuickTime Player，几乎所有的操作系统都支持 QuickTime 的 MOV 格式，现在已经是数字媒体事实上的工业标准，多用于专业领域。

4. WMV 格式

WMV 是微软推出的一种流媒体格式，它是在“同门”的 ASF（Advanced Stream Format）格式升级延伸来的。在同等视频质量下，WMV 格式的体积非常小，因此很适合在网上播放和传输。

5. RM 格式

RM 格式是 Real Networks 公司所开发的一种新型流式视频 Real Video 文件格式。主要用来在低速率的网络上实时传输视频，可以根据网络数据传输速率的不同而采用不同的压缩比率，在数据传输过程中边下载边播放视频影像，从而实现影像数据的实时传送和播放。客户端通过 Real Player 播放器进行播放。

6. FLV 格式

FLV 是 FLASH VIDEO 的简称，FLV 流媒体格式是一种新的视频格式，全称为 Flash Video。由于它形成的文件极小、加载速度极快，使得网络观看视频文件成为可能，它的出现有效地解决了视频文件导入 Flash 后，使导出的 SWF 文件体积庞大，不能在网络上很好的使用等缺点。目前各在线视频网站均采用此视频格式。如新浪播客、土豆、酷 6、Youtube 等。

7. ASF 格式

ASF（Advanced Streaming Format）是高级流格式。ASF 是 Microsoft 开发的一种实现在线实时观看视频节目的文件压缩格式。由于它使用了 MPEG－4 的压缩算法，所以压缩率和图像的质量都不错。由于 ASF 以可以在网上即时观赏的视频“流”格式存在，所以它的图像质量比 VCD 差一点，但比同是视频“流”格式的 RAM 格式要好。

8. DIVX 格式

DIVX 视频编码技术是一种为了播放流式媒体的高质量视频而专门设计的格式，它由 Microsoft MPEG4 v3 修改而来，使用 MPEG－4 压缩算法。它能够保存接近于 DVD 画质的小体积视频文件，这种文件格式还包含了以前 MPEG 压缩标准所不具备的比特率的可伸缩性、动画精灵、交互性甚至版权保护等一些特殊功能。

5.4.3　视频素材的获取

1. 网络下载

目前许多网站都提供视频素材下载，可根据自己的需求通过搜索引擎进行视频资源查找并下载，下载视频资源时由于其文件体积较大，通常要使用专门的下载工具以加快下载速度，防止断线等。

2. 模拟视频采集

如果所需要的视频是保存在传统的录像带上，则需要用视频编辑软件通过视频采集卡进行采集。

3. 视频截取

从DVD/VCD等数字化存储介质上获取视频片段则相对简单，有些视频播放软件如豪杰视频解霸等均有此功能，如果不只是截取视频，还要对视频进行一定的编辑处理，则可用非线性编辑软件进行操作，如Premiere、绘声绘影等。

4. DV拍摄

DV即数码摄像机。如今，随着社会的发展和科技的进步，数码摄像机已经走进了人们的生活。目前，数码摄像机大多也是使用磁带来记录的，如DV数码带，它记录的方式与模拟的不一样，DV数码摄像机的记录方式就是DV格式。

现在家用摄像机的使用都比较简单，虽然功能特别多，但操作容易。使用数字摄像机拍摄的视频可通过1394卡采集到计算机里边。1394卡可以理解为数字视频采集卡。因此要进行此操作，要求计算机配备1394卡。目前普通1394卡价格比较便宜，一般几十元即可买到。

5.4.4 视频素材的编辑

视频编辑也叫非线性编辑，相对于传统的模拟编辑而言，非线性编辑能更方便地对素材进行处理及后期制作。常见的视频编辑软件如绘声绘影、Premiere等。绘声绘影使用比较简单，功能也不如Premiere强大，可把绘声绘影看做是家用级的，而Premiere是专业级的。本书以绘声绘影为例对视频编辑进行讲解。

1. 绘声绘影窗口介绍

绘声绘影采用了逐步式的工作流程，让你可以轻松捕获、编辑和分享视频。绘声绘影还提供了一百多个转场效果、专业标题制作功能和简单的音轨制作工具。要制作影片作品，请先从摄像机或其他视频来源捕获节目。然后你可以修整捕获的视频、排列它们的顺序、应用转场并添加覆叠、动画标题、旁白和背景音乐。这些元素被安排在不同的轨上。对某一轨进行修改不会影响到其他的轨。

绘声绘影操作界面主要由步骤面板、菜单栏、选项面板、预览窗口、导览面板、时间轴、素材库等几部分组成。如图5-4-1所示。

（1）步骤面板：包含视频编辑中不同步骤所对应的按钮。

（2）菜单栏：包含提供了不同命令集的菜单。

（3）选项面板：包含用于对所选素材定义设置的控件、按钮和其他信息。此面板的内容会根据你所在的步骤而有所变化。

（4）预览窗口：显示当前的素材、视频滤镜、效果或标题。

（5）导览面板：提供用于回放和对素材进行精确修整的按钮。在捕获步骤中，它也可以用于对DV摄像机进行设备控制。

（6）素材库：保存和管理所有的媒体素材。

（7）时间轴：显示项目中包含的所有素材、标题和效果。

图 5－4－1　绘声绘影操作界面

2. 素材采集

要从摄像机采集视频必须要求有视频采集卡，如果采集源是 DV 则可用 1394 卡采集，也可从 DVD/DVD－VR 中截取。素材采集时还有相应的对话窗口，可根据需要进行素材格式、质量等的选择。

3. 视频长短调整

在时间轴上选择时间轴视图模式。单击某段视频，视频左右两端会出现黄色边线，用鼠标拖动这两条黄色边线即可改变视频长短。如图 5－4－2 所示。

图 5－4－2　更改视频长度

4. 添加素材

从素材库中选取相应的素材分类，之后点击旁边的素材添加按钮即可把素材添加到素材库中，素材进入素材库后可按住鼠标左键直接把素材拖到时间轴的视频轨道上。如图 5－4－3 所示。

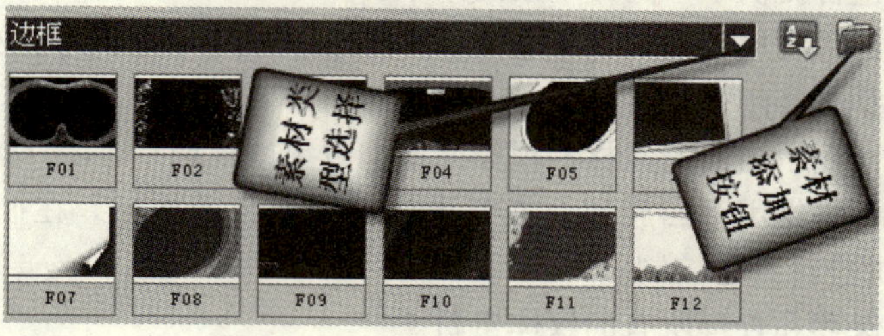

图 5－4－3　添加素材

5. 分割视频

在时间轴的刻度线上点击鼠标，将进度线移动到需要切断的点，之后按一下剪切按钮即可把视频剪断。如图 5-4-4 所示。

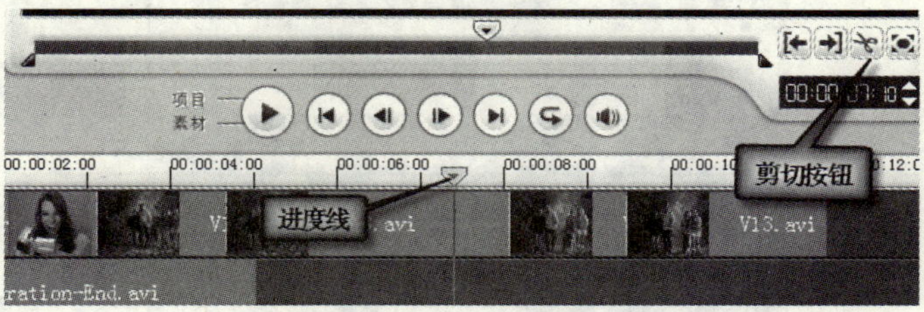

图 5-4-4　分割视频

6. 添加视频滤镜

视频滤镜是对某段视频添加特技效果。如刮风、下雨、老电影等特技效果。具体操作步骤是：

（1）点击素材库窗口上边的下拉菜单并选择“视频滤镜”一项。

（2）找到所需要的视频滤镜并把它拖到时间轴上的某段视频上即可。如图 5-4-5 所示。

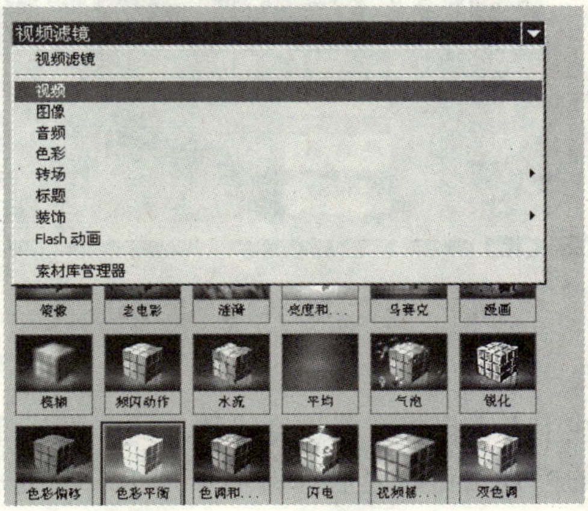

图 5-4-5　添加视频滤镜

7. 添加转场特效

转场特效与视频滤镜的区别主要在于操作对象上，上边说道视频滤镜是针对某段单独的视频而言，而转场特效则是在两段视频之间添加一个过渡效果。具体操作步骤是：

（1）点击素材库窗口上边的下拉菜单并选择“转场”及其子菜单上所需要的转场效果。

（2）找到所需要的转场特效并把它拖到时间轴上的某两段视频之间即可。如图 5-4-6 所示。

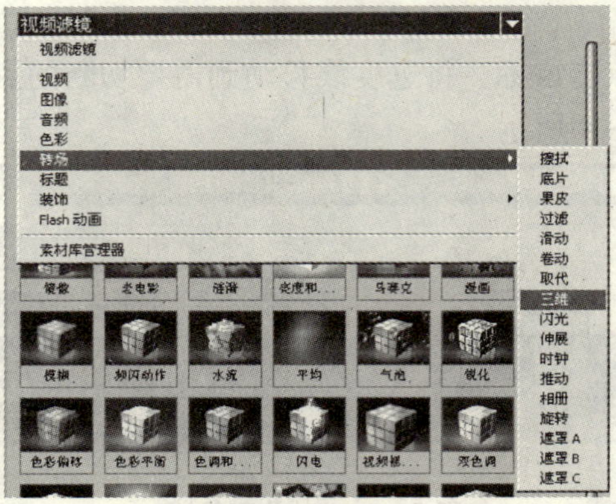

图 5－4－6　添加转场特效

8. 添加字幕

字幕是视频素材当中重要的元素之一，在中文版的绘声绘影中字幕一般被叫为“标题”，字幕可以是静态的，也可以是按照一定需求进行移动的动态字幕。字幕在绘声绘影的时间轴上有单独的一层，用 T 标识，如图 5－4－7 所示。

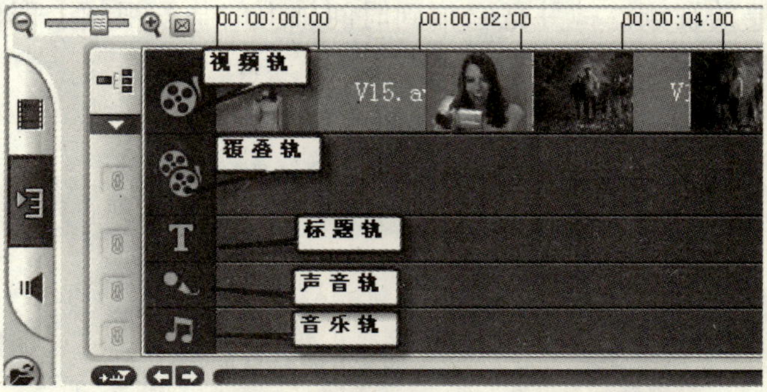

图 5－4－7　时间轴各轨道划分

添加字幕具体操作步骤：

（1）在时间轴的刻度线上点击鼠标，将进度线移动到需要开始插入字幕的视频片段处。

（2）单击步骤面板上的标题按钮，之后在阅览窗口上看见提示信息“双击这里可以添加标题”，按照要求进行操作即可完成字幕添加，选中字幕便可对字幕动画等属性进行设置。如图 5－4－8 所示。

图 5－4－8　字幕编辑

9. 录制解说词

解说词可事先录好，作为一个声音素材文件添加进来，也可以在视频编辑现场进行现场录音。以现场录制为例，其具体操作步骤为：

（1）连接好麦克风。

（2）选择步骤面板上的“音频”按钮→录制声音→开始，录制完成后点击左上角结束按钮即可。如图5-4-9所示。

图5-4-9　现场配音

10. 添加背景音乐

添加背景音乐只需把音乐素材导入素材库，并拖动所需声音素材到音乐轨道上边即可，选中背景音乐可对音乐素材进行属性修改或添加音乐特效，如最常见的淡入淡出效果等。

11. 视频输出

在完成所有的编辑之后，最后一步是要对视频进行输出，如直接刻录到DVD光盘、保存为各种不同的视频格式、进行DV录制等。只需要点击“步骤面板”上的“分享”按钮即可完成相关操作，此处不再赘述。

至此，绘声绘影的基本操作已经讲解完毕，但还有许多操作需要读者进一步学习。

5.5　动画素材的获取与编辑

5.5.1　动画基础知识

什么是动画？所谓动画，就是通过以每秒15到20帧的速度（相当接近于全运动视频帧速）顺序地播放静止图像帧以产生运动的错觉。因为眼睛能足够长时间地保留图像以允许大脑以连续的序列把帧连接起来，所以能够产生运动的错觉。我们可以通过在显示时改变图像来生成简单的动画。最简单的方法是在两个不同帧之间的反复。这种方法对于指示“是”或“不是”的情况来说是很好的解决方法。另一种制作动画的方法是以循环的形式播放几个图像帧以生成旋转的效果，并且可以依靠计算时间来获得较好的回放，或用计时器来控制动画。动画又可分为二维动画、三维动画和基于角色的动画等。

5.5.2 动画文件格式

常见格式有 FLC 文件、GIF 文件（常用于网页制作）、SWF 文件（Flash 文件）等。

FLC 文件：是 Autodesk 公司在其出品的 Autodesk Animator / Animator Pro / 3D Studio 等 2D/3D 动画制作软件中采用的彩色动画文件格式，采用了更高效的数据压缩技术。FLC 文件采用行程编码（RLE）算法和 Delta 算法进行无损的数据压缩，可以得到相当高的数据压缩率。在 Windows 中播放该格式的动画文件必须用 Autodesk 公司提供的 MCI 驱动程序和相应的播放程序 AAPlay（Autodesk Animator Player for Windows 的缩写）。

GIF 文件：GIF 是图形交换格式（Graphics Interchange Format）的英文缩写，是由 CompuServe 公司于 20 世纪 80 年代推出的一种高压缩比的彩色图像文件格式。文件采用无损数据压缩方法中压缩效率较高的 LZW（Lempel Ziv & Welch）算法，主要用于图像文件的网络传输，鉴于 GIF 图像文件的尺寸通常比其他图像文件（如 PCX）小好几倍，这种图像格式迅速得到了广泛的应用。在图像传输过程中，用户可以先看到图像的大致轮廓，然后随着传输过程的继续而逐渐看清图像的细节部分，从而适应了用户的观赏心理，最初，GIF 只是用来存储单幅静止图像，称 GIF87a，后来，又进一步发展成为 GIF89a，可以同时存储若干幅静止图像并进而形成连续的动画，目前 Internet 上大量采用的彩色动画文件多为这种格式的 GIF 文件。

SWF 文件：全称 Shockwave File，是由 FLA 文件在 Flash 中编辑完成后输出的成品文件，也就是我们通常在网络上看见的 Flash 动画。SWF 文件可以由 Flash 插件来播放，也可以制成单独的"EXE"可执行文件，无须插件即可播放。SWF 文件只包含必须的最少信息，经过最大幅度的压缩，所以体积大大缩小，便于在网上供人浏览。该文件不能再被 Flash 编辑。

5.5.3 动画的获取与编辑

动画和影像可以将抽象的、无法亲身感知、难以实际体验的或不可能真实再现的现象真实形象的表现出来，弥补了常规教学的不足，将抽象的教学内容、复杂的工作原理，以形象直观的方式呈现给学生。而变化的画面能引起学生的无意注意，提高学生的学习兴趣。

1. 动画制作的技巧

动画的设计制作，应力求真实；造型要符合教学内容的要求，尽可能地表现内容；比喻和夸张要恰当、合理，不能随意臆造；尽量采用彩色少的位图素材，一般 256 色对于动画已足够使用了，避免使用真彩色图像，以节省存储空间；对加入伴音的动画，注意保持声画同步，尽量采用 MIDI 音乐，少用 WAVE 声音；在动画播放时，要求可控性好，能进行实时控制，便于仔细观察和分析。

2. 制作动画的常用工具

从大的方面看，计算机动画设计分为三维动画设计制作软件和二维动画设计制作软件，矢量动画设计制作软件和位图动画设计制作软件，此外还有专门的文字动画软件。设计教学动画应该根据种类动画设计制作软件的特点及教学内容的需要合理选择动画设计制作软件。

（1）制作三维动画与二维动画的工具软件

使用最广泛的三维动画制作工具是 Autodesk 公司推出的 3D Studio MAX。3D Studio MAX 功能强大，广泛应用于三维动画设计、影视广告设计、室内外装饰设计等领域。专业级的三维动画作品至少要经过三步：造型、动画和绘图。造型就是利用三维软件在电脑上创造三维形体，在市场上找到包罗万象的三维造型库，从自然界的小动物到宇宙飞船，应有尽有；在完成3D物体的造型以后，用户可以设置摄像机镜头的位置和焦距、多个不同种类的光源、阴影、背景和其他环境因素，以使设计对象更加栩栩如生；通过规定物体、摄像机和光源的运动轨迹及速度，就能产生如同电影一般的效果；绘图包括贴图和光线控制，最后是给动画着色，它对电脑的性能要求非常之高。3D Studio提供了组合各种色彩设置、各种透明控制、表面花纹粗细程度以及各种反射特性的功能，以用于产生任何可以想象出来的材质。3D Studio还提供了移动、放大、压缩、旋转，甚至改变对象形状的功能，用户可以移动光源、摄像机、聚光灯和摄像镜头的目标。

二维动画软件有很多，Flash和Animator Pro是其中比较优秀的动画制作工具。

Flash是Macromedia公司推出的动态网页制作工具。Flash动画是由交互式矢量图形组成的动画，所以容量小，下载速度快，动画的大小可以随用户的屏幕大小而自如缩放。Flash提供透明技术和物体变形技术使创建复杂的动画更加容易，为Web动画设计者的丰富想象提供了实现手段。

Animator Pro是美国Autodesk公司推出的动画工具，是一种集图像处理、动画设计、音乐编辑与合成、脚本编辑和动画播出于一体的二维动画制作软件，常用于制作动画片。系统设定以GIF格式存储图像，以FLC文件格式存储动画数据文件，它包括四个不同的程序：Animator Studio，用于绘制或编辑图像以及动画生成等；Animator Sound Lab，用于生成或编辑波形文件并将其与动画或电影结合起来；Animator Scriptor，用于集成图像、动画和声音，并生成一个播放脚本；Animator Player，用于播放动画文件。

（2）制作矢量动画软件与位图动画的工具软件

位图动画软件和矢量动画软件分别建立在运用位图和矢量的基础上。

位图是使用带有颜色的点描述物体，呈现效果与分辨率高低有关，对位图的放大和缩小将影响它的显示效果。动画制作软件多数都是位图动画软件。其最大的特点是可表现出丰富的层次和细节，但相应的动画文件也特别大。

Flash是矢量动画设计的典型代表软件。矢量图是使用直线和曲线来描述物体，同时还可以包含物体的颜色和位置信息。使用矢量图的好处是对矢量图的放大和缩小，都不影响图形的表现效果。同样，矢量动画在运用时大小可任意调节，而不影响显示效果，矢量动画所设计的动画文件特别小。

（3）制作文字动画的工具软件

文字动画软件是专用于将文字设计得动起来的动画软件。文字是信息最重要的载体和表现方式，也是多媒体课件和网络课程中最重要的媒体形式。动起来的文字可使学生的学习兴趣得到加强，调节学习气氛。专门的文字动画工具软件可以很轻松地让文字进行多达几十种的变幻和进行路径的选择。例如Swish、Cool3D文字动画制作软件，只要应用其自带的模式就可很方便的得到我们想要的效果。尽管很多动画软件都可以实现文字动起来的效果，但制作比较麻烦。比起其他的动画软件，专门的文字制作软件可以节省很多时间，并可把制作结果导入到其他的动画软件中结合起来使用。

第 6 章　网络技术教育利用

有一位专家说过，“Internet 是一个花费你时间、精力和金钱的地方”。同一个大型图书馆相似，当中的信息如汪洋大海，其中的大多数也许并不是你所需要的，甚至还会有不少糟粕和垃圾，尽管如此，它还是大多数人应该向往的地方。如何在因特网上以最快的速度获得最多的、最有价值的信息，是用户最为关心的问题。本章主要介绍了网络教育资源的获取与利用方法和 E - mail、Blog 等常见的网络技术在教育方面的应用。

学完本章后，你应该能够

1. 掌握常见的网络教育资源的获取途径和方法。
2. 会使用搜索引擎 Google 或 Baidu 的高级搜索功能。
3. 能申请和使用 E - mail、Blog、QQ 工具软件。
4. 至少掌握一种（比如：迅雷）网络资源下载软件的使用方法。
5. 了解 BBS、视频会议系统，Moodle 网络教学平台的特点和功能。
6. 了解一些常见的教育资源网站，会使用“中国期刊全文数据库”查找和下载文献。

学习活动建议

1. 分别选择一个 E - mail 和 Blog 服务网站，为你自己申请一个 E - mail 和 Blog。
2. 选用“中国期刊全文数据库”搜索三篇你感兴趣的主题文章，下载并阅读后发送到你的同学的电子邮箱里。
3. 登录你的 Blog，写一篇学习活动建议 2 所读文章的读书日记。

6.1　网络教育资源的获取与利用

网络教育资源是指以电子化、数字化、网络化为技术特征的教育信息资源，主要包括媒体素材、试题库、案例、教学软件、网络课程、网络支撑环境和资源管理系统。

获取网上资源的基本环节概括起来是：查询资源、浏览资源、保存资源。获取网上资源的常用方式是：网页浏览、文件传输、电子邮件、远程登录等。网页浏览是最基本的获取方式，不但能够查看基本的 Web 资源，并能通过超链接了解更多的相关信息；文件传输协议（FTP）能够在因特网上提供文件传输服务，既能把网站上的资源下载到本地脱离网络使用，也能把本地资料上传到网站；电子邮件（E - mail）利用网络进行通信服务，不但能够传送文本资料，而且能够传送多媒体文档；远程登录（Telnet）主要是通过网络使用远程的计算机资源，就像使用本地计算机一样方便；另外，还可以通过新闻论坛、新闻组、电子公告栏、网上即时通讯（如 QQ、MSN）等进行资源的交流和获取。

6.1.1　通过搜索引擎获取教育资源

百度、Google 是大家非常熟悉的搜索引擎工具，在输入框中输入查询词进行检索是最为常用的办法。如果我们结合搜索引擎的功能特点，选择与基础教育相关的关键词，结合引擎特有的语法，对输入的查询词进行优化，可以极大地提高基础教育资源搜索的准确度，减少大家在搜索结果中的二次检索工作量。

1. 搜索工具的语法规则

大多数搜索网站可以使用布尔操作符搜索网络信息，其语法规则如下：

（1）基本操作符：AND（与）、OR（或）、NOT（非）。一般这些操作符要大写，以区别要搜索的关键词。

（2）“与”操作符有时可以用“+”、“-”或空格。用于搜索同时包括两个以上关键词的情形。

（3）“或”操作符用于搜索至少包含多个关键字中的任意一个，通常返回大量的结果。

（4）“非”操作符可以用英文符号、减号“-”表示，搜索结果不包含某些特定信息。

（5）使用括号或引号组合关键词，可以将关键词或关键词的组合作为一个字符串进行搜索。如：输入关键词表达式“（NBA AND 姚明）-邓肯”表示搜索并返回同时包含“NBA”和“姚明”两个词但又不能有“邓肯”的网页。

2. 搜索引擎

搜索引擎以一定的策略在 Internet 中搜索、发现信息，对信息进行理解、提取、组织和处理，并为用户提供检索服务，从而起到信息导航的目的。通过搜索引擎的搜索程序自动地从网上搜索网页。

目前较为优秀的中文搜索引擎有：网易、天网、搜狐、雅虎中文（简）、新浪搜索、悠游、北极星、常青藤等。而知名度较高的国外搜索引擎则有：AltaVista，Google，Infoseek，GoTo，LookSmart，Excite，Yahoo，Lycos，MSN Search，HotBotd 等。下面结合搜索引擎的使用技巧，介绍如何使用这些工具高效地搜索基础教育资源。

（1）百度的音乐搜索

百度的“MP3 搜索（http：//mp3. baidu. com）”是较为通用的音乐搜索工具。大家打开搜索主页后，输入与音乐相关的查询词，如歌手名、音乐名等，就可以搜索到相关的结果。在结果中，列出了与此相关的“歌曲名”、“歌手名”、“专辑名”、“试听”、“歌词”、“铃声”、“大小”、“格式”、“链接速度”等一系列信息，大家可以根据这些信息选择合适的音乐下载想要的音乐，当然大家也可以在一开始就指定部分搜索条件，如只需要歌词，可以选择“歌词”选项，也可以在提供的选项中选择其中之一来指定搜索音乐的文件格式，这些选项有“全部音乐”、“MP3”、“RM”、“WMA”、“Flash”、“其他”、“铃声”、“彩铃”等。

（2）百度的图片搜索和微软的剪贴画库

在这里给大家介绍两个图片搜索工具，一是百度的“图片搜索（http：//image. baidu. com）”，另外一个就是微软的“剪贴画库（http：//office. microsoft. com/clipart）”。

在百度的“图片搜索”中输入与图片相关的查询词，如“天使”、“牛顿”等，就会搜索到相关的图片及图片信息，如：缩略图、图片物理尺寸、图片原始出处网页标题、图片文件大小、图片格式等，大家可以根据这些信息选用所需要的图片。此外，大家还可以通过系统提供的“新闻图片、全部图片、大图、中图、小图、壁纸”等选项在搜索开始之前对结果进行过滤，以减少二次手工检索的工作量。

微软剪贴画库提供了大量的矢量图、位图，共47个类别。大家既可以根据类别目录进行搜索，也可以在输入框中输入查询词搜索。

（3）天网的FTP文件搜索

天网的文件搜索（http：//file. tianwang. com、http：//www. kuaiche. com、http：//www. xunlei. com）是一个非常好用的FTP文件搜索引擎，它的返回结果少，但准确度比百度、Google要高得多，而且提供的资源链接很多是免费的，下载速度也比较快。大家使用这个工具可以搜索大部分常用的工具软件、课件、素材、资源目录等。搜索结果中的文件可以直接使用Flashget工具下载，而搜索结果中的资源目录则可以使用CuteFTP工具进行浏览，再有选择地下载。

表6－1－1　使用天网文件搜索

搜索意图		查询词
搜索工具软件	搜索Windows XP安装程序镜像盘	Windows XP□ISO
	搜索Office安装程序镜像盘	Office2003□ISO
	搜索PhotoShop 7.0安装程序	Photoshop□7.0□rar
	搜索Flashget安装程序	Flashget□exe
搜索与某知识点相关的资源	搜索物理中与“纵波”有关的文件	纵波
	搜索语文中与“变色龙”有关的文件	变色龙
	搜索数学中与“轴对称图形”有关的文件	轴对称图形
	搜索英语中与“宾语从句”有关的文件	宾语从句
	搜索化学中与“二氧化碳的性质”有关的文件	二氧化碳的性质
	搜索生物中与“原生动物”有关的文件	原生动物
搜索资源目录	搜索背景音乐	背景音乐
	搜索图片素材	图片素材
	初中物理	初中物理
	化学课件	化学课件
说明：查询词中，“□”号部分表示空格。		

3. 常用搜索技巧

（1）选择适当的查询词

在选择查询词时，查询词要能反映我们的搜索意图，但由于自然语言与机器语言的差别存在，我们有必要对查询词进行精简、提炼。在选择查询词时，我们一般选择知识点、年级、学科及各种资源的类型名称组成查询词，表6－1－2是如何选择查询词搜索教学资源的示例，表6－1－3是如何选择查询词搜索问题解决方案的示例。

表6-1-2　选择查询词搜索教学资源

搜索意图	选择查询词的策略	查询词
搜索课件	知识点+课件	光合作用□课件 白杨礼赞□课件 正比例函数□课件
搜索教案	知识点+教案/教学设计	氢气的制取□教案 陆地地形□教学设计 十月革命□教案
搜索习题、练习	知识点+练习/习题/试卷/试题	圆的周长□练习
	年级+学科+习题/试卷/试题	初二□物理□试卷
	年份+学科+中考/高考/小升初+试卷/试题/模拟试卷	2005□语文□中考□试卷
说明：查询词中，"□"号部分表示空格。		

表6-1-3　选择查询词搜索问题解决办法

欲搜索问题的自然语言描述	查询词
如何在PPT中插入Flash文件	PPT□插入Flash
家长如何面对中学生的逆反心理	中学生□逆反心理
网络探究在物理教学中应用	网络探究□物理教学
初中班级管理办法	初中□班级管理
IE设置被修改后如何恢复	恢复□IE设置□修改
说明：查询词中，"□"号部分表示空格。	

（2）指定搜索的文件类型

目前搜索引擎可以在网页、Word、Excel、PowerPoint、PDF、纯文本等几类文档中按指定的查询词搜索相关的文档资源。而Office办公软件是我们使用最为广泛的办公软件，PowerPoint是大家最为熟悉的多媒体课件创作工具，Word则是用户量最大的字处理软件，互联网上大量的教案、试题、教学论文是以Word格式存在的。根据这些特点，我们在输入搜索查询词时，使用"Filetype:"语法可以指定搜索的文件类型，这样可以提高搜索的准确度，而且用这种方式搜索到的结果都是可以下载的，无需身份验证。表6-1-4是指定文件类型的搜索举例。

（3）指定在标题中搜索

网页或Office文档的标题是对自身的高度概括和总结，把搜索范围限定在标题中，可进一步提高搜索准确度。在百度搜索引擎中，指定在标题中搜索的语法是"intitle：××××"，在Google搜索引擎中，此语法是"allintitle：××××"，其中"××××"是任意个字符组成的查询词。

表 6-1-4 指定文件类型搜索教学资源

搜索文件类型	搜索意图	查询词
Word 类资源	化学反应平衡教案	化学反应平衡□教案□filetype：doc
	质壁分离与复原教案	质壁分离与复原□教学设计□filetype：doc
	“The Necklace”一课的练习	“The Necklace”□练习□filetype：doc
	化学中考试卷	化学□中考□试卷□filetype：doc
	与攀比心理相关的教学论文	攀比心理□论文□filetype：doc
PowerPoint 类资源	鸦片战争课件	鸦片战争□filetype：ppt
	植物向光性课件	向光性□filetype：ppt
	褶皱和断层教学课件	褶皱和断层□filetype：ppt
Excel 数据表	校园网设备配置清单	校园网□设备□filetype：xls
	多媒体教室配置清单	多媒体教室□配置□filetype：xls
说明：查询词中，“□”号部分表示空格。		

表 6-1-5 指定在标题中搜索

搜索意图	查询词
动能和动能定理	intitle：动能和动能定理
“电解饱和食盐水”一节的 Word 文件	intitle：电解饱和食盐水□filetype：doc
“包身工”一课的 PPT 课件	intitle：包身工□filetype：ppt
“根对水分的吸收”的 PPT 课件	intitle：根对水分的吸收□filetype：ppt
与“洋务运动”相关的 Word 文件	intitle：洋务运动□filetype：doc
说明：查询词中，“□”号部分表示空格；如果使用 Google 搜索引擎，把查询词中的“intitle”改为“allintitle”。	

6.1.2 登录教育门户网站获取教学资源

在日常的上网中，应该形成面向自己专业方向的核心网站浏览的习惯，有了这些网站，可以经常的看看，保持自己对知识和信息的敏感性。

例如，中国基础教育网（www.cbe21.com）提供“中国基础教育信息资源库”，包括学科库、教育管理库、多媒体资源库、第二课堂、中基网演示版五大类十余个子库，资源库容量达几十个 G。

中国 K12 网（www.k12.com.cn）提供“K12 资源库”，有软件、教案、试题、素材和论文共 5 个交流中心和教师个人专辑，以及语文、数学、物理、生物、课件制作、信息技术的论坛等，是教师、学生、家长的好去处。

中国校校通网（www.zgxxt.net）设立——教师园地、学生乐园、家长频道、教学资源库、中小学生作文本、文学殿堂等。“教学资源库”包括语文、数学、英语、物理、化学、历史、政治、地理、生物、艺术、体育、信息技术、课件专栏等，内容相当丰富。

人民教育出版社（http：//www. pep. com. cn/）提供了与人民教育出版社出版的中小学教材相配套的电子课本、教师用书、新教材新学案、教学设计、视频素材、参考资料、教学研究论文等资源，内容丰富实用。

6.1.3　通过专门的教育资源库获取教育资源

1. 中国期刊全文数据库：该库是目前世界上最大的连续动态更新的中国期刊全文数据库，收录国内1994年至今8 200多种重要期刊，以学术、技术、政策指导、高等科普及教育类为主，同时收录部分基础教育、大众科普、大众文化和文艺作品类刊物，内容覆盖自然科学、工程技术、农业、哲学、医学、人文社会科学等各个领域，全文文献总量2 200多万篇。登录网址：http：//www. cnki. net/。

2. 万方数据资源系统：是以中国科技信息所（万方数据集团公司）全部信息服务资源为依托建立起来的，是一个以科技信息为主，集经济、金融、社会、人文信息为一体，以Internet为网络平台的大型科技、商务信息服务系统。目前，全新改版的万方数据资源系统被整合为科技信息子系统、商务信息子系统和数字化期刊子系统三个部分。数字化期刊子系统以刊为单位上网，保留了刊物本身的浏览风格和习惯。期刊全文内容采用HTML和PDF两种国际通用格式，方便读者随时阅读和引用。所有期刊按理、工、农、医、人文等5大类划分，共集纳了70多个类目的2 000多种期刊（其中绝大部分是进入中国科技论文统计源的核心期刊）。登录网址：http：//wanfangdata. com. cn/。

3. 维普中文科技期刊数据库：源于重庆维普资讯有限公司1989年创建的“中文科技期刊篇名数据库”，其全文和题录文摘版一一对应，全面解决了文摘版收录量巨大但索取原文烦琐的问题。全文版的推出受到国内广泛赞誉，同时成为国内各省市高校文献保障系统的重要组成部分。海量数据：包含了1989年至今的自然科学、工程技术、农业、医药卫生、经济、教育和图书情报等学科的9 000余种期刊刊载的1 250余万篇文献，并以每年250万篇的速度递增。登录网址：http：//www. cqvip. com/。

6.2　文件上传下载

6.2.1　文件传输服务（FTP）

FTP（File Transfer Protocol）即文件传输协议，是Internet的主要服务功能之一，它是指将文件从一台计算机传送到另一台计算机中。让用户连接到一个远程计算机上，查看并复制远程计算机的文件，把本地计算机的文件传送到远程计算机上，实现文件的上传下载。

使用FTP服务的条件是：双方必须都支持TCP/IP协议，并且其中一方是FTP服务器。为了使用安全，要求用户在访问的FTP服务器上具有一个合法的账号，服务器可以通过账号和口令确认用户的合法身份。

大多数FTP站点或FTP服务器都是匿名FTP（Anonymous FTP）。所谓匿名就是这些站点允许任何一个用户可以免费地登录到它们的机器上，并复制文件。登录匿名FTP服务时，只需要使用通行无阻的“Anonymous”作为用户名。使用用户自己的E－mail地址作为口令，即可登录成功。这种匿名服务对所有人提供服务，Internet上有成千上万台匿名FTP主机，这些主机上存放着数不清的文件信息，这个信息库几乎涉及所有主题，而且在不断扩充，永不关闭，一切免费，因此大受欢迎。

也有一些专门 FTP 服务器，向它获取文件时需要特殊的名字和口令。一般情况下，浏览器只能访问匿名服务器。如果用户要获取非匿名 FTP 的专用文件必须使用具有特殊功能的 FTP 程序才行。

6.2.2　电子邮件传递文件

电子邮件（Electronic Mail，简称 E－mail）是指利用计算机网络交换的电子媒体信件。E－mail 提供了一种简捷、快速、价廉的方法，通过 Internet 实现了文本、图形、声像、动画、视频等各种信息文件的传送、接收、存储等处理。它是随着计算机网络而出现的，依靠网络的手段实现普通邮件信息的传输。

电子邮件是网络世界使用人数最多、应用最频繁的 Internet 工具。电子邮件系统提供运行安全、高效的数据传输服务，除用于收发邮件，完成通信功能外，电子邮件还可以用来下载一些软件，用户只要将要下载的软件的详细地址和电子邮件地址填入软件，不久就可以从信箱中收到要下载的软件。一些软件下载网站推出 Web 页面形式的邮件下载方法，只要填入信箱，软件下载站点会将下载的软件发到用户信箱中，而一般从信箱中收取邮件要比在网上直接下载速度快很多。

6.2.3　浏览器中的信息下载

在 Internet Explorer 中，可以通过“文件”下拉菜单的“另存为”一项将当前页面的内容保存到硬盘上，既能以．HTML 文档（．HTM/．HTML）或文本文件（．TXT）的格式存盘，又能实现完整网页的保存，在“文件名”框中键入网页的文件名，在“保存类型”下拉列表中选择“Web 网页，全部（＊．HTM；＊．HTML）”选项，选择该选项可将当前 Web 页面中的图像、框架和样式表均全部保存，并将所有被当前页显示的图像文件一同下载并保存到一个“文件名．FILE”目录下，而且 Internet Explorer 将自动修改 Web 页中的链接，可以方便的离线浏览。最后，单击“保存”按钮即可。

6.2.4　几种常用下载工具软件

1. LeapFTP

虽然很多专门的下载软件的下载功能比 LeapFTP 强大，但使用 LeapFTP 的主要原因在于它可以方便地登录服务器以及对文件上传的良好支持，而这正是其他下载软件所没有的功能。LeapFTP 软件适合新手或 Web 站点管理员使用。

2. 网络蚂蚁

网络蚂蚁（NetAnts）是常用的下载软件，该工具软件针对国内网络线路差、速度慢、费用高等情况，做了许多特别设计。网络蚂蚁最早实现了断点续传的功能，并进一步扩展了断点续传的功能；还可进行多点传输，显然用 5 个连接同时下载一个文件的速度比用单连接下载要快得多。网络蚂蚁能满足下载文件时方便、快捷、省钱的要求，是一款上网必备的软件之一。

3. CuteFTP

CuteFTP 是一个基于文件传输协议的软件。它具有相当友好的界面，即使我们并不完全了解协议本身，也能够使用文件传输协议进行文件的下载和上传。目前 CuteFTP 已经成为文件传输工具中一个流行的软件了。

CuteFTP 的功能相当强大，主要有以下一些功能：站点对站点的文件传输；定制操作日程；远程文件修改；自动拨号功能；自动搜索文件；连续传输，直到完成文件传输；Shell 集成；及时给出出错信息；恢复传输队列；附加防火墙支持；可以删除回收箱中的文件。

4. 迅　雷

迅雷是一款新型的基于多资源超线程技术的下载软件。作为“宽带时期的下载工具”，迅雷针对宽带用户做了特别的优化，能够充分利用宽带上网的特点，带给用户高速下载的全新体验！

同时，迅雷推出了“智能下载”的全新理念，通过丰富的智能提示和帮助，让用户真正享受到下载的乐趣。

技术特点：迅雷使用的多资源超线程技术基于网络原理，能够将网络上存在的服务器和计算机资源进行有效的整合，构成独特的迅雷网络，通过迅雷网络各种数据文件能够以最快的速度进行传递。多资源超线程技术还具有互联网下载负载均衡功能，在不降低用户体验的前提下，迅雷网络可以对服务器资源进行均衡，有效降低了服务器负载。

功能列表：全新的多资源超线程技术，显著提升下载速度；功能强大的任务管理功能，可以选择不同的任务管理模式；智能磁盘缓存技术，有效防止了高速下载时对硬盘的损伤；智能的信息提示系统，根据用户的操作提供相关的提示和操作建议；独有的错误诊断功能，帮助用户解决下载失败的问题；病毒防护功能，可以和杀毒软件配合保证下载文件的安全性；自动检测新版本，提示用户及时升级；提供多种皮肤，用户可以根据自己的喜好进行选择；如图 6－2－1 所示是迅雷 5 的主界面。

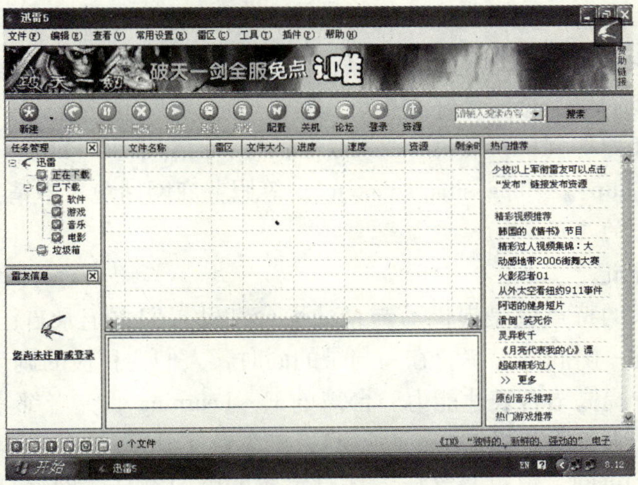

图 6－2－1　迅雷 5 的主界面

6.3 网络信息交流

6.3.1 Blog（博客）

Blog，是 Weblog 的简称。Weblog，是 Web 和 Log 的组合词。Web，指 World Wide Web；Log，原意是“航海日志”，后指任何类型的流水账记录。Blog，又称部落格（中国台湾地区译名）或博客（中国内地译名）。Blogger 或 Weblogger，是指习惯于日常记录并使用 Weblog 工具的人。Blog 简单易用，技术门槛很低，任何一个老师或学生都可以随意写下自己的思想。通过每天的资料整理与抒写，会在无形中改变一个人的思维能力、写作能力和信息获取能力。随着网络化教育的快速发展，Blog 正以它的读写灵活性和使用的方便性，成为网络时代的宠儿。

1. Blog 的发展

Blog 顺应了网络化教育的潮流而迅猛崛起，它的出现已经成为世界瞩目的焦点。《财富》称没有什么东西比迅速兴起的“博客”更具有杀伤力了，《新闻周刊》说“博客将杀死传统媒体”，CNN 说“博客让网络日记更上新台阶”，美国新闻评论认为“博客：网上起义”，《纽约客杂志》表示“假如你是博客：如何将你的生意、男友和生活上网”……“博客浪潮”被评为 2002 年中国互联网 5 个新特征之一。据说，全球现在有接近 100 万博客，而且每 4 秒钟就会产生一名新的博客。博客仿佛在一夜之间成为一种时尚，如果到现在你还一脸茫然地问博客是什么东西，赶紧扫盲吧，否则你也太落后（过时）了！

Blog 的发展已驶入快车道，它以其便捷化受到越来越多的人的喜爱，主流媒体也开始关注 Blog。全球的博客总数据说达到 50 万～100 万之间，而这个数字每天都在增长。有人把 Blog 看做是继 E－mail、BBS、即时通讯以后的第四种网络交流方式。Blog 的发展已经超出了我们的想象，它已经被大众化了。所以，今天的 Blog 已经不单单是我们网上学习的好帮手，它更是记录我们学与思的最好方式了，它已经成为我们的生活中不可或缺的一部分。

Blog 可以从搜狐博客（http：//blog. sohu. com/）、博客中国（http：//www. blogchina. com/）、新浪博客（http：//blog. sina. com. cn/）等服务商网站免费申请到。

2. Blog 在教育中的应用

（1）在线学习笔记

Blog 的一个最大的特点就是提供写与录的平台，供人们去记录自己所需要的资料，写下自己的感想，抓住一瞬间的思绪。在写与录的同时，人们会积极的调动自己的想象力和判断力，在写的过程中提高语言表达能力。台湾的 E－Learning 研究者邹景平女士认为：“目前大家谈在线学习，太偏重于提供 Input（读），却忽略了让学习者 Output（写）的重要性，古人所说的‘博学、审问、慎思、笃行’才是完整的学习循环，网络日志则提高了学习者彼此间审问、慎思、明辨和笃行的空间。”

Blog 已经成为在线学习的好帮手，另外它还具有共享性。这使学习者的在线学习更具有意义，通过共享资源，每一个人都能够获得更多的学习资源。这样就可以记录到自己的 Blog 上面，随时可以查找自己所需要的东西。上海师范大学的黎加厚教授认为：“Blog 的教育意义在于将互联网从过去的通信功能、资料功能和交流功能等进一步强化，使其更加个性化、开放化和全球化，把信息共享发展到资源共享、思想共享和生命历程的共享。”也正因为如此，Blog作为新型的在线学习笔记，给我们带来了前所未有的感受。如上海师大和北京师大，它们的教育技术系的研究生都建立了自己的Blog，进行在线学习、进行交流和记录资料。

（2）师生进行交流的平台

Blog的出现为网络教育下的学习提供了便捷。它可以为教师提供一个反思录，教师记下自己教学中的心得和体会，从而进行总结、评价和改进。学生可以参与到其中，提出自己的建议和方案，和老师进行交流。以便于开展班集体学习活动，及时地进行思想交流，加强师生感情，以促进他们的密切合作和共同进步。如上海师大的黎加厚教授和他的研究生共同创建的“东行记”（http：//www. jeast. net/jiahou/），记录了他们师生之间交流的点点滴滴。而且我们任何人都可以方便的登录这个网站，寻找我们所需要的东西。还有上海市上南中学的张正国的“我和我的学生们”（http：//zhangzhengguo. blogone. net），使Blog在教育中的师生交流得到了充分的体现。

（3）学生认知心理的学习工具

Blog天然具备建构主义学习理论。建构主义认为，知识不是通过教师传授得到，而是学习者在一定的情景即社会文化背景下，借助学习是获取知识的过程并得到其他人（包括教师和学习伙伴）的帮助，利用必要的学习资料，通过意义建构的方式而获得。建构主义学习理论强调学生的学习是主动的建构知识和主动学习的过程。Blog在教育中的应用，体现了学生的主动学习，使他们在运用Blog记录他们的学与思，也可以用来积累材料以备日后查找和应用的方便。这一切也正体现了建构主义学习理论的主旨。

（4）教育叙事研究的工具

作为叙事研究报告的交流平台，将过去以书面为载体的叙事研究报告架构在现代信息技术平台上，实现了叙事研究的新发展；你可以方便地把你的叙事报告传到网上，在世界范围内传播；也可以方便的获得别人的叙事报告；这样就突破了小范围的局限性，达到资源共享的目的；也使作者和读者之间进行方便的交流，从而有所改进，创造出更多的智慧，激励出更多的智力火花。

（5）创设情景教学，实现终身学习

情景教学法主要是从激发学生的兴趣，利用新奇的有趣的各种情景布置来吸引学生的注意，充分利用学生的无意注意和有意注意相互转换，来提高学生的学习积极性。所以在建构主义学习环境下，教学设计不仅要考虑教学目标分析，还要考虑有利于学生建构意义的情景的创设问题，并把情景创设看做是教学设计的最重要内容之一。运用Blog的学习平台，可以更好地创设教学的情景。使任何有兴趣的人都参与到学习中来，通过讨论、交流进行反思。从而可以提高学生的学习兴趣，体会学习过程中的成就感。使学生坚持学习，最终达到终身学习的目的。

3. 展望Blog的教育应用发展前景

Blog的出现使网络教育的发展更上了一个台阶，也使得人们将重新审视教育信息化的许多认识。在Blog短短的发展阶段，它已经用它的优势，使人们意识到它的重要性。它已经成为人们学习和进行知识管理的工具。随着它的日益普及化，它也必将成为教育中的重要工具。Blog的发展是不可估量的，它将引发人们对信息技术在教育中应用的新的思考，使网络教育走向一个新的发展阶段。当然Blog在教育中的应用，还需要我们每一个Blog受益者去探究、发展和推广，使它成为我们学习的好帮手，成为教育发展中的有利工具。

6.3.2 网络的资源共享

资源共享包括计算机软件、硬件和数据资源的共享，这是计算机网络最主要的功能。资源共享指的是网上用户能部分或全部地享受这些资源，使网络中各地区的资源互通有无，分工协作，调剂余缺，充分发挥网络中资源的效用。并且提供处理能力，降低数据处理的平均费用。网络资源共享方式比较多，如 QQ 群里的“共享”空间和 Mofile（http://file.mofile.com/）等免费或收费的网络硬盘服务提供商提供的网络硬盘等。

6.3.3 电子邮件

电子邮件系统除了如上所述完成文件的传送外，还能完成浏览 Web 页面、网上购物、信息查询、专题讨论、电子数据交换、电子公告板、邮递清单、会议系统、计算机协同工作、远程教育等服务。随着网络技术的飞速发展，电子邮件系统在网络信息交流方面的应用越来越广泛、方便。

6.3.4 电子公告板 BBS

1. BBS 概述

BBS（Bulletin Board System）即电子公告板或电子公告板系统。国内很多 ISP 和网站都提供这项服务，在大学校园中 BBS 更是风靡一时。BBS 提供一些多人实时交谈、游戏服务、公布最新消息甚至提供免费软件的服务，各个 BBS 站点涉及的主题和专业范围各有侧重，用户可根据自己的需要选择 BBS 站点进行参与讨论、发表意见、征询建议和结识朋友。为了更好地提供服务，一些站点实行收费，但目前还是有无数的免费 BBS 站点。一般 BBS 站点地址以域名形式出现，通过远程登录进行连接，更多的 BBS 站点采用 WWW 的形式供用户使用。

Internet 上的 BBS 为大家提供一个全面的、实时的交流场所，彻底冲破了时间和空间的束缚。在 BBS 上可以自由发表文章，阐述对某一个问题的看法，而这可能会引发一场激烈的讨论，对此话题有兴趣的人都可加入进来，从而获得一般途径无法得到的知识。任何人都可能成为你的老师，你也可以是任何人的老师，大家相互切磋、共同提高。利用 BBS 能很好地组织课堂讨论，学生更容易获取别人的经验、更深入地掌握课程知识。

2. BBS 主要功能

（1）供用户自我选择阅读若干感兴趣的专业组和讨论组内的信息。

（2）定期检查是否有新消息发布并选择阅读。

（3）用户可在站点内发布消息或文章供他人查询。

（4）用户可就站点内其他人的消息或文章进行评论。

（5）免费软件的获取和文件传输。

3. 国内著名的公众 BBS 站点

（1）清华大学 BBS 水木清华站　　bbs.tsinghua.edu.cn

（2）华南师范大学 BBS 陶园站　　bbs.scnu.edu.cn

（3）华南理工大学 BBS 木棉站　　bbs.gznet.edu.cn

（4）上海交通大学 BBS 饮水思源站　　bbs.sjtu.edu.cn

（5）华中理工大学 BBS 白云黄鹤站　　bbs.whnet.edu.cn

（6）西安交通大学BBS交大思源站　　bbs. xjtu. edu. cn
（7）暨南大学BBS暨南园站　　bbs. jnu. edu. cn
（8）中山大学BBS逸仙站　　bbs. zsu. edu. cn

6.3.5　网络即时通信软件

1. 即时通信概述

即时通信能迅速地在网上找到你的朋友或工作伙伴，可实行实时交谈和互传信息。现在的即时通信软件一般都集成了数据交换、语音视频聊天、网络会议、电子邮件的功能，而不仅限于聊天。

目前，国内最为流行的即时通信软件是腾讯公司的QICQ（简称QQ）。它以良好的中文界面和不断增强的功能形成了一定的QQ网络文化。微软公司的Messenger则依托微软的强大背景，整合了操作系统的许多功能，越来越受到广大用户的青睐。此外还有许多的即时通信软件，如Yahoo通、UC、网易泡泡和搜Q等都各有自己的特色。

2. 即时通信应用

（1）文字聊天：是其最基本的功能，聊天时可加入表情及动画丰富聊天内容。可以给不在线的朋友发送信息，对方下次上线时可以收到。

（2）语音视频聊天：安装有摄像头和麦克风，则不仅增加通话功能，还可以看到对方的图像和表情，给你带来耳目一新的全新感觉。

（3）传送文件：实现点到点的文件传送，只有对方在线时才能使用，此功能比使用E－mail还方便。

（4）拨打电话：在MSN Messenger中提供了PC－Phone有拨打电话功能，在MSN Messenger软件主窗口中，单击操作窗口“我想”下面的“拨打电话”，或用鼠标右键单击要呼叫的人名字，单击“拨打电话”，就可以开启拨打电话功能，但在电话呼叫之前必须注册语音服务提供商。

（5）远程协助：是MSN Messenger的独有功能，可以将电脑的控制权分享给对方以便于对寻求协助者提供帮助，通过它，对方可以容易地控制寻求协助者的桌面。

（6）IM邮箱：注册了邮件账号，就能方便地用即时通信IM（Instant Messenger）软件能够在网上给朋友发邮件。

（7）发送短信：使用中国最权威的网络即时通信软件QQ可以实现向手机发送短信。

3. 几种即时通信软件

（1）网络即时通信的先驱——ICQ：ICQ实现了网上信息的实时交流，利用点到点的方式，登录ICQ服务器的用户能够在网上方便快捷地实现即时交流。

（2）国产即时通信的主导——QQ：在中国最流行的网络即时通信软件当属腾讯公司的QQ软件，多年来QQ的用户数量持续增长，尤其是在青少年中备受欢迎。

（3）最具潜力的即时通信工具——MSN Messenger：微软公司开发的即时通信软件MSN Messenger虽然推出较晚，但微软公司把MSN Messenger嵌套在Windows XP操作系统中，凭着其本身功能的强大和Windows的强有力的市场竞争力，它发展潜力无量。

（4）搜索网站的即时通信工具——Yahoo！Messenger（雅虎通）：著名的搜索网站Yahoo推出了自己的聊天工具Yahoo！Messenger（雅虎通），使用Yahoo！Messenger可以随时查看新闻和天气预报、查阅股市行情，甚至安排自己的日程计划，随时探测新到的邮件，侧重让你感受网络信息时代的信息传送的高效和快捷。

6.3.6　网络视频会议

1. 网络视频会议的概述

网络视频会议系统（Network Video Conference System）又称网络会议电视系统，是集通信、计算机技术、微电子技术于一体的远程异地通信方式，为分布异地的人们提供一个包括视频、音频、文字、图像等多媒体的全方位感知空间环境，使人们可以采用更自然的方式进行交流，并且提供了一个协同工作的环境。它的实时性、交互性和真实性强，在远程教育、远程医疗等诸多领域有着广泛的应用。

2. 网络视频会议软件 NetMeeting 的使用

NetMeeting 是 Microsoft 公司开发的把视频会议、应用程序共享、文件传送、白板和交谈合为一个容易使用的应用程序，它支持国际的通信和协作标准。NetMeeting 可以在 Internet 上实现点到点的音频和视频通信，还可以利用“聊天”、“白板”、“应用程序共享”等工具进行多点通信，实现远程协同工作，是目前广泛应用的一个基于 Internet 的实时通信多媒体会议系统。

（1）第一次启动 NetMeeting

如果操作系统还没有安装 NetMeeting，则运行 c：\ Program Files \ NetMeeting \ conf. exe 文件，启动 NetMeeting，并进行初始化设置。因此有 NetMeeting 初始化设置向导，你只需根据向导的说明进行设置即可。

首先会出现 NetMeeting 的功能介绍窗口，阅读后，请单击“下一步”按钮。

在接下来的窗口中输入你的基本资料。这些资料将出现于 NetMeeting 的电话簿内。建议不要用纯中文，因为若输入中文，对于国外使用非中文 Windows 的友人将会看到一堆乱码。填入基本资料后，单击“下一步”按钮。

在出现的窗口中选择用户打开 NetMeeting 时登录的目录服务器。通过目录服务器你可以找到网上的其他人。微软提供了几台服务器，“uls. Microsoft. com”是预设的服务器，也是使用最多的服务器，单击“下一步”按钮。

在出现的窗口中请选择上网的方式。可以选择 Modem 的速度或 ISP 连线或通过局域网上网，选择好后，请单击“下一步”按钮。

接着设置声卡，NetMeeting 设置程序会自动选用系统内的声卡。通常我们的电脑内只安装一个声卡，所以，录音和重播的音效装置是相同的。按“测试”按钮可以测试声卡与音箱是否安装正确。

调整录音音量之后，单击“下一步”按钮，测试麦克风。

调整好麦克风音效之后，单击“下一步”按钮，设置完成。

这时 NetMeeting 的初始配置就完成了，我们可以使用 NetMeeting 了。

（2）呼叫联系人

你可以使用 NetMeeting 与他人取得联系，这时首先要呼叫对方，这种聊天只是两人之间的聊天，选择菜单中“呼叫”选项，再选择“新呼叫”，会打开“发出呼叫”对话框；也可以直接单击 NetMeeting 主界面中的电话按钮打开“发出呼叫”对话框，如图 6－3－1 所示。

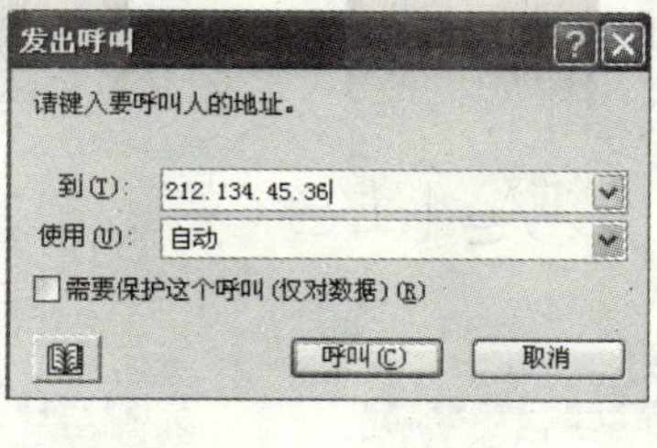

图 6－3－1　呼叫联系人

在“地址栏”里输入对方的 IP 地址，也可以是电子邮件地址、计算机名、IP 地址、电话号码等，单击“呼叫”按钮。当被呼叫方接受呼叫后，连接人员列表里就显示出当前人员名单，状态栏也显示当前的连接状态，成功进行这样的操作后，就可以和呼叫人进行对话，使用电子白板或者共享应用程序了。

（3）聊天

单击聊天按钮，打开对话窗口。NetMeeting 聊天和 QQ 聊天相似。

（4）NetMeeting 共享程序

NetMeeting 的“共享”功能是使双方都可以使用对方的某一个应用程序。比如，当你的远方朋友不知道如何安装某一个软件，或是不会使用 Word 的插入表格功能等问题的时候，你可以使用“共享”功能，在自己的电脑上就可以远程监视并遥控对方的 Windows，直接运行某程序，例如实际操作 Word。

由于“共享”是将所要共同分享的应用程序的整个画面传送给对方看，所以，越复杂的画面，越需要花较久的时间来传递到对方的电脑。

主动让对方共享程序的步骤如下：

在主界面中单击“共享”按钮，共享程序窗口显示目前使用哪些应用程序。选择其中要共享的应用程序，例如看图程序，然后单击“共享”按钮。

这时对方的电脑屏幕自动会出现你所开启的看图程序，但是对方只能够看到你的操作，而无权使用看图程序。如果允许对方也执行该程序而不仅仅是观看，可单击共享窗口内的“允许控制”按钮，以确定要让对方共享程序，这需要花费一点时间。

即使是这样，如果对方要使用该程序，还需要“请求控制权”，对方发出请求控制权之后还需要你的同意，当你同意之后，对方就可以使用该程序了。

当对方使用程序时，鼠标将会被对方控制，这时你的鼠标不能移动，如果想操作画面，单击一下鼠标就获得了程序的控制权。

（5）电子白板

在 NetMeeting 的主窗口单击“白板”按钮即可打开本机上的“白板”窗口，“白板”的窗口和画图窗口有点类似。但实际功能却大不相同，它可以用来观看图形和绘画写字，非常有用。如果你想把自己的照片给正在交谈的对方看，可以事先用扫描仪扫描好，然后把它贴到电子白板上去，对方就可以看到了，十分方便。如图6－3－2所示。

电子白板和我们上面讲的共享的区别是：共享可以使双方共同使用很多程序，电子白板只相当于一个画图程序；另外，共享画图程序时，双方不能同时使用一个画图程序，但电子白板是通话的双方同时使用画图程序，相当于两支笔在同时画画。

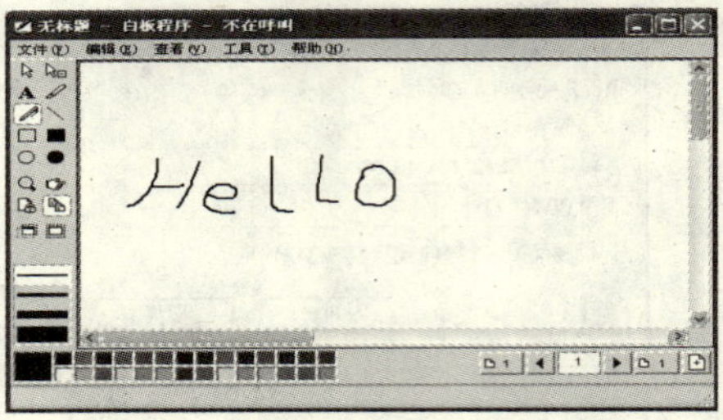

图6-3-2　电子白板

（6）传送文件

NetMeeting 还可以像 QQ 一样即时传递文件，特别是比较大的文件，用它直接传递，避免邮箱因容量不足而拒绝接收。

传送文件的步骤如下：

首先通话双方同时使用 NetMeeting 连接好，选择“传送文件”选项，出现“传送文件”视窗，选择“添加文件按钮”来选择要传送的文件（支持选择多个文件同时传送），单击“传送”按钮开始传送文件。

经过上面的步骤，文件就会自动传送出，并且 NetMeeting 视窗最下方会有文档名和进度指示轴。

当对方传送出文件时，在接收方会有一个文件传送信息窗口，告知还剩下多久可以传完文件、所接收的文件名称、由谁传送该文件、文件大小等信息。

在接收文件之后，可以单击“查看接收的文件”按钮，来处理所接收到的文件，文件将存于“c：\ Program Files \ NetMeeting \ Received Files”资料夹。

结束呼叫只要单击 NetMeeting 主界面中的“结束呼叫”按钮，就可以挂断和联系人的呼叫了。

（7）使用 NetMeeting 召开网络会议

NetMeeting 可以让身处异地的人们轻松举行会议，而且还可以指定会议主持人来负责整个会议的进程，如果你想成为会议主持人，就进行如下操作：

单击“呼叫”菜单，选择“主持会议”，弹出会议设置的窗口。

在窗口里设置会议的名称、密码、安全性和呼叫性质，以及可使用的会议工具，如图6-3-3所示。

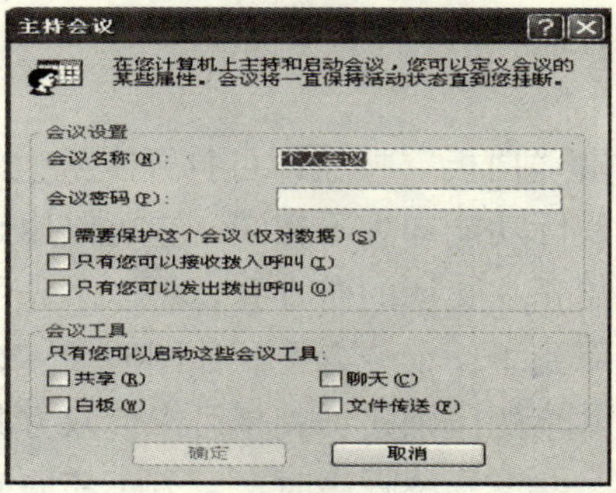

图6-3-3　会议设置窗口

其他人参加会议非常简单，直接呼叫主持人，或者由主持人呼叫被邀请人都可以。

进入会议后，单击“聊天”按钮将自动在你和参加人员屏幕上打开聊天窗口。在“消息”栏里可以输入需要发送的信息，然后单击旁边的“发送信息”按钮，就可以将你的信息发送到聊天窗口中。聊天窗口中的信息可以是发给每一个人，也可以是你所指定的人，这决定于你在“发送给”这一栏里的选择。

6.4　网络远程教育

现代远程教育与通信技术、计算机技术、多媒体技术和 Internet 等高新技术密切相关，主要涉及多媒体通信技术和多媒体信息技术两大技术。

6.4.1　远程教育的类型及发展

1. 远程教育分类

远程教育是一种新型的教学形式，这种形式随着媒体和社会的发展变化而产生了多种多样的模式。从不同的研究角度出发，可以将远程教育划分成不同的教学模式。

（1）按教学媒体角度分类

①函授教学模式。主要借助印刷媒体教材传送与呈现教学信息，这是最早的远程教育形式。在函授教学模式中，学生以自学印刷材料为主，并且定期或不定期地参加函授机构主持的面授与辅导、实验、实践和考试等。

②无线电广播教学模式。利用无线电广播媒体来传送口头语言教学信息，并辅之以印刷媒体教材。这种模式很适合于语言类和音乐类的课程教学，学习者按时收听广播，并且结合印刷教材进行自学。但由于收听时间安排的局限性较大，广播又是稍纵即逝，加之更先进的教学媒体冲击，使得该类型模式目前没有太大的发展。

③电视教学模式。主要以电视媒体作为传送教学信息的载体。由于电视媒体信息的表现特点，使得该类型模式从产生至今一直受到欢迎，是目前世界上最重要的远程教育形式之一。学员除了定时收看电视教学节目或通过录像带学习以外，还必须自学印刷媒体教学资料，定期到当地的学习中心参加面授，完成规定的教学计划或参加考试等。

④计算机网络教学模式。运用多媒体网络技术作为教学媒体，这是最富于前景的远程教育模式。多媒体网络所至之处就开成了一个大教室，几乎所有的教学活动都可以在网络上来完成。在这里，多媒体技术不仅可以融文字、声音、图像于一体，而且可以消解时空距离，实现自由自在的对话，使师生之间、学员之间的双向交流成为可能，真正做到“足不出户，学所欲学”，从而使得教学变得更富个别化。目前，这种模式的教学已在欧美、日本等一些国家和地区应用并取得了良好的成效，现在我国也已迈开了迅速发展的步伐。可以肯定的是，计算机多媒体网络技术的教学形式将是现代远程教育发展的必然方式。

（2）按感觉通道角度分类

我们还可以从感觉通道的表现形式，将远程教育模式划分为以下 4 类：

①阅读型远程教育模式。以印刷媒体为主要信息源的函授学校采用的就是这种类型。

②听觉型远程教育模式。以无线电广播为主要信息源的广播学校采用的就是这种类型。

③视听型远程教育模式。以广播电视、卫星电视和闭路电视为主要信息源的广播电视学校和教育电视台采用的就是该种类型。

④交互型远程教育模式。这是一种以多媒体计算机网络为主要信息源的个别化学习类型或形式。

(3) 从办学和管理的角度分类

按照此方法，将远程教育系统分为两种不同的大类：

①独立的远程教育机构。

②常规院校中的远程教育部门。

2. 现代远程教育的基本类型

对于以网络技术与多媒体技术为主要技术手段的现代远程教育，人们通常从实现技术、信息传输通道、教学形式、传输时效等角度划分类型。但是，这些划分只是相对的。

(1) 按照实现技术划分

可以分成以下四种类型：利用 WWW 技术的网络教学、窄频带的视频会议系统、宽频带的实时群播系统、交互式视频点播系统（VOD）。

(2) 按照信息传输通道划分

可以分为以下两类方式：“天网”，即利用卫星地面站，通过卫星传输信息，该方式适合实时的单向视频传输；“地网”，即通过因特网或各类专用线路传送信息。

(3) 按照教学形式划分

可以分为三种常见类型：实时群播教学系统、虚拟教室教学系统、课程随选教学系统。

(4) 按照信息的传输时效划分

可以分为同步传输方式（Synchronous Delivery）和异步传输方式（Asynchronous Delivery）两类。

3. 远程教育的发展

(1) 远程教育的发展趋势

从实践经验来看，现代远程教育的主要特点是，它强调学生以自主的个性化学习为主。它与传统广播电视教育的不同之处在于，人们可以在计算机网络的环境下，不受时间和空间的限制，完成随时、随地的交互式教学活动，使人们接受方便、高效的教育，教育质量得到明显提高。

①充分利用各种技术手段满足各种教育需求

因此，远程教育的发展趋势是充分利用现有各种技术手段建成满足各种接入方式的教学平台，为全体社会成员创造接受教育的各种不同条件方式。在教学资源建设方面，必须提供内容丰富的远程多媒体教学课件、课例和资源库（包括课程教学内容、学习与辅助材料、样题、学习进度及时间安排）等，满足网上教学需要。同时，建立电子图书馆，为学员提供馆藏摘要、期刊与索引，实现与国内外站点的连接以及读者间的相互交流。建立学科公共信息服务体系，介绍学科的发展趋向，并不定期地在网上举行学术讲座和学术会议收集学科论文与资料，丰富网上资源，并对学科建设中的一些著名人物进行重点介绍，对一些热点问题展开讨论等。加强网上教学管理，为学员创造良好的大学氛围。研究和开发适合网上教学需要的教学管理软件和管理系统，规范各项管理工作，同时，面向广大学员创办电子刊物，丰富网上学习文化生活。

②充分利用网络和多媒体技术实现实时同步教学

远程教育的另一个重要发展趋势是，随着网络带宽的不断提高和支持实时多媒体通信协议的研究和发展，以及新的高效压缩技术的使用，远程教学将支持教师与学生、学生与学生之间以多种媒体（特别是音频和视频）进行实时同步交互。同时，虚拟现实技术在远程教育中得到使用，使网上开放学校的各种活动能更加直观、形象、自如和高效地进行，彻底消除时间和空间上的差别，增强系统的人机交互能力和人与人交互的友好性。随着人工智能、知识工程等的发展和应用，在远程教育中甚至将出现虚拟教师或学生，模拟教学活动等，以减轻教师负担。

（2）中国远程教育的历史发展

远程教育在中国的发展经历了三代：第一代是函授教育，这一方式为我国培养了许多人才，但是函授教育具有较大的局限性；第二代是20世纪80年代兴起的广播电视教育，我国的这一远程教育方式和中央电视大学在世界上享有盛名；20世纪90年代，随着信息和网络技术的发展，产生了以信息和网络技术为基础的第三代现代远程教育。

6.4.2　Moodle 网络教学应用

随着校园网的深入运用，广大教师、学生对网络学习这种新的学习模式在逐步尝试和适应，如何选择一个合适的网络教学平台，来组织学校的网络辅助教学，已经成为各学校领导和IT主管面临的一个重要问题。

1. 网络教学平台的一般需求

网络教学活动的开展对提供技术支持的网络教学平台需具备如下要求：

（1）资源共享需求：现有的各类教学资源应该能够在网络教学平台上进行集中组织和统一管理。

（2）自主学习需求：学生能够依据个人的时间安排，自主选择参加学习活动。同时，又能按照课程要求，在规定时间内完成学习活动。

（3）协作学习需求：平台能够支持学生之间互相评价，能够支持分组的活动，通过协作来促进共同发展。

（4）教务管理需求：平台能够结合学校已经有的传统教务管理系统，更好地服务于网络教务管理。

（5）网络教学平台还应具备硬件资源需求少、运行稳定、容易使用、管理简单、维护方便、扩展灵活等技术方面的特点。

2. Moodle 简介

Moodle 是澳大利亚教师 Martin Dougiamas 基于建构主义教育理论而开发的课程管理系统，是一个免费的开放源代码的软件，目前在各国已广泛应用。Moodle 这个词是 Modular Object - Oriented Dynamic Learning Environment，即模块化面向对象的动态学习环境的缩写，是一个用来建设基于 Internet 的课程和网站的软件包。Moodle 平台依据社会建构主义的教学思想，即教育者（老师）和学习者（学生）都是平等的主体，在教学活动中，他们相互协作，并根据自己已有的经验共同建构知识。

Moodle 平台界面简单、精巧。使用者可以根据需要随时调整界面，增减内容。课程列表显示了服务器上每门课程的描述，包括是否允许访客使用，访问者可以对课程进行分类和搜索，按自己的需要学习课程。

Moodle 平台还具有兼容和易用性。几乎可以在任何支持 PHP 的平台上安装，安装过程简单。只需要一个数据库（并且可以共享）。它具有全面的数据库抽象层，几乎支持所有的主流数据库（除了初始表定义）。利用 Moodle，现今主要的媒体文件都可以进行传送，这使可以利用的资源极大丰富。在对媒体资源进行编辑时，利用的是用所见即所得的编辑器，这使得使用者无须经过专业培训，就能掌握 Moodle 的基本操作与编辑。Moodle 注重全面的安全性，所有的表单都被检查，数据都被校验，Cookie 是被加密的。用户注册时，通过电子邮件进行首次登录，且同一个邮件地址不能在同一门课程中进行重复注册，所有这些，都使得 Moodle 的安全性得到了加强。目前，Moodle 项目仍然在不断的开发与完善中。

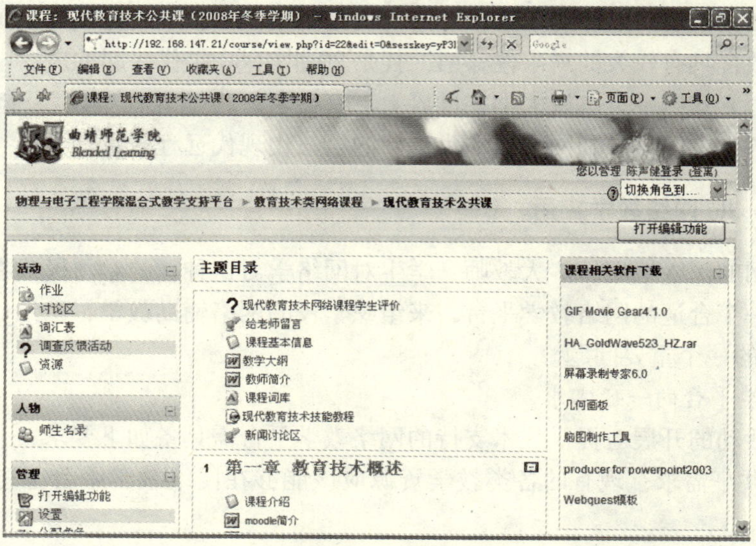

图 6－4－1 曲靖师范学院 Moodle 教学平台

3. Moodle 的特征

像许多著名的学习管理系统一样，Moodle 可以管理内容元件，但是更针对教育训练设计，另外，更加强了学习者的历程纪录，让老师们更能深入分析学生的学习历程。具体的讲，作为创设虚拟学习环境的软件包，Moodle 的主要特征与功能可从下面几个方面来介绍：

（1）总体设计

Moodle 比较容易安装，可以支持大量的多种类别课程，特别重视整个系统的安全性。所有的界面设计风格一致、简单、高效，而且不需要特殊的浏览技能。

（2）网站管理

网站是在安装时定义的管理者来进行管理的。管理者进入“主题”既可以设定适合自己的网站颜色、字体大小、版面等。在网站中还有活动模块，和 43 种语言包用以满足不同国家的学习者的需求。而且一些代码已经清楚的写出，方便用户按照自己的需求对其进行修改。

（3）用户管理

每一位用户都可以选择一种语言应用于 Moodle 的用户界面；可以指定自己的时区和相关的数据；鼓励学生建立一个在线档案，包括相片、个人描述、E－mail 地址，而且这些信息可以依据用户要求不呈现；如果学习者有一段时间不参加活动的话，管理员将有记录，其注册将自动退出。为了安全起见，老师可以设定课程的登录密码，以阻止那些闲杂人等进入。课程的开设账户仅仅对建立这些课程和教授课程的人公开。

目标是使管理者尽可能少地参与系统的安全保障。通过将验证模块插件整合到系统中，来支持一些验证机制。学生可以创建他们自己的登录账号，而其电子邮件地址将需要验证。

4. Moodle 的主要功能

（1）课程管理

①教师可以全面控制课程的所有设置，包括限制其他教师。

②可以选择课程的格式为星期、主题或社区讨论。

③灵活的课程活动配置——论坛、测验、资源、投票、问卷调查、作业、聊天、专题讨论。

④课程自上次登录以来的变化可以显示在课程主页上——便于成员了解当前动态。

⑤绝大部分的文本（资源、论坛帖子等）可以用所见即所得的编辑器编辑。

⑥所有在论坛、测验和作业评定的分数都可以在同一页面查看（并且可以下载为电子表格文件）。

⑦全面的用户日志和跟踪——在同一页面内统计每个学生的活动，显示图形报告，包括每个模块的细节（最后访问时间、阅读次数），还有参与的讨论等，汇编为每个学生的详细的“故事”。

⑧邮件集成——把讨论区帖子和教师反馈等以 HTML 或纯文本格式的邮件发送。

⑨自定义评分等级——教师可以定义自己的评分等级，并用在论坛和为作业打分。

⑩使用备份功能可以把课程打包为一个 ZIP 文件。此文件可在任何 Moodle 服务器上恢复。

（2）作业模块

①可以指定作业的截止日期和最高分。

②学生可以上传作业（文件格式不限）到服务器——上传时间也被记录。

③也可以允许迟交作业，但教师可以清晰地看到迟交了多久。

④可以在一个页面、一个表单内为整个班级的每份作业评分（打分和评价）。

⑤教师的反馈会显示在每个学生的作业页面，并且有 E-mail 通知。

⑥教师可以选择打分后是否可以重新提交作业，以便重新打分。

（3）聊天模块

①支持平滑的、同步的文本交互。

②聊天窗口里包含个人图片。

③支持 URL、笑脸、嵌入 HTML 和图片等。

④所有的谈话都记录下来供日后查看，并且也可以允许学生查看。

（4）投票模块

①有点像选举投票。可以用来为某件事表决，或从每名学生得到反馈（例如支持率调查）。

②教师可以在直观的表格里看到谁选择了什么。

③可以选择是否允许学生看到更新的结果图。

（5）论坛模块

①有多种类型的论坛供选择，例如教师专用、课程新闻、全面开放和每用户一话题。

②每个帖子都带有作者的照片，图片附件内嵌显示。

③可以以嵌套、列表和树状方式浏览话题，也可以让旧帖在前或新帖在前。

④每个人都可以订阅指定论坛，这样帖子会以 E－mail 方式发送。教师也可以强迫每人订阅。

⑤教师可以设定论坛为不可回复（例如只用来发公告的论坛）。

⑥教师可以轻松地在论坛间移动话题。

⑦如果论坛允许评级，那么可以限制有效时间段。

（6）测验模块

①教师可以定义题库，在不同的测验里反复使用。

②题目可以分门别类地保存，易于使用，并且可以“公布”这些分类，供同一网站的其他课程使用。

③题目自动评分，并且如果题目更改，可以重新评分。

④可以为测验指定开放时间。

⑤根据教师的设置，测验可以被尝试多次，并能显示反馈和/或正确答案。

⑥题目和答案可以乱序（随机）显示，减少作弊。

⑦题目可以包含 HTML 和图片。

⑧题目可以从外部文本文件导入。

⑨如果愿意，可以分多次完成试答，每次的结果被自动累积。

⑩选择题支持一个或多个答案：包括填空题（词或短语）、判断题、匹配题、随机题、计算题（带数值允许范围）、嵌入答案题（完形填空风格），在题目描述中填写答案、嵌入图片和文字描述。

⑪在 Moodle 中设计的各类题目可以备份，并导出，可以在任何支持国际标准的学习管理系统中导入。

（7）资源模块

①支持显示任何电子文档、Word、PowerPoint、Flash、视频和声音等。

②可以上传文件并在服务器进行管理，或者使用 Web 表单动态建立（文本或 HTML）。

③可以连接到 Web 上的外部资源，也可以无缝地将其包含到课程界面里。

④可以用链接将数据传递给外部的 Web 应用。

（8）问卷调查模块

①内置的问卷调查（Colles、Attls）作为分析在线课程的工具已经被证明有效。

②随时可以查看在线问卷的报告，包括很多图形。数据可以以 Excel 电子表格或 CSV 文本文件的格式下载。

③问卷界面防止未完成的调查。

④学生的回答和班级的平均情况相比较，作为反馈提供给学生。

（9）互动评价（Workshop）

①学生可以对教师给定的范例作品文档进行公平的评价，教师对学生的评价进行管理并打分。

②支持各种可用的评分级别。

③教师可以提供示例文档供学生练习打分。

④有很多非常灵活的选项。

第 7 章　多媒体课件制作

计算机辅助教学技术是一种新的教育技术，它被认为是人类教育史上继文字出现、学校创立、活字印刷之后的第四次革命。它代表着一种新的教学思想与教学方式，反映了一所学校教学手段现代化的程度。多媒体课件在计算机辅助教学中占有很重要的位置。本章首先介绍了多媒体课件制作的基本知识，然后介绍了几种常见的多媒体课件制作技术。

学完本章后，你应该能够

1. 掌握多媒体课件的相关概念、多媒体课件的分类、多媒体课件的设计原则及开发步骤。

2. 能够分别应用 PowerPoint、Flash、Producer、屏幕录制软件、WebQuest 制作简单的课件。

3. 数学物理专业学生基本能用几何画板、物理画板制作简单的课件。

学习活动建议

1. 多上机实践，熟悉各种课件制作软件的基本功能。

2. 结合各自专业选取某教学内容进行实际制作。

3. 利用 PowerPoint 制作课件应用比较广泛，建议选取所学专业相应的中学教学内容制作一个完整的 PowerPoint 课件，以全面了解课件设计制作的全过程。具体要求如下：

(1) 进行环境分析和教学设计，写出课件脚本，按照脚本开发课件并对课件评价与修改。

(2) 课件内容包括：封面：课题名称、作者姓名和学号等，教学目标，教学内容，教学过程，小结，作业等。

(3) 技术要求：课件文字大小、色彩搭配合理，图文布局合理，动画应用得当；至少包含 10 张幻灯片；课件导航合理：通过超链接和按钮实现课件的导航。

(4) 课件打包：课件制作完成后，利用 PowerPoint 的“打包成 CD”中的“复制到文件夹”功能，把文件另外生成一个文件夹，完成打包。

7.1　多媒体课件概述

7.1.1　CAI 与 CBE

计算机技术在教育领域的应用内容十分广泛。一般说来，我们可以从多个角度对它的应用方式进行分类。

从计算机应用的功能上来看，计算机在教育领域中的应用方式包括：

1. 计算机辅助教学（Computer Assisted Instruction，简称 CAI）

CAI 指的是用计算机帮助或代替教师执行部分教学任务，传递教学信息，对学生传授知识和训练技能，直接为学生服务。

2. 计算机管理教学（Computer Managed Instruction，简称 CMI）

目前人们对 CMI 的理解有两种：从狭义上看，认为 CMI 是利用计算机指导整个教学过程的教学管理系统，它的功能包括管理教学计划和教学资源，以及帮助教师构造测验和评分等；从广义上看，则认为是计算机在学校管理中的各项应用，包括教学管理、学校行政管理、学校其他资源管理等等。

3. 计算机辅助教育（Computer Based Education，简称 CBE）

CBE 是计算机技术在教育领域中应用的统称，它涉及教学、科研和管理等教育领域的各个方面。

7.1.2 多媒体课件

“多媒体”一词译自英文“Multimedia”，该词由 Mutiple 和 Media 复合而成。多媒体技术是指把文字、声音、图像、动画、视频等多种媒体的信息通过计算机进行交互式综合处理的技术。即通过计算机，用多种媒体手段来存储、传播和处理信息的技术。

多媒体课件是采用多媒体技术综合处理文本、图形图像、动画、音视频等多媒体信息，并根据教学目标的要求表达某一课程或若干门课程教学内容的计算机软件。

超文本和超媒体是多媒体课件中两个十分重要的概念。

所谓超文本（Hypertext），就是一种用计算机来实现链接课件中相关页面的结构，这里的文本指的是文字信息，在一个课件页面中把某些文字用链接指向其他页面，该文本以醒目的形式显示，读者在浏览页面时可以通过该链接交叉引用其他相应页面。在被链接的页面中又可以链接别的页面。随着多媒体技术的发展，在超文本结构中，除文字外还可以链接图像、视频、声音等多媒体信息，因此人们引出了超媒体概念。换言之，超媒体（Hypermedia）=超文本+多媒体。

7.1.3 多媒体课件的类型

多媒体课件的分类方法很多。按照教学功能划分，多媒体课件可分为课堂教学型、个别化自学型、练习考核型、资料工具型、模拟实验型和教学游戏型等形式。

1. 课堂教学型

课堂教学型课件是针对某一特定的教学内容而设计的软件，主要目的是解决某一学科的教学重点与教学难点，揭示教学内容的内在规律，将抽象的教学内容具体化。此类课件主要适用于知识难度小、表象陈述多、规律含量不高、学生活动相对较少的教学内容。

2. 个别化自学型

个别化自学型课件具有完整的知识结构，能反映一定的教学过程和教学策略，提供相应的形成性练习供学生进行学习评价，并设计许多友好的界面让学习者进行人机交互活动。

这类课件是学生在家庭或多媒体教室使用的用于个别化学习的课件，适合不同学生自主学习使用。这类软件强调个别化教学，具有完整的知识结构，友好的交互界面，多种不同的教学序列，适合不同基础、不同要求、不同类型的学生自学使用。

3. 练习考核型

练习考核型课件适合形成性练习或考核使用。它的教学目的不是向学生传授新知识，而是在于使学生通过做大量的习题，以巩固课堂所学内容，提高学习者的解题技能，促进学生的能力发展。

4. 资料工具型

资料工具型课件是学生在课余时间里，在多媒体电子阅览室环境下，进行资料的检索或浏览，以获取信息，扩大知识面。也可根据教学需要事先选定有关片段，配合教师讲解，在课堂上进行辅助教学。在这类课件中提供某种教学功能或某种教学资料，并不反映具体的教学过程。比如一些文字、声音、图片、视频、动画素材等。

5. 教学模拟型

模拟也称为仿真，就是利用计算机来模拟自然现象或社会现象。模拟在自然科学中应用十分广泛，从自然科学、管理科学到工程技术的许多学科教学中都可采用，如实验模拟、管理模拟和训练模拟等。在教学过程中采用计算机模拟手段，其优点主要体现在：高效、安全；低成本；形象逼真，容易引起学生的兴趣等。

这类课件应用于教学实验模拟是近十年发展起来的一种新的方法，随着多媒体计算机技术的发展，模拟的效果更是令人叹为观止。这类课件根据教学内容，采用不同的模拟实验方式，有平面显示型、立体显示型和虚拟现实仿真型等。如北京轻工业学院开发的“化工原理三位实验仿真系统”、中国科技大学开发的“大学物理计算机仿真实验”等。

6. 教学游戏型

教学游戏就是利用计算机以游戏的形式呈现教学内容，产生一种带有竞争性的潜在学习环境，激发学生的学习兴趣和学习动机，使学生在富有教学意义而且教学目标明确的游戏活动中得到训练或是有所发现，起到“寓教于乐”的作用。教学游戏通常都有一套明确的规则，具有竞争性。多数教学游戏是为了锻炼学生的决策能力而设计的。

这类课件适合于幼儿或小学教育使用。它将一定的教学内容或考核内容采用适当的方式置于游戏中，学生在玩游戏的过程中学到一定的科学知识，锻炼能力，激发学生的学习热情和兴趣。这类课件与一般的游戏软件不同，它在设计上不仅要求趣味性强，游戏规则简单，而且要求体现一定的教学思想和教学内容。如“金山打字通”中的单词学习游戏等。

7.1.4　多媒体课件的设计原则

多媒体课件是利用多种媒体形式实现和支持计算机辅助教学的软件。多媒体课件的制作必须服务于教学，其目的是改革教学手段和提高教学质量。一味地照搬课本内容和教学环节，追求新技术，把课件搞成素材展示，都是不正确的，我们在设计和制作多媒体课件时应遵循以下几项基本原则：

1. 教育性：设计的多媒体课件，首先要有明确的目标。其次内容必须符合教学大纲的要求，要有助于解决教学重点、难点问题。最后要适合学生接受水平。

2. 科学性：设计的多媒体课件，（1）教学媒体要生动有趣，但不能违背现代科学的基本原理，不能庸俗化；（2）选用的材料、例证和逻辑推理，都必须是科学的、符合客观实际的、经得起实践考验的；（3）各种实际操作必须准确、规范；（4）所表现的图像、声音、色彩，都要符合科学的要求。不能片面追求图像的漂亮、声音的悦耳、色彩的鲜艳而损坏了真实性。

3. 技术性：设计的多媒体课件，要图像清晰、声音清楚、色彩逼真、声画同步，要保证良好的技术质量。

4. 艺术性：设计的多媒体课件，要有丰富的表现性和感染力，能激发学生的情感，引起学习动机，提高学习兴趣和审美能力。要实现上述要求，必须注意：（1）画面构图要清晰匀称，变换连贯、流畅、合理；（2）在光线与色彩上，要明暗适度，调配适当，使观者感到舒适；（3）在音乐与语言上，要避免噪音，音乐要和景物与动作相配合，语言要抑扬有致，使听者愉快，从而收到教育效果。

5. 经济性：设计多媒体课件要考虑经济效益，以最小代价，得到最大收获。就是要力争用最少的人力、材料、经费和时间，制成大量优秀的多媒体课件。如果某一教学内容用幻灯片或电影片都可以取得所追求的教学效果，那么，就应该采用幻灯片，而不必制作电影片。

7.1.5　多媒体课件的开发步骤

一个高质量课件的开发是一项复杂的系统工程，需要开发小组中全体人员的通力合作，因此需要对开发过程的各个步骤和任务作出具体的规定以作为行动的指南。由于不同的课件开发人员对开发的理解程度、文化背景，以及兴趣爱好等方面所存在的差异，导致了各种不同的多媒体课件开发模型的出现。一般说来，多媒体课件开发有以下几个阶段：环境分析、教学设计、脚本设计、软件编写、评价与修改是最为基本的，由此所构成的多媒体课件开发步骤如图 7－1－1 所示。

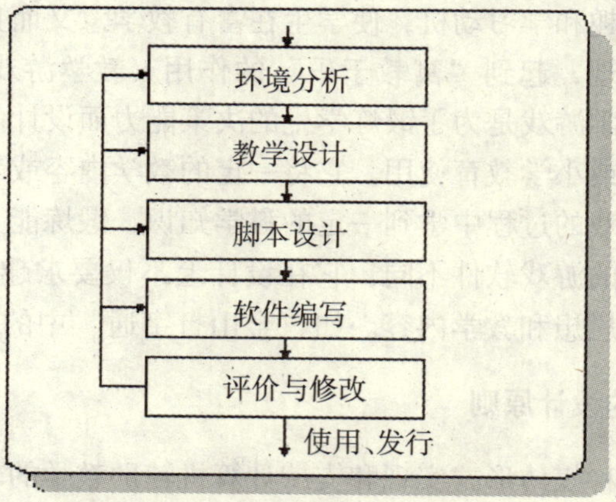

图 7－1－1　多媒体课件的开发步骤

1. 环境分析

多媒体课件环境分析主要包括课件目标分析、课件使用对象分析和开发成本估算等任务。

在这里，教学目标不仅包括该学科领域以及教学内容的范围，而且应对教学提出具体要求。比如，学习新概念；巩固已经学过的知识；训练求解某种问题的能力；要求掌握的程度及检查方法等等。

课件使用对象分析，即分析学习者在从事新的学习或进行练习时，其原有知识水平或原有的心理发展水平对新的学习的适合性。该项分析通常涉及三个方面：（1）学习者的一般特点，包括年龄、性别、文化程度、工作经历、学习动机，以及文化背景等；（2）学习者对学习内容的态度以及已经具备相关的基础知识与技能；（3）学习者使用计算机的技能。

开发多媒体课件的成本估算通常也是不可缺少的。在这里，开发的总费用一般包括开发组成员的劳务费用；各种参考资料购买；磁盘、打印纸等各类消耗材料以及软件维护费等。

2. 教学设计

教学设计是课件开发过程中最能体现教师教学经验和教师个性的部分，也是教学思想最直接和具体的表现。该阶段的主要任务包括详细分析教学内容、划分教学单元、选择适当的教学模式等。

教学内容分析指的是根据前述确定的教学目标，具体划分出教学内容的范围，揭示教学内容各组成部分之间的联系。

根据教学内容将课程教材按段落和时间分成若干课，此即课时分配。因为在多媒体教学过程中不再考虑黑板书写及教师的思考等时间，所以多媒体教学的每课时间应比传统的课堂教学课时短一些。接着，把每课内容按单纯的教学目的划分成若干个相对独立的小块，一个小块就是一个教学单元。教学单元划分的依据是教学大纲，应当仔细地分析教材和参考书，把教学目标逐步演化成一系列的教学单元。并根据教学内容的难易程度和知识体系情况，选择控制教学单元前进的策略，即确定课件的结构方式。

上述一个教学单元的功能，就是进行一小段相对独立的教学活动。一般说来，在一个教学单元中主要进行一个新概念或一个知识点的教学，然后从学生那里取得回答信息，并对回答作出反馈。为此，需要具体确定要传授的教学内容，详细规定呈现教学内容的信息形式、向学生提出的问题，以及对学生回答问题的各种可能答案作出预计并准备相应的反馈信息。

一般说来，个别指导型模式主要适用于呈现信息和引导学习两个阶段；操练与练习型模式适用于练习和评价阶段；模拟型模式则适用于上述四个阶段的任意组合；教学游戏模式主要用于练习阶段；问题求解模式通常适用于呈现信息、引导学习以及练习这三个阶段。一般的，我们也可在一个教学单元中同时采用多种教学模式进行有机结合，从而适应不同的教学需要。

3. 脚本设计

脚本是在教学设计基础上所作出的计算机与学生交互过程方案设计的详细报告，是下一阶段进行软件编写的直接蓝本，是课件设计与实现的重要依据。因此，脚本设计阶段也是课件开发过程中由面向教学策略的设计到面向计算机软件实现的过渡阶段。

从脚本所描述的内容来看，多媒体课件的脚本可分为文字脚本和制作脚本两种。前者是由教师按照教学要求对课件所要表达的内容进行的文字描述；后者则犹如影视制作中的分镜头脚本，是在文字脚本基础上改写而成的能体现软件结构和教学功能，并作为软件编制的直接依据的一种具体描述。换言之，一般认为：

文字脚本是多媒体课件“教什么”、“如何教”和“学什么”、“如何学”的文字描述，它包括教学目标的分析、教学内容和知识点的确定、学习者特征的分析、学习模式选择、教学策略的制订、媒体的选择等任务。

制作脚本是在文字脚本的基础上，依据教育科学理论和教学设计思想，进行课件交互式界面以及媒体表现方式的设计，将文字脚本进一步改编成适合于计算机实现的形式。

脚本的描述并无规定格式，但所包含的内容是基本一致的，即在脚本中应注明计算机屏幕上要显示的内容（包括文字、动画、图像和影像等）、音响系统中所发出的声音，以及这些内容输出的具体顺序与方式。

在多媒体课件的脚本设计中，计算机屏幕布局的合理与否，在一定程度上反映了课件的质量。在脚本设计中，通常都将屏幕划分为若干个功能区，使得同一个课件中各种类型的信息都有相对固定的位置，以避免学生每次花时间在屏幕上寻找而无法集中精力学习教学内容。

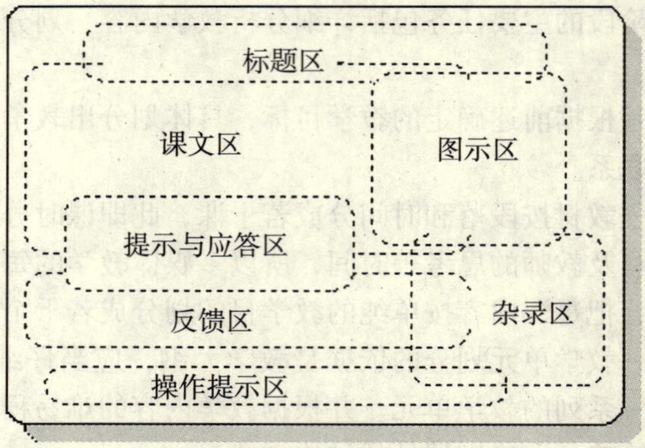

图 7－1－2　课件界面布局的例子

4. 软件编写

该阶段的任务是将教学设计阶段所确定的教学策略，以及脚本设计阶段所得出的制作脚本用某种计算机语言或多媒体软件工具加以实现。

为了提高效率，应该尽量收集、利用现有的多媒体素材，根据课件内容需要进行编辑加工。在多媒体素材采集、编辑完成后，就可以用多媒体创作（编辑）工具进行集成。

若所制作课件的结构或处理流程十分复杂，或者准备作为商品化软件发行，则可采用计算机高级语言进行编程，例如 Visual Basic、C ++等。

课件程序编写完成后应当进行仔细的调试，调试的目的是为了找出程序中隐含的各种可能错误并加以排除，其中包括教学内容上和计算机语言文法上的各种错误。

一个完整的课件，除了在程序中包含联机帮助功能以外，还必须提供相关的文档，例如学生手册、教师手册、技术手册等。因此，在课件程序编写和调试结束后，还必须编写相应的文档。

此外，课件评价与修改是课件开发过程中的一个重要内容，该项工作实际上存在于课件开发的环境分析、教学设计、脚本设计、软件编写的每一个阶段之中。

由于多媒体课件类型、应用对象的多样性，目前国内外评价多媒体课件质量的指标体系不尽相同，但是其基本内容还是比较一致的。

7.2　利用 PowerPoint 制作多媒体课件

7.2.1　PowerPoint 简介

PowerPoint 是 Microsoft 公司 Office 系列办公组件中的幻灯片制作软件，由于它和其他 Office 软件一样，容易使用，界面友好，因此在设计制作多媒体课件中，应用也很广泛。

1. PowerPoint 的主要特点

（1）“幻灯片”式的演示效果。PowerPoint 制作的多媒体课件可以用幻灯片的形式进行演示，非常适用于学术交流、演讲、工作汇报、辅助教学和产品展示等需要多媒体演示的场合。因此 PowerPoint 文件又常被称为“演示文稿”或“电子简报”。

（2）强大的多媒体功能。PowerPoint 能很简便地将各种图形图像、音频和视频素材插入到课件中，使课件具有强大的多媒体功能。

2. 操作界面：如图 7-2-1

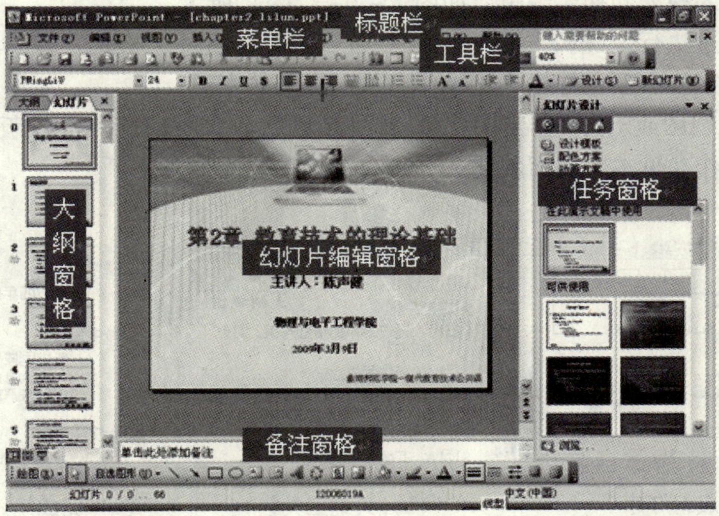

图 7-2-1　PowerPoint 操作界面

3. 视　图

（1）幻灯片视图：即当前课件页的编辑状态，视图的大小可以通过“常用”工具栏上的比例栏进行调整；

（2）大纲视图：主要用于输入和修改大纲文字，当课件的文字输入量较大时用这种方法进行编辑较为方便；

（3）幻灯片浏览视图：是一种可以看到课件中所有幻灯片的视图，用这种方式，可以很方便地进行幻灯片的次序调整及其他编辑工作；

（4）备注页视图：主要用于作者编写注释与参考信息；

（5）幻灯片放映视图：即当前幻灯片的满屏放映状态。

7.2.2　文本的使用

文本是多媒体课件中极其重要的组成部分，很多基本概念、原理、方法等学习内容均需使用文本的形式来表述，这就要求文本从输入到格式化、背景设计、效果设置、动画效果等具有艺术性，符合教学目标，形成简洁精练、取舍得当、言简意赅的文字描述，否则成了“黑板搬家”，甚至“书本搬家”。

以 Word 文档为基础建立演示文稿，只需要在 Word 中对教案或讲课提纲进行编辑、删减整理，并将其发送到 PowerPoint 中进行加工处理，就可创作出制作精美的多媒体课件。

具体操作方法为：首先启动 Word，打开教案或讲课提纲，并进行删减整理；在 Word 中依次执行“文件”→“发送”→“Microsoft Office PowerPoint”命令，则自动启动 PowerPoint 并生成若干张幻灯片，如图 7－2－2（a）所示。

在 PowerPoint 中进行编辑处理，可分为以下两步：

（1）在大纲视图中规划幻灯片并初步编辑。切换到大纲视图，并执行“视图”→“工具栏”→“大纲”命令，打开大纲工具栏，如图 7－2－2（b）所示，在第一张幻灯片中依次选中各标题通过“降级”和“升级”按钮设置标题的等级，用同样的方法处理其他幻灯片。完成幻灯片的规划和初步编辑，如图 7－2－2（c）所示。

用户可以通过执行“编辑”→“全选”命令，然后通过“格式”菜单对所有幻灯片中的文本对象进行字体、颜色等格式化操作，从而提高效率。

（2）在普通视图或幻灯片视图中设置背景，然后依次对幻灯片进行版式、格式、动画等操作，详细操作参见本节后面叙述。

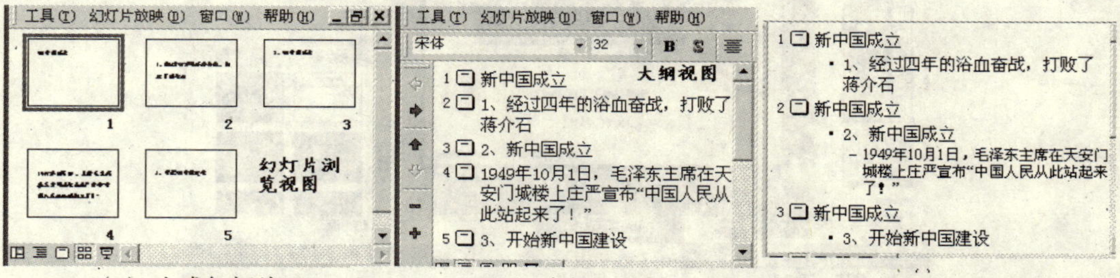

（a）生成幻灯片　　（b）大纲工具栏　　（c）完成规划和初步编辑

图 7－2－2　纯文本演示文稿制作

（3）动画设置。在 PowerPoint 中我们可以对幻灯片上的文本、形状、声音、图像或其他对象添加动画效果和出现方式。同时，在播放动画时，可改变其他项目符号或对象的颜色，并让图表中的每个元素显示出动画效果等等。

设置动画效果时，首先要选中对象，然后执行“幻灯片放映”→“自定义动画”命令或执行快捷菜单中的“自定义动画”命令，弹出“自定义动画”对话框，如图 7－2－3 所示。在“对象选择窗”中选择要设置的对象，在“效果”选项卡里单击“动作选择”中的下拉箭头选择一种效果，再单击“方向选择”中的下拉箭头选择一种方向，选中其他对象进行设置。单击“预览”按钮，观看效果，如果对象出现的顺序不符合要求，可单击“顺序和时间”标签转换到顺序选项卡，通过移动按钮调整动画出现的先后顺序。

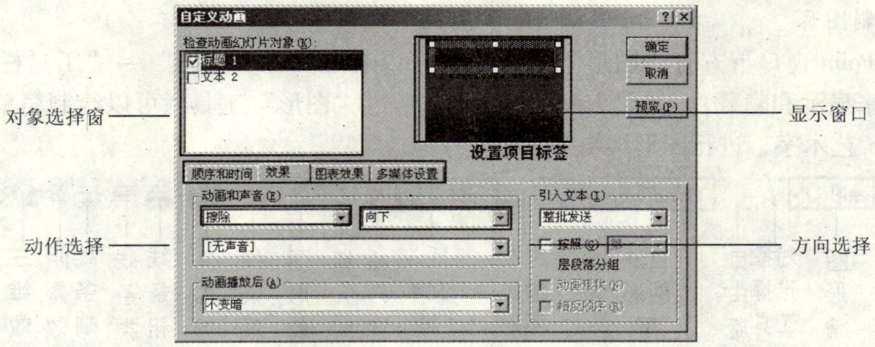

图 7－2－3　**动画设置对话框**

设置动画要注意“效果”选项卡中动作和方向、“引入文本”方式等选项的选择，请尽量遵循阅读习惯，不当的选择容易造成视觉干扰；“声音”应根据需要选择，切忌画蛇添足；“顺序和时间”选项卡中的“启动动画方式”一般选择“单击鼠标时”选项，“动画播放后”的状态选择默认即“不变暗”选项。幻灯片上的主标题一般不设置动画，这样可避免放映时出现“白板”。

7.2.3　图形和图像的使用

图形一般由绘图工具绘制而成，用矢量或参数表示，文件小，显示速度快；而图像是通过采集外部图片或拍摄外部事物得到，或截获复制屏幕得到，用像素表示，图像文件相对图形文件要大得多。在 PowerPoint 中，图形和图像的作用概括起来有三大功能：（1）教学功能：以静态画面呈现教学信息，相当于传统教学中的投影片、幻灯片和照片、图片、挂图等。（2）图标功能：作为超级链接、交互操作等的图标按钮。（3）制作动画：PowerPoint 具有制作简单动画的功能，动画的本质是按一定顺序和规律显示的一系列图片（图像或图形），因此图像或图形是制作动画的素材。

1. 在幻灯片中插入图片

在 PowerPoint 插入图片有三条途径：

（1）插入剪贴画

通过 Office 提供的图片库，可以选择符合教学需要的图片插入到幻灯片中。

（2）插入来自文件的图片

插入来自文件的图片实际上是插入已经准备好的放在本机（或可在本机读取）的图片。

（3）插入来自剪贴板的图片

插入来自剪贴板的图片是将其他文档（如 Word、图像编辑软件、其他演示文稿、网络的 Web 文件）正在显示的图片复制到剪贴板，然后切换回当前演示文稿，再粘贴到幻灯片上。

通过以上方法插入到幻灯片中的图片（包括剪贴画）可以进行移动、缩放等编辑以及根据需要设置动画效果，也可以打开 PowerPoint 中的“图片”工具栏（在图片上单击右键，在弹出的快捷菜单中执行“显示图片工具栏”命令）进行“亮度”、“对比度”、“裁剪”等调整。

2. 绘制图形

PowerPoint 窗口下方有“图形”工具栏（可以通过执行“视图”→“工具栏”→“绘图”命令来显示和隐藏），如图 7－2－4 所示。通过“图形”工具栏可以绘制简单图形，插入文本框、艺术字，进行图形编辑等。

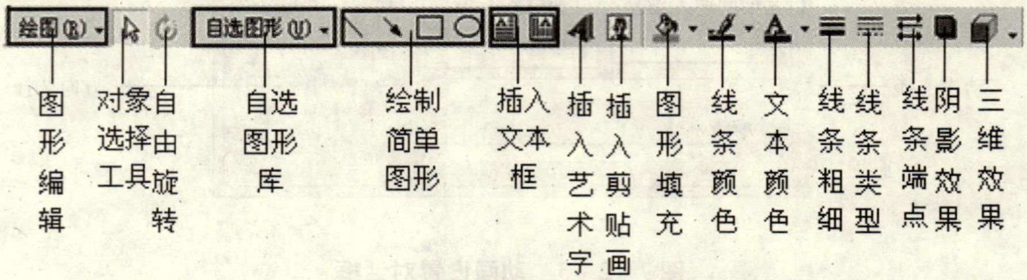

图 7－2－4　“绘图”工具栏及按钮作用

（1）绘制简单图形

PowerPoint 带有简单图形绘制工具。单击相应的图形按钮，然后把鼠标移动到幻灯片中拖动即可完成。需要提示的一点是单击工具按钮后按住 Shift 键可以绘制正的图形，如选择椭圆按钮后，按住 Shift 键可画正圆；选择矩形按钮后，按住 Shift 键可画正方形。

（2）使用自选图形库

PowerPoint“绘图”工具栏上的“自选图形”菜单包含多种图形工具和简单图形。

有些自选图形是可以填充文字的，如图 7－2－5 所示中的“标注”；有些可以作为动作图标，如图 7－2－5 所示中的“动作按钮”。

（3）图形的编辑

图形的编辑包括：填充效果、线条颜色、粗细、虚实、箭头、图形阴影、三维变化、旋转、对齐方式、叠放次序、编辑顶点等。首先要选中图形，然后采用相应的工具即可对图形进行相应的编辑处理。

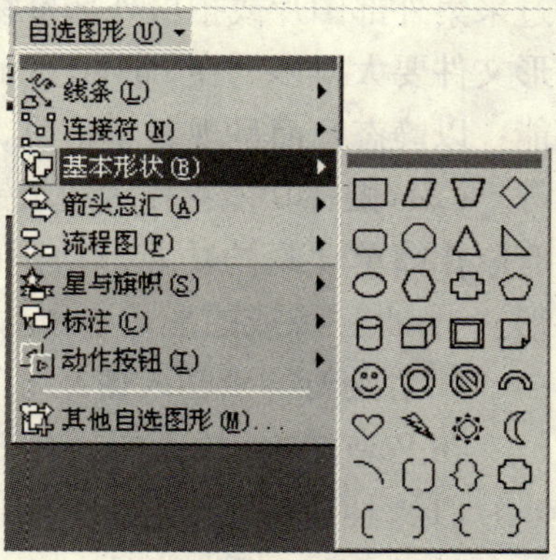

图 7－2－5　自选图形工具

3. 插入公式

在制作课件时，常常会用到公式，如何在 PowerPoint 中插入公式呢？和 Word 一样，PowerPoint 也有公式编辑器，执行“插入”→“对象”命令，弹出“插入对象”对话框，在“对象类型”列表中选择“Microsoft 公式 3.0”选项，最后单击“确定”按钮，出现“公式编辑器”窗口，如图 7－2－6 所示。

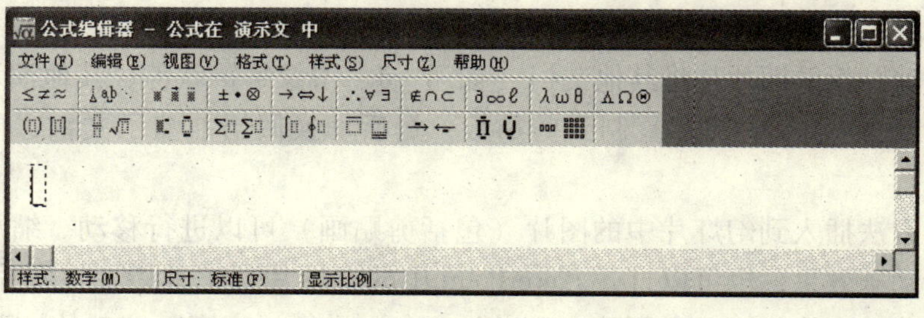

图 7－2－6　公式编辑器

接下来使用公式编辑器建立如图 7－2－7 所示的公式：

首先输入“S”，然后在上下标模板中，选取带下标的选项（见图 7－2－8），这时 S 的右侧就出现下标框，我们输入“ij”；再输入“＝”。

$$S_{ij}=\sum_{k=1}^{n}\alpha_{ik}\times\beta_{kj}$$

图 7－2－7　实例中的公式

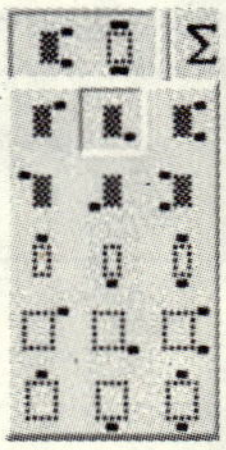

图 7－2－8　上下标模板

在工具栏中单击求和模板，在打开的选项（见图 7－2－9）中选择上下带虚框的求和符号，然后将光标置于相应的位置框上，分别输入“n”、“k＝1”。

单击工具栏上的“希腊字母”按钮（见图 7－2－10），在 α 上单击一下，然后再按前面的方法输入下标“ik”，接下来输入乘号，单击“数字符号”按钮，从中选取乘号。同样，再插入 β 及其下标，公式输入完毕。单击“关闭”按钮退出公式编辑环境，返回到 PowerPoint 中。这时候公式对象就可以像图形一样进行各种编辑操作。

如果要修改公式，只要双击公式，即可进入公式编辑器，对公式进行编辑修改操作。

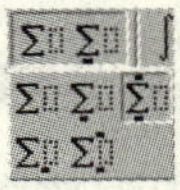

图 7－2－9　求和模板

图 7－2－10　希腊字母

7.2.4　声音和电影的使用

前面章节中我们已经学习了音频和视频文件的制作和编辑，PowerPoint 中可以直接插入声音文件和视频文件，使课件具有传统教学中录（放）音机、录（放）像机的功能。

1. 插入声音

执行“插入”→“影片和声音”→“来自文件的声音”命令，打开“插入声音”对话框，选择声音文件保存的路径和名称，单击“确定”按钮后弹出如图 7－2－11 所示的对话框。单击“是”按钮则在该幻灯片（或该对象）放映时自动播放声音。如果希望在需要时再播放，请单击“否”按钮，对话框消失后在幻灯片上出现一个扬声器图标（🔈），可以把该图标移动到适当位置。

播放幻灯片，需要声音时单击扬声器图标，声音播放，再单击鼠标声音停止，后面的对象出现。如果希望声音继续播放，即为课件制作背景音乐，给课件创造一种轻松愉快的气氛，此时可选择扬声器图标，打开“自定义动画”对话框，单击“多媒体”标签，选择

“继续幻灯片放映”选项，并在“停止播放”选项卡中指定在第几张幻灯片后，单击“确定”按钮完成设置。

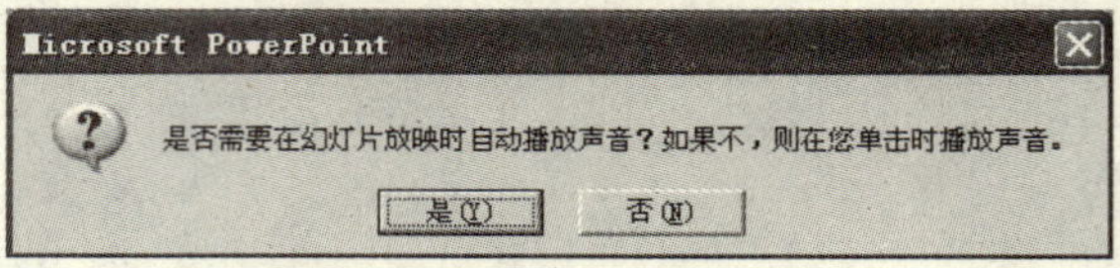

图 7-2-11　**设置播放条件**

2. 插入电影

执行“插入”→“影片和声音”→“来自文件的影片”命令，打开“插入影片”对话框，选择影片文件所保存的路径和名称，确定后弹出类似图 7-2-12 所示的对话框。单击“否”按钮，在幻灯片中可看到该影片的第一帧画面图片，如图 7-2-12 所示。

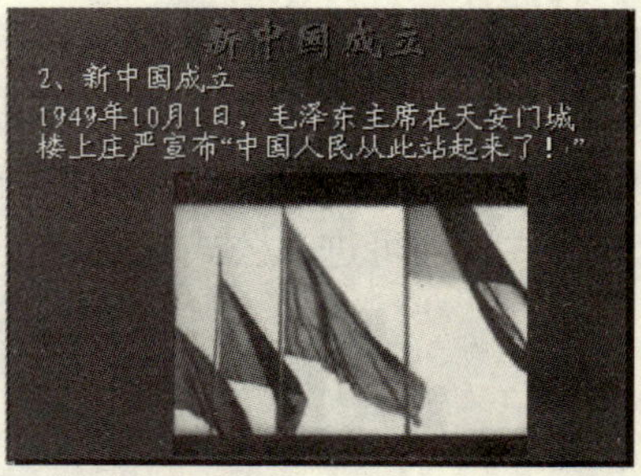

图 7-2-12　**插入视频**

图片尺寸就是播放时画面的相对尺寸，可在幻灯片中缩放图片的大小，以得到适合的画面窗口，也可以打开“自定义动画”对话框为影片设置动画效果。

放映幻灯片时，在画面上单击，影片开始播放，再单击则暂停，再次单击又进行播放，在画面外单击则停止播放并出现下一对象。

插入声音和影片要注意以下几点：

（1）插入的声音、视频文件必须保存在本机或活动存储盘上。

（2）插入只是插入关联，不是文件本身，因此，课件中使用到的声音和视频文件必须同时复制或传送，并且保持相对路径不变。最好的习惯是制作课件前先建好文件夹，把课件和相关的媒体文件保存在该文件夹中，包括此处的声音视频文件及后面要学习的超级链接时的链接目标文件等。

（3）不是所有格式的声音、视频文件都可以插入，在准备素材时要注意，最好将声音文件的格式转为 WAV、MID、MP3 格式，视频文件转换为 AVI、MPG 格式。

7.2.5　插入超链接

超级链接是 PowerPoint 的一个重要功能，它可以使多媒体课件由原始的线性结构以非线性结构出现，由表及里，由此及彼，调用其他应用软件或程序，更适合人们的思维习惯，也使多媒体课件能整合更多类型的多媒体素材。

1. 超级链接的构成

一个闭合的超级链接通常由“出点”、“目标”和“返回”几个要素构成。

“出点”是当前幻灯片上的一个按钮（可以是文本、图片或其他对象），在放映时单击此按钮链接动作，转向目标。

“目标”是链接指定要到达的地方（或要调用的文件路径和名称）。

“返回”是目标上的一个按钮，单击该按钮，结束目标，返回到“出点”位置。

2. 超级链接的制作

下面以“春天”课件的导航的制作为例来讲解超级链接的使用。

“春天”课件的封面如图 7－2－13 所示，该课件有七张幻灯片，其中从第二张幻灯片开始到第三张幻灯片结束是课文学习，“生字学习”从第四张幻灯片开始到第六张幻灯片结束，第七张幻灯片是练习。

制作过程大致可以分为以下几个步骤：

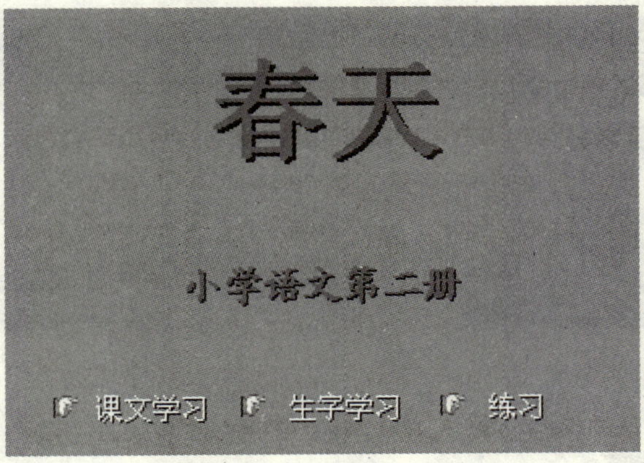

图 7－2－13　“春天”封面页

（1）选中“课文学习”文本框，执行“插入”→“超级链接”命令，打开“插入超级链接”对话框，如图 7－2－14 所示。单击“书签”按钮，弹出“在文档中选择位置”对话框（见图 7－2－15），选中幻灯片标题为“2. 课文朗读”的选项，单击“确定”按钮即可。

（2）在第三张幻灯片的右下角制作一个返回的图标（如自选图像中的返回箭头），再次打开如图 7－2－15 所示的对话框，选择幻灯片标题为“1. 春天”的选项，单击“确定”按钮，至此完成“课文学习”导航的链接。

（3）用同样的方法完成“生字学习”和“练习”的链接。

（4）在封面上增加一个按钮，链接到一个动画文件“春天 . swf”。具体方法为：①在封面幻灯片上插入一张小图片，选中后打开图 7－2－14 所示的对话框，单击“文件”按钮，弹出“链接到文件”对话框，如图 7－2－16 所示。②选择路径，然后在“文件类型”下拉列表框中选择“所有文件”选项，此时可看到“春天 . swf”，选择它并单击“确定”按钮，再次单击“确定”按钮，链接制作完成。

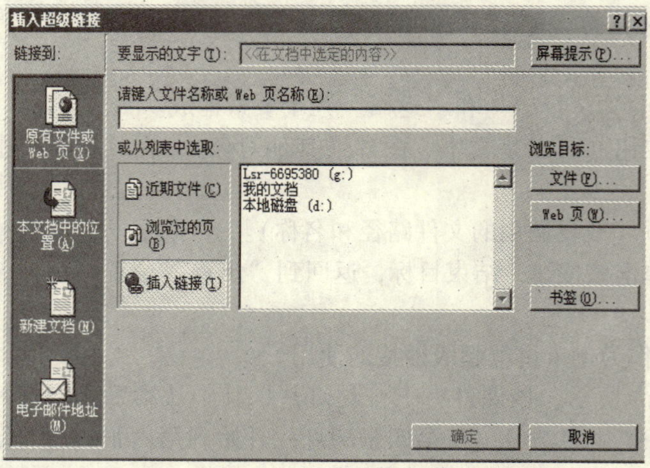

图 7－2－14　“插入超级链接”对话框

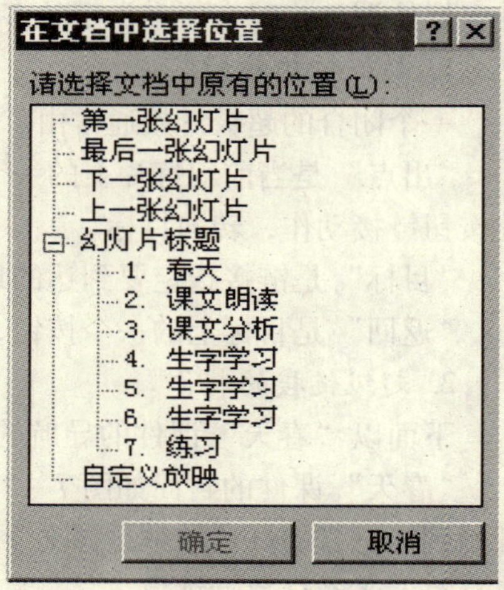

图 7－2－15　“在文档中选择位置”对话框

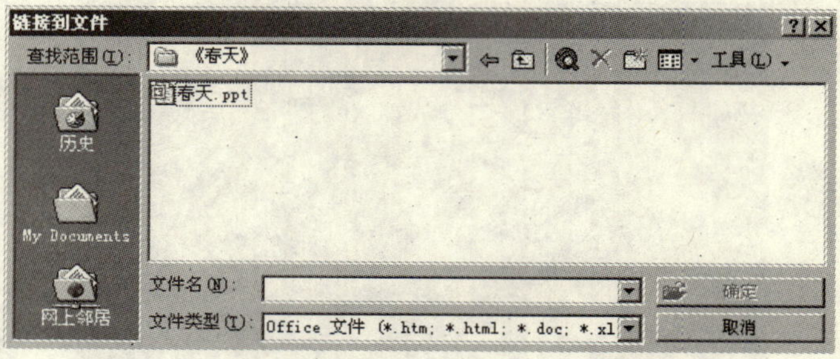

图 7－2－16　“链接到文件”对话框

从这个例子可以看出：

①在同一演示文稿中链接时选择“书签”按钮可以快速找到目标。

②目录式的链接必须包含三要素才是完整的。

③用文本框做链接按钮时，选择框中文字和选中整个文本框链接后按钮文本变化不同，前者文字会变色且有下划线，后者不变。

④插入超级链接时，PowerPoint 会自动默认为 Office 文件，此时非 Office 文件将不显示在文件选择窗口中，必须把文件类型设置为“所有文件”。

7.2.6　简单动画制作

合理地利用 PowerPoint 中“自定义动画”中的选项和“放映方式”中的放映类型设置可以实现一些简单的动画制作。

动画的本质是一系列内容接近的图片，利用“自定义动画”中“播放后隐藏”、“在前一事件后 0 秒，自动启动”等设置可以在一张（或少数几张）幻灯片上实现一个（段）动画。下面结合实例“冰”字笔顺的动画来讲解动画制作的方法。

“冰”字笔顺的动画要把“冰”字的笔画分开，按教学顺序和方向显示。但是，如果把每一笔做出一张图片，一方面素材制作困难，另一方面合成时对精度要求高，因此快捷的办法是使用每一笔时的稿纸图片代替笔画图片。

具体过程为：①制作素材：在文本框中输入“冰”字，字体设为楷体，字号尽可能大；并将其复制到“画图”软件，用擦除工具依次制作出图 7－2－17 所示的图片并保存；按图片文件名顺序执行“插入”→“图片”→“来自文件”命令依次插入同一张幻灯片中。②用框选法选中所有图片，自定义动画设置中动画动作设置为“擦除”和“向下”，启动动画设置为“在前一事件后 0 秒，自动启动”，单击“确定”按钮。③再打开自定义对话框，选择“图片 4”（04. jpg），将动画动作改为“向上”的“擦除”，单击“确定”按钮，制作完成，放映查看效果。

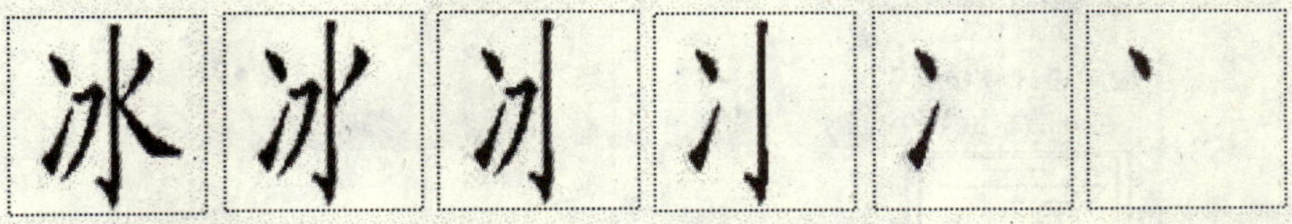

图 7－2－17　“冰”字笔顺的动画

注意在制作过程中插入图片的顺序不能错，否则动画播放顺序将是错误的。虽然可以通过“叠放次序”调整，但工作烦琐耗时。特别要注意的是不可单独移动或缩放其中的图片，如果需要操作必须全部选中（推荐用框选法），然后同时操作。

7.2.7　在 PowerPoint 中插入 SWF

在“视图”菜单上，指向“工具栏”，然后单击“控件工具箱”。

在“控件工具箱”上，单击“其他控件”（带有锤子和扳手图标的按钮）。

在列表中，向下滚动并单击“Shockwave Flash Object”，然后将其拖放到幻灯片上以绘制该控件。如果需要调节控件以适应动画的尺寸，则可以各个拖动尺寸柄以调节控件的大小。

在 Shockwave Flash Object 上单击鼠标右键，然后单击“属性”。

在“按字母序”选项卡中，单击 Movie 属性。

在取值栏（Movie 旁边的空白单元格）中，键入要播放的 Flash 文件的完整驱动路径（包括文件名在内。例如，C\ ：My Documents \ MyFile. swf）或统一资源定位器（URL）。

要设置动画播放的特定选项，请执行以下操作，完成后关闭“属性”对话框。

确保 Playing 属性设为 True。该设置使幻灯片显示时自动播放动画文件。如果 Flash 文件内置有“开始/倒带”控件，则 Playing 属性可设为 Flash。如果不想让动画反复播放，请在 Loop 属性中选择 Flash（单击单元格以显示向下的箭头，然后单击该箭头并选择 Flash）。

要嵌入 Flash 文件以便将该演示文稿传递给其他人，请在 EmbedMovie 属性中单击 True（但是，要运行 Flash 文件，任何运行该演示文稿的计算机都必须注册 Shockwave Flash Object 控件）。

要运行动画：在幻灯片的普通视图下，单击 PowerPoint 窗口左下方的“幻灯片放映”按钮（或按 F5 键，或在“幻灯片放映”菜单上单击“观看放映”）。

要退出幻灯片放映并返回普通视图，请按 ESC 键。

7.2.8　编排与修改

1. 选取模板

单击“格式”菜单中的“幻灯片设计”命令，选择合适的模板，也可在幻灯片上单击右键，通过快捷菜单选择“幻灯片设计”命令，即可选取所需模板。如图 7－2－18 所示。

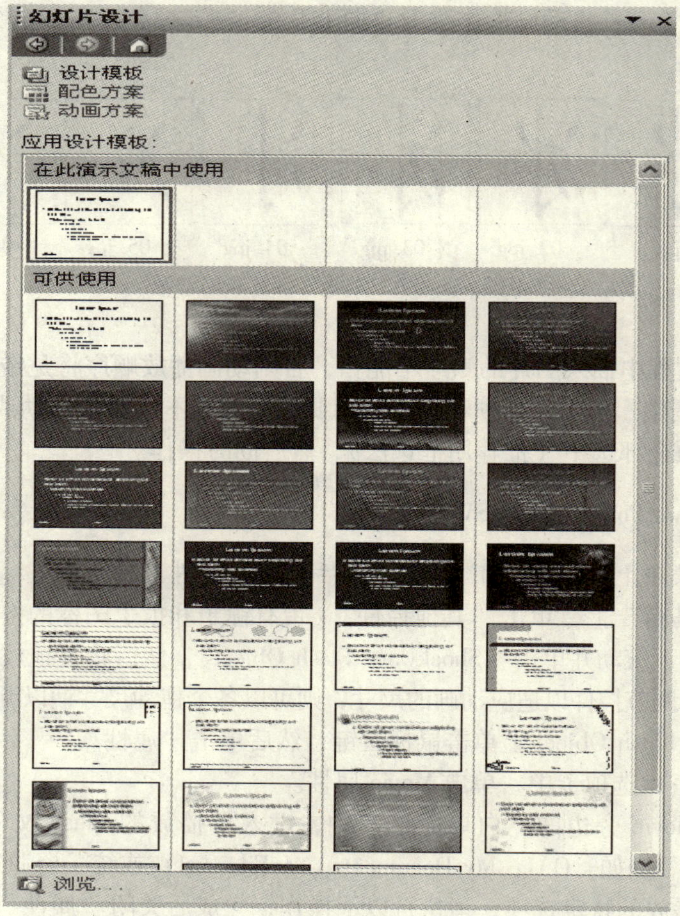

图 7－2－18　模　板

2. 应用背景

如果不想对课件页添加模板，而只是希望有一个背景颜色，可以按照下述方法进行。

单击“格式”菜单中的“背景”命令，在“背景”对话框中，打开下拉列表框，或单击“其他颜色”选择合适的颜色，也可以选择“填充效果”。如图 7－2－19 所示。

3. 增删课件页面

(1) 添加将光标停在插入位置前一课件页中，然后单击“插入”菜单中的“新幻灯片”命令，即可插入一张新的课件页。

(2) 删除课件页时，首先选中要删除的课件页，然后按 Del 键。

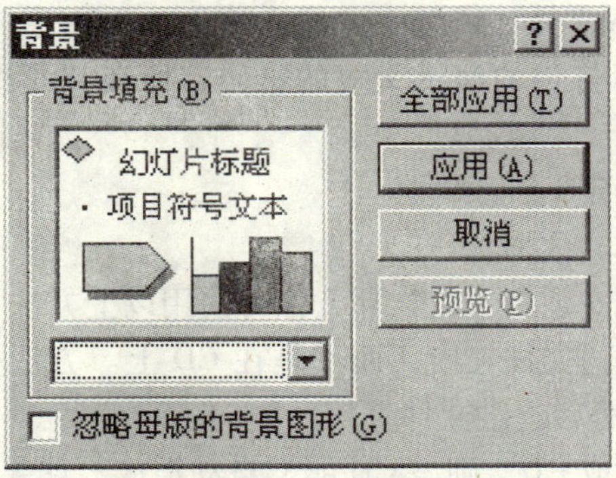

图7-2-19　背景设置

4. 调整课件页次序

在大纲视图或幻灯片浏览视图中，拖动课件页到目的位置即可完成课件页顺序的调整。

7.2.9　课件页的放映

PowerPoint幻灯片的放映有两种操作方法：

(1) 幻灯片放映视图：通过幻灯片放映视图可以播放当前正在编辑的这张幻灯片。如果这张幻灯片后面还有其他的幻灯片，则在放映时单击鼠标可连续向后播放。

(2)"观看放映"命令：选择"幻灯片放映"菜单中的"观看放映"命令，PowerPoint就开始放映该课件页。同样，如果这张幻灯片后面还有其他的幻灯片，则在放映时单击鼠标可连续向后播放。

7.2.10　课件的打包与解包

制作了精美的PPT演示文稿，但将其带到发布现场时，却因为电脑中没有安装PowerPoint而无法播放。着急了吧？不急，因为PowerPoint 2003新增了一个把PPT演示文稿打包成CD的功能，可打包演示文稿和所有支持文件，包括链接文件，并可从CD自动运行演示文稿。

1. 请打开要打包的演示文稿。如果正在处理以前未保存的新的演示文稿，建议先进行保存。

2. 将空白的可写入CD插入到刻录机的CD驱动器中。

3. 在"文件"菜单上，单击"打包成CD"。

4. 在"将CD命名为"框中，为CD键入名称。

5. 若要添加其他演示文稿或其他不能自动包括的文件，请单击"添加文件"，选择要添加的文件，然后单击"添加"。默认情况下，演示文稿被设置为按照"要复制的文件"列表中排列的顺序进行自动运行，若要更改播放顺序，请选择一个演示文稿，然后单击向上键或向下键，将其移动到列表中的新位置；若要删除演示文稿，请选中它，然后单击"删除"。

6. 若要更改默认设置，请单击"选项"，然后执行下列操作之一：

(1) 若要排除播放器，请清除"PowerPoint播放器"复选框。

(2) 若要禁止演示文稿自动播放，或指定其他自动播放选项，请从"选择演示文稿在播放器中的播放方式"列表中进行选择。

（3）若要包括 TrueType 字体，请选中“嵌入的 TrueType 字体”复选框。

（4）若需要打开或编辑打包的演示文稿的密码，请在“帮助保护 PowerPoint 文件”下面输入要使用的密码。

进行设置后，单击“确定”。

7. 单击“复制到 CD”。

或许你的电脑上并没有安装刻录机，那么你可使用以上方法将一个或多个演示文稿打包到计算机或某个网络位置上的文件夹中，而不是在 CD 上。方法是，不单击“复制到 CD”，而单击“复制到文件夹”，然后提供文件夹信息。

如果是将演示文稿打包成 CD，则该 CD 能够自动播放。如果将 CD 盘插入光驱时，没有自动播放，或者是将演示文稿打包到了文件夹中，要播放打包的演示文稿时，可以在“Windows 资源管理器”窗口中，转到 CD 或文件夹，双击 Play. bat 文件进行自动播放，或者也可以双击 PowerPoint 播放器文件 PPTView. exe，然后选择要播放的演示文稿，单击“打开”。

打包过程需要注意以下几点：

1. 直接从 PowerPoint 中刻录 CD 需要 Windows XP 或更高版本，如果使用 Windows 2000，则可将一个或多个演示文稿打包到文件夹中，然后使用第三方 CD 刻录软件将演示文稿复制到 CD 上。

2. 在打包演示文稿时，Microsoft Office PowerPoint Viewer 也包含在 CD 上。因此，没有安装 PowerPoint 的计算机不需要安装播放器，也可自动播放打包 CD。

3. 你必须在 PowerPoint 中打开一篇演示文稿，才能使“文件”菜单上的“打包成 CD”命令可用。PowerPoint 播放器不支持 PowerPoint 95 或更早版本的文件格式，只能查看兼容 PowerPoint 97 或更高版本的文件。

4. 因为 PowerPoint 播放器不允许演示文稿编辑，所以当打包演示文稿时，修改演示文稿的密码被忽略。但是，可以添加或修改密码以保护 CD 上的所有打包内容。

7. 3　Flash 课件制作

在教育领域，计算机辅助教学（CAI）正逐步深入，课件已成为其中不可或缺的一部分。网络时代，出现了从单机课件向网络课件的发展趋势，这给课件提出了更高的要求，如课件应缩放自如、流畅；文件小巧以便于共享和网上快速浏览；课件应有很强的交互功能，真正实现与用户的互动。在众多 CAI 课件开发工具中，Flash 提供了很好的解决办法，因此备受瞩目。特别是它在引入当今非常流行的“面向对象”编程思想后，其交互功能更是胜人一筹，完全可以满足网络课件的新要求。

7. 3. 1　Flash 制作课件优势

用 Flash 来制作课件主要有以下几方面的优势：

1. “身材”纤细

Flash 采用的是流行的矢量技术，用它创作的作品，不但交互功能强大，动画效果丰富多彩，无级放大的矢量图永远不会产生令人讨厌的锯齿，而且“身材”纤细，文件小，一般的课件一张 1. 44 兆软盘即可轻松拷下。如果能巧妙运用 Action 中 LoadMovie、Fscommand

等命令，那么超过1.44兆的课件也能较轻松地分批“搬运”。这对硬件配置不全（主要是无刻录机）、课件使用率较高的学校和老师来说，无疑是一重要优势。

2. 图文并茂

Flash本身具有极其灵巧的图形绘制功能，更重要的是它不但能导入常见格式的图像（如文件扩展名为.JPG，.GIF，.BMP等的图像），而且能导入专业级绘图工具（如Macromedia Freehand，Adobe Illustrator等）绘制的图形，并能使其产生翻转、拉伸、擦除、歪斜等效果，还能利用套索工具或魔术棒在图像中选择颜色相同的区域并创建遮罩（Mask）；将图像打散分成许多单一的元素进行编辑，设置图形的属性（如，产生平滑效果和质量无损压缩等）。Flash可以处理自定义的字体及它的颜色、大小、间距、行距、缩进等的设置。在用Flash制作的课件中，可以加入各种各样的标题和动态文本，它们的数据量非常小。还可以将特殊字体转换为图形，从而避免了因客户端字体短缺造成作品输出时字体无法显示的尴尬。

3. “舞姿”优美

用Flash表现物体的运动和形状渐变非常容易，其发生过程完全自动生成，无须人为地在两个对象间插入关键帧。利用遮罩及路径，可产生极好的动画效果。如果你的绘画技巧过硬，还可以绘制帧动画，让创意无限发挥。Flash采用精灵动画的方式，你可以随意创建动态按钮、多级弹出式菜单、复选框以及复杂的交互式字谜游戏。如果你熟悉VB，Java Script，那么Flash的精髓Action功能将带你进入一个世外桃源。

4. 声音处理灵活

Flash支持同步WAV和AIFF格式的声音文件和声音的连接，Flash 5.0还支持MP3格式的声音文件连接，你可以用Flash内的声音编辑功能使同一主声道中的一部分来产生丰富的声音效果，而无须改变文件量的大小。你还可以在不同层内设置不同的声音轻松实现混音效果，这是其他软件无法轻易做到的。

5. 网上运行方便

用Flash制作的课件极易上网发布、交流。Flash还可以将制作成的影片生成独立的可执行文件（.EXE），在不具备Flash播放器的电脑平台上运行，因此，除制作网页、课件外还可以将其应用于商业演示及电子贺卡制作等。此外，许多多媒体软件内都可以直接使用Flash制作的影片（.SWF），无缝集成Flash小巧的、漂亮的、可缩放的矢量图形和动画，旋转、缩放Flash动画质量毫无损失。

如果说用Flash制作课件有什么缺陷，笔者认为最主要的就是它对影像文件的支持不够。没有专门的软件，想在Flash中插入影像文件（.MPG，.DAT，.AVI）是不可能的。也许因为Flash主要是用来制作网页动画，而不是专门用来制作课件的，对影像文件不支持也是情理之中的事吧。

7.3.2　Flash 8.0 工作环境

Macromedia Flash 8.0窗口主要由舞台、时间轴窗口、绘图工具栏、标准工具栏、图库窗口、属性监视面板、动作面板等部分构成，如图7-3-1所示：

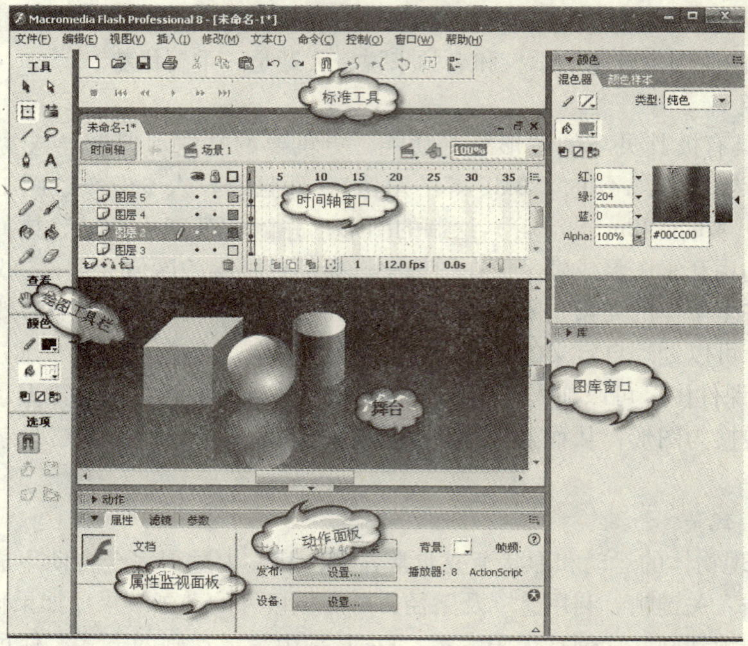

图 7－3－1　Flash 窗口构成

1. 舞　台

舞台是你在创建 Flash 文档时放置图形内容的矩形区域，这些图形内容包括矢量插图、文本框、按钮、导入的位图图形或视频剪辑等。Flash 创作环境中的舞台相当于 Macromedia Flash Player 或 Web 浏览器窗口中在回放期间显示 Flash 文档的矩形空间。你可以在工作时放大和缩小以更改舞台的视图。

2. 时间轴窗口

用来通知 Flash 显示图形和其他项目元素的时间，也可以使用时间轴指定舞台上各图形的分层顺序。位于较高图层中的图形显示在较低图层中的图形的上方。

3. 绘图工具栏

Flash 中进行图形创作的重要工具。在选择了某一工具时，其所对应的修改器也会在工具条下面的位置出现，修改器的作用是改变相应工具对图形处理的效果。

4. 标准工具栏

列出了大部分最常用的文件操作，打印，剪贴板，撤销和重做，修改器以及控制舞台放大比例的图标和选项，便于进行更为快捷的操作。

5. 图库窗口

图库面板是 Flash 显示 Flash 文档中的媒体元素列表的位置。用以存放可以重复使用的称为符号的元素。符号的类型包括有图片、按钮和电影片段。其调用的快捷键为 Ctrl＋L。

6. 属性监视面板

用以修改各种属性，如舞台大小、背景颜色等。

7. 动作面板

用以添加 ActionScript 代码，创作复杂的动画或具有交互性的 Flash 动画。

7.3.3　Flash 8.0 动画制作

1. 直线运动动画制作

（1）打开 Flash 软件，新建一 Flash 文档并保存该文档，用椭圆工具绘制一个圆，并进行适当填充，拖动鼠标选择圆，点击菜单“修改—组合”命令，把圆组合成一个整体。

（2）单击时间轴上的第 50 帧，并在该帧上单击右键选择“插入关键帧”，拖动小球到另一位置。

（3）选择第一帧，并在属性监视面板上选择“补间”下拉菜单中的“动画”一项。

（4）按组合键 Ctrl + Enter 观看动画效果，满意后即可存盘，在存盘目录下会自动生成一个后缀名为 SWF 的 Flash 动画文件，至此该直线运动动画制作完成。如图 7 – 3 – 2 所示。

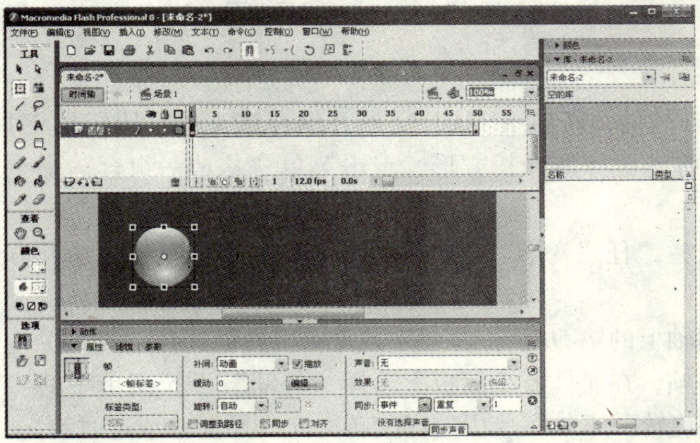

图 7 – 3 – 2　直线动画

2. 路径动画制作

（1）打开 Flash 软件，新建一 Flash 文档并保存该文档，用矩形工具绘制一个长方形，并进行适当填充，拖动鼠标选择长方形，点击菜单“修改—组合”命令，把长方形组合成一个整体。

（2）点击新建“引导层”按钮，在时间轴上新建一引导层。

（3）选择引导层→选择铅笔工具→更改铅笔工具的附属选项→选择平滑曲线一项→绘制一条“平滑”的曲线（不能有生硬的转角）→在该层第 50 帧处点击右键并选择“插入帧”。

（4）选择长方形对象所在的层，在该层第 50 帧上单击右键选择“插入关键帧”，选择第一帧→拖动长方形对象并使其中心点与引导线的一个端点对齐→选择第 50 帧→拖动长方形对象并使其中心点与引导线的另一个端点对齐。

（5）选择长方形对象所在层的第一帧，并在属性监视面板上选择“补间”下拉菜单中的“动画”一项。

（6）按组合键 Ctrl + Enter 观看动画效果，满意后即可存盘，在存盘目录下会自动生成一个后缀名为 SWF 的 Flash 动画文件，至此该路径动画制作完成。如图 7 – 3 – 3 所示。

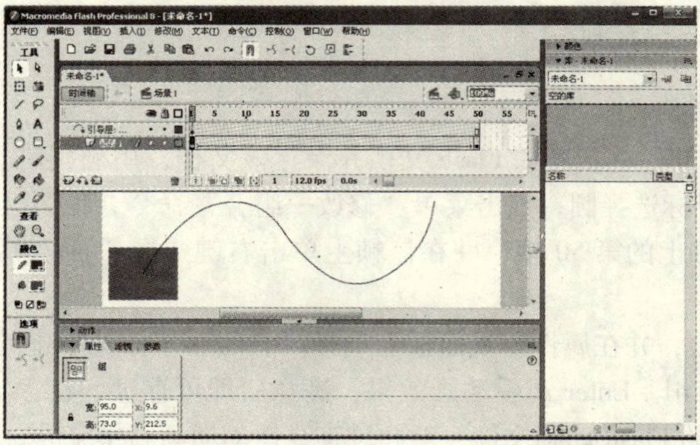

图 7－3－3　路径动画

3. 旋转动画

（1）打开 Flash 软件，新建一 Flash 文档并保存该文档，用矩形工具绘制一个长方形，并进行适当填充，拖动鼠标选择长方形，点击菜单“修改—组合”命令，把长方形组合成一个整体。

（2）选择工具栏“任意变形”工具 □→单击长方形对象→拖动长方形的中心点 ◦ 到长方形外。

（3）单击时间轴上的第 50 帧，并在该帧上单击右键选择“插入关键帧”。

（4）选择第一帧，在属性监视面板上选择“补间”下拉菜单中的“动画”一项，并在属性监视面板上“旋转”下拉菜单中选择旋转方向（顺时针或逆时针），在其后面的旋转次数中输入 1。

（5）按组合键 Ctrl + Enter 观看动画效果，满意后即可存盘，在存盘目录下会自动生成一个后缀名为 SWF 的 Flash 动画文件，至此该旋转动画制作完成。如图 7－3－4 所示。

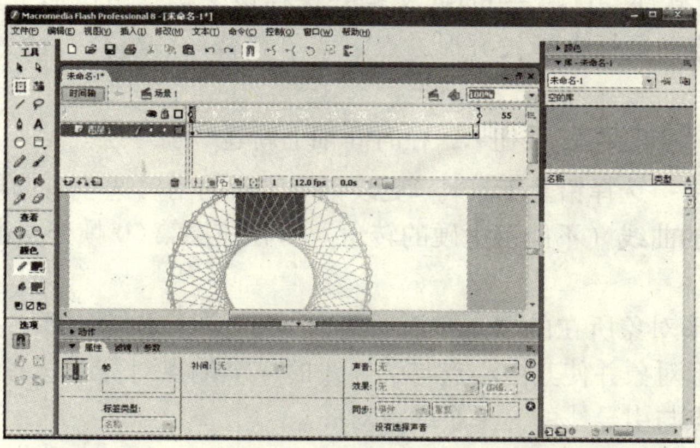

图 7－3－4　旋转动画

4. 遮罩动画

（1）打开 Flash 软件，新建一 Flash 文档并保存该文档。

（2）点击“文件”菜单→导入→导入到舞台。导入一张秋天的景色图片。

（3）点击新建普通层按钮，选择工具栏上的文字输入按钮A在该层上输入文字“秋天”，选择文字“秋天”并在属性监视面板上调整字体、大小等文字属性。

（4）在文字图层上单击右键选择“遮罩层”。

（5）按组合键 Ctrl + Enter 观看动画效果，满意后即可存盘，在存盘目录下会自动生成一个后缀名为 SWF 的 Flash 动画文件，至此该遮罩动画制作完成。如图 7 – 3 – 5 所示。

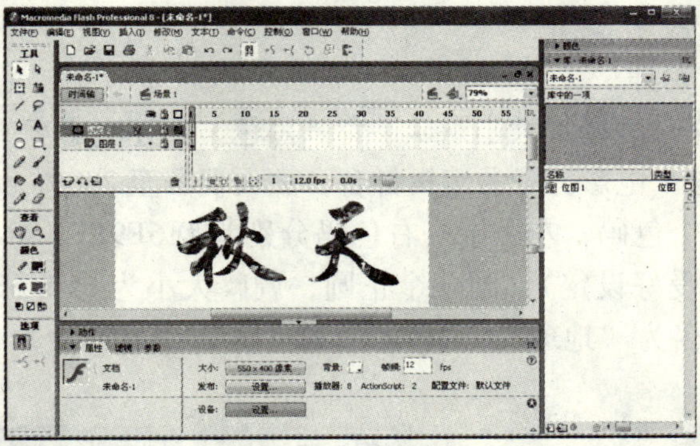

图 7 – 3 – 5　遮罩动画效果

5. 变形动画

（1）打开 Flash 软件，新建一 Flash 文档并保存该文档。

（2）用椭圆工具绘制一个椭圆（注意：做变形动画时，变形对象不能组合）。

（3）在时间轴第 50 帧处点击右键选择“插入空白关键帧”，单击刚插入的空白关键帧，选择矩形工具在该帧上绘制一个矩形。

（4）选择第一帧，并在“属性监视面板”上选择“补间”下拉菜单中的“变形”命令。

（5）按组合键 Ctrl + Enter 观看动画效果，满意后即可存盘，在存盘目录下会自动生成一个后缀名为 SWF 的 Flash 动画文件，至此该变形动画制作完成。如图 7 – 3 – 6 所示。

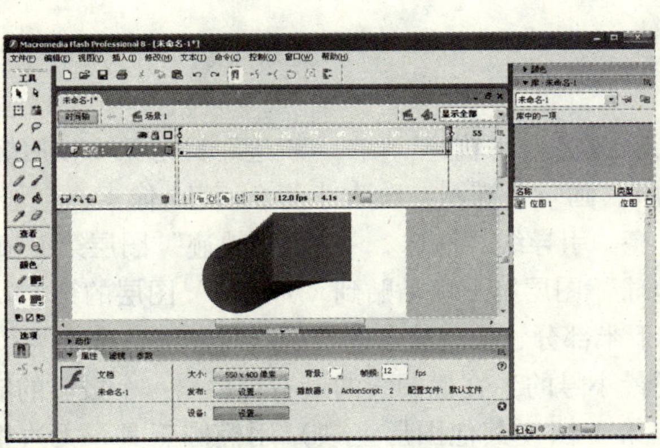

图 7 – 3 – 6　变形动画

至此，Flash 中的基本动画已经讲完，灵活、组合使用这些基本动画便可满足许多常用动画的制作需求，当然要想制作复杂、艺术感强的动画就要求具有较好的绘图功底，同时还要求学习 Flash 里边其他的知识，如元件、按钮、声音使用、脚本语句（ActionScript）等。

7.3.4　Flash 课件制作实例——太阳地球月亮之间的简单模拟运动

本实例用 Flash MX2004 制作太阳地球月亮之间的简单模拟运动，可作为简单的物理课件，更重要的是进一步加深理解 Flash 动画制作中的渐变动画、运动引导线、遮罩、按钮、简单 as 语句等其他制作技巧。

1. 地球月亮元件的制作

（1）新建 Flash 8 文件，场景大小默认，背景黑色，新建电影剪辑元件，起名“地球月亮”。确定后就进入了这个电影剪辑的编辑舞台，放大视图至 200%，用椭圆工具，无边框，选择线性填充，增加一个色码，左、中、右色码分别为#E6E9FF、#419DFA、#11076D（都是经验值，可按自己的爱好设定），画一个正圆，调整大小为 65 × 65，并全居中，在第 10 帧插入普通帧。改图层名为“地球”，混色器设置见图 7 - 3 - 7。

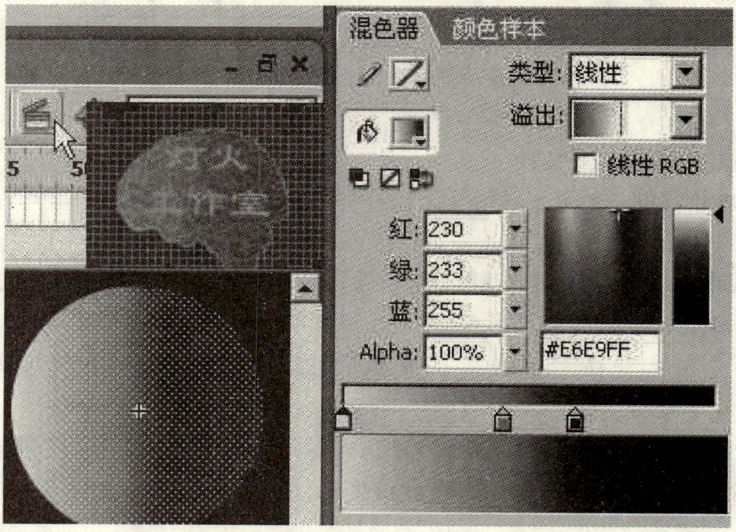

图 7 - 3 - 7　地球月亮

（2）增加一个图层，改名为“轨迹”，在“轨迹”图层第 1 帧用椭圆工具，无填充，边框为黄色，笔触高度为 1，画一个椭圆，改大小为 95 × 45 像素，全居中。连续插入 3 个图层，分别改图层名为月亮、引导线、地球 1，复制“轨迹”图层第 1 帧粘贴到“引导线”图层的第 1 帧，复制“地球”图层第 1 帧粘贴到“地球 1”图层的第 1 帧，再用黑箭头工具框选地球 1 删除地球 1 的下半部分，关闭轨迹图层的眼睛和锁，选中“引导线”图层第 1 帧上的椭圆线，用橡皮擦（最小号的）在椭圆线的最右边擦出一个极小的缺口。

（3）选中月亮图层第 1 帧（其他图层上锁）用椭圆工具，无边框，选择放射状填充，增加一个色码，左色码为#E7FCFE，中间色码为#C0E9FA，右色码为纯白色，并将右色码的透明度改为 0，在舞台空白处画一个正圆，大小为 20 × 20。

右键点击月亮转换为元件，行为：图像，起名月亮，注册点选在左上角确定，把月亮元件拖到引导线的上线端稍微靠上一点，在第 10 帧插入关键帧，再把月亮元件拖到引导线的下线端稍微靠下一点，选中月亮图层第 1 帧建立运动（动画）渐变，在属性里把“调整到路径、同步、对齐”都打上钩，右键点击引导线图层名，改图层属性为引导层，把月亮图层的属性改为被引导层，之后只关闭引导线图层的眼睛，按回车测试，看是否正常，最终效果见图 7－3－8。

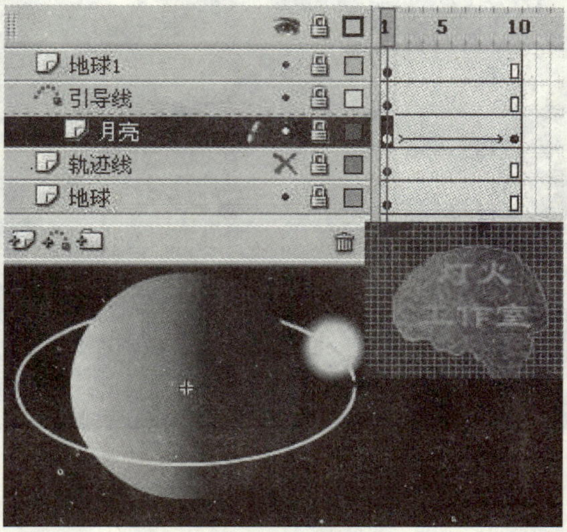

图 7－3－8　月亮运动轨迹

2. 光芒元件的制作

（1）新建图像元件，起名“光芒”确定，恢复视图 100%，用矩形工具，无边框，填充选线形，增加一个色码，左色码为深红黄，中色码为红黄，右色码为淡黄，并把右色码的透明度改为 30% 左右，在舞台画一个矩形，改大小为 130×3，把这个矩形拖到（x，y）为（100，0）的位置，先用黑箭头工具在场景空白处点一下，再用任意变形工具将这个矩形的中心点拖至舞台注册点正下方 1cm 处，见下图 7－3－9。

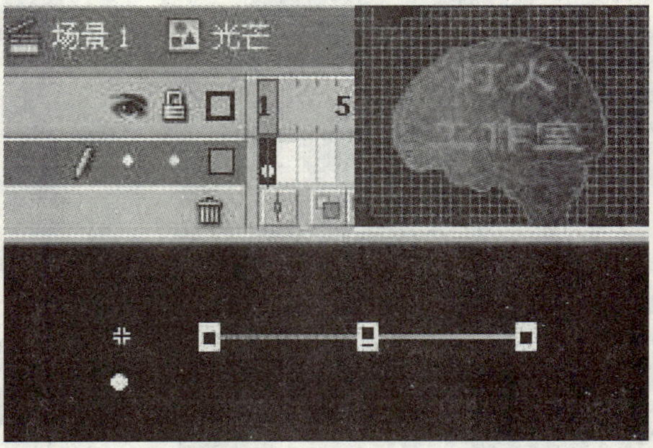

图 7－3－9　月亮运动轨迹

之后 Ctrl + T 调出变形面板，在旋转那儿填上 10 度，按应用并变形数次形成一个圆周，用黑箭头工具选中第 1 帧，点修改菜单下的组合，如图 7 - 3 - 10。

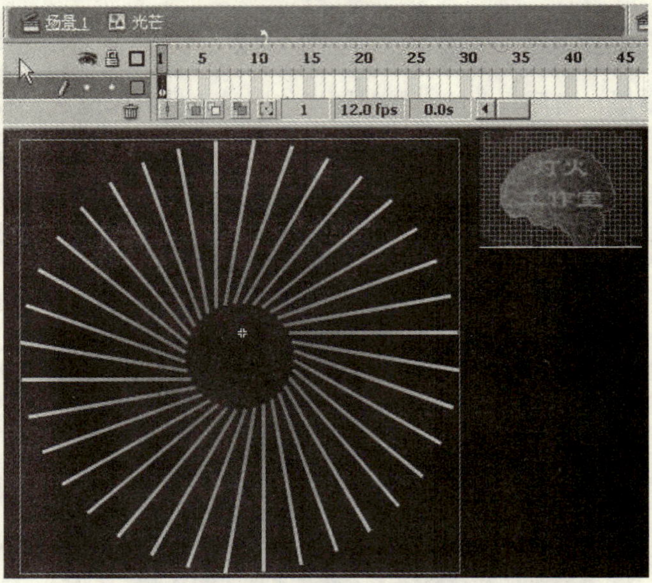

图 7 - 3 - 10　太阳光芒

（2）新建电影剪辑元件，起名“光芒四射”确定，在第 1 帧从库中拖入“光芒”元件并全居中，加一个图层，也在第 1 帧拖入刚才那个“光芒”元件全居中，点修改菜单下的变形水平翻转，在 20 帧插入关键帧，创建运动补间动画，逆时针旋转一周，在下面图层的 20 帧插入普通帧，最后右键点击上面图层名改图层属性为遮罩层。见图 7 - 3 - 11。

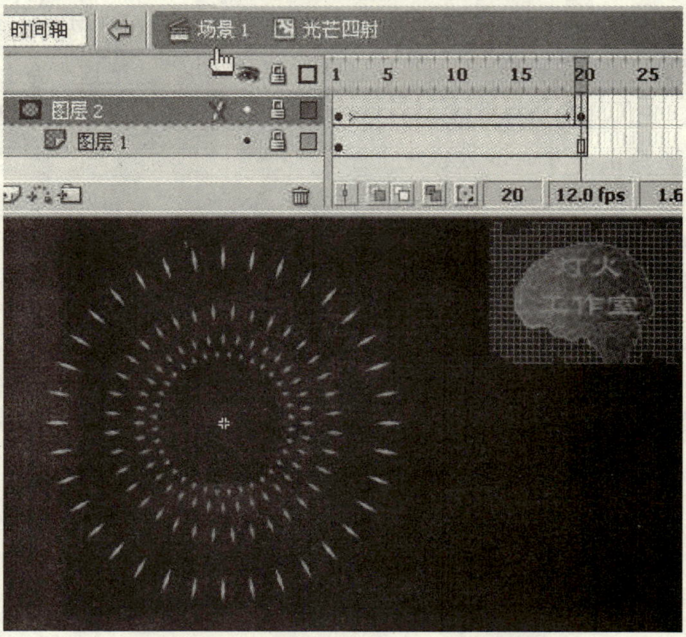

图 7 - 3 - 11　光芒四射

3. 符合按钮制作

(1) 新建电影剪辑元件，起名“符合按钮”确定，打开公用库，在第1帧拖入一个红色按钮，全居中，第二帧插入空白关键帧，再拖入一个相同形状的绿色按钮全居中，在第1帧的按钮上用文本工具，选择适当字号和颜色输入“停止”两个字，同理在第2帧的按钮上输入“开始”两个字，如图7-3-12。

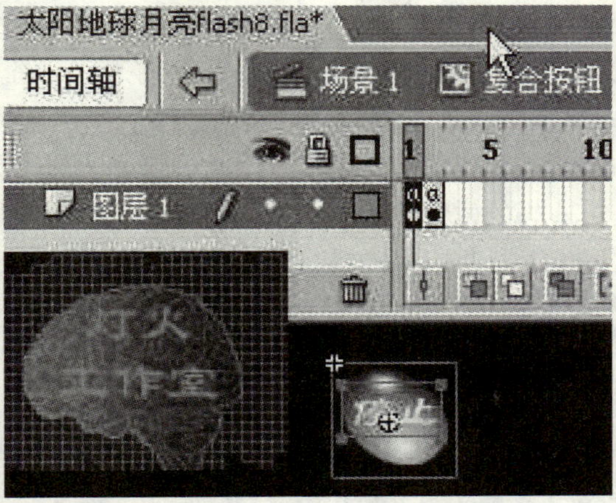

图7-3-12　光芒四射

(2) 分别给这两个帧上加 stop ()；语句，之后选中第1帧上的红色按钮，打开动作面板输入以下语句：on (release)；选中第2帧上的绿色按钮，打开动作面板输入以下语句：on (release)。

4. 场景组织

(1) 回到主场景；共建8个图层，自下而上分别改图层名为“光芒四射、太阳、轨迹、地球月亮、引导线、按钮、四季按钮、文字”，把库中的“光芒四射”元件拖入光芒四射图层的第1帧，全居中，在131帧插入普通帧，上锁。在太阳图层第1帧用椭圆工具，无边框，填充为放射状，增加一个色码，左、中、右色码分别为#FFCCCC、#FBA651、#000000，再把右色码的透明度改为0%。

画一个正圆，大小为150×150，全居中，在131帧插入普通帧，上锁。在轨迹图层用椭圆工具无填充，边框为黄色，笔触高度1，画一个椭圆，大小400×250，全居中，复制这个椭圆线，原位粘贴到引导线图层第1帧，并在这两个图层的131帧插入普通帧，关闭轨迹图层的锁和眼睛，用橡皮擦工具把引导线图层上的椭圆右边擦除一个小缺口，上锁。

(2) 地球月亮的动画；把库中的“地球月亮”元件拖入地球月亮图层的第1帧，中心点对准引导线缺口的上线端，并给这个元件起实例名“地球”，在130帧插入关键帧，拖动地球月亮元件让中心点对准引导线缺口的下线端，点第一帧建立运动（动画）补间，在属性里把“调整到路径、同步、对齐”都打上钩，把“引导线”图层的属性改为引导层，把“地球月亮”图层的属性改为被引导层，按回车键先测试运动引导是否成功，成功后，分别在地球月亮图层的32、65、97帧插入关键帧，选中32帧中的地球月亮元件，调出信息面板把元件位置的点放到中心，之后改元件大小为宽50（锁定宽高），再把97帧上的地球月亮元件的宽改为80（锁定宽高），以上操作是模拟地球远近大小的视觉效果，选中130帧输入帧语句 goto and play (1)，在131帧插入空白关键帧，复制第1帧上的地球月亮元件原位粘贴到 131 帧上，复制第 32 帧上的地球月亮元件原位粘贴到 131 帧上，复制第 65 帧上的地球月亮元件原位粘贴到 131 帧上，复制第 97 帧上的地球月亮元件原位粘贴到 131 帧上，选中 131 帧，输入帧语句 stop（）；图层上锁。

（3）按钮及文字：把库中的“符合按钮”电影剪辑元件拖入“按钮”图层第 1 帧，放在场景右下方合适的位置，在 131 帧插入空白关键帧。在四个“地球月亮”元件的旁边输入“春、夏、秋、冬”四个字。本图层上锁。从库中拖入一个绿色的按钮元件放入“四季按钮”图层第 1 帧的场景右下方合适的位置，在按钮上输入“四季”两个字，在 131 帧插入关键帧，把按钮上的“四季”两个字改为“返回”两个字，选中第 1 帧上的四季按钮，输入以下语句：on（release）；选中第 131 帧上的返回按钮输入以下语句：on（release）。

最后在文字图层第 1 帧适当的位置输入本实例的名称、作者、年月等文字，同样在 131 帧插入普通帧。完成后的主场景图层及第 1 帧和第 131 帧上的内容如下图 7－3－13 和 7－3－14。

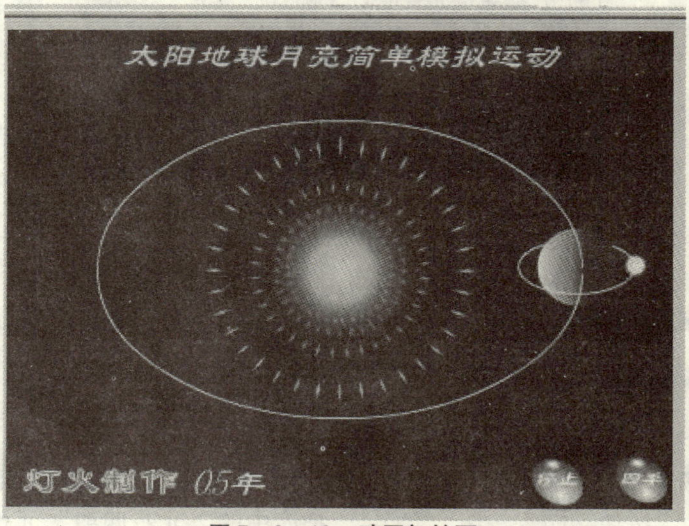

图 7－3－13　动画初始页

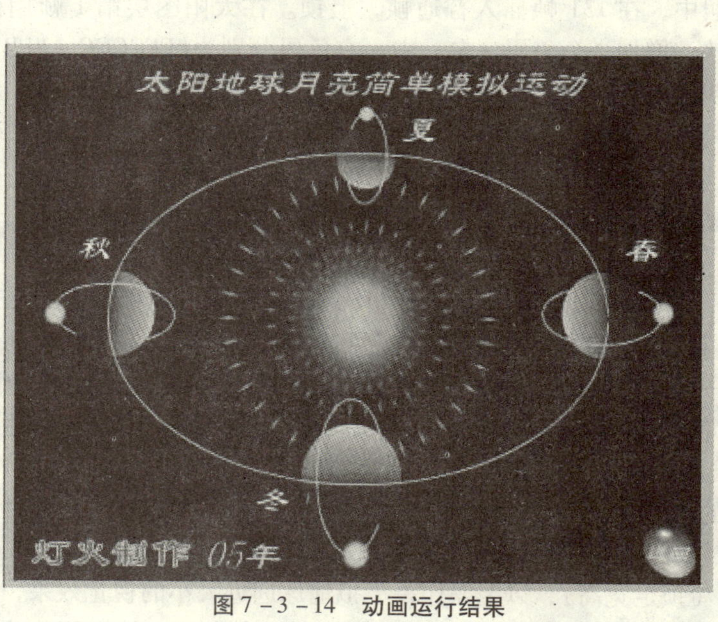

图 7－3－14　动画运行结果

7.4　采用 Producer 制作流媒体课件

7.4.1　流媒体课件

计算机的普及、多媒体技术的发展以及 Internet 的迅速崛起给远程教育带来了新的机遇，世界各国都在大力开展包括网络教育在内的远程教育。在远程教学过程中，最基本的要求是将信息从教师端传递到远程的学生端，需要传递的信息可能是包括视频、音频、文本、图片等。将这些资料从一端传递到另一端是远程教学需要解决的问题，而如何将这些信息资料有效地组合起来以达到更好的教学效果更是我们思考的重要方面。

由于当前网络带宽的限制，流式媒体无疑是最佳的选择，学生在家通过一台计算机、一条电话线、一只 Modem 就可以参加到远程教学当中来。

除了实时教学以外，使用流媒体中的 VOD（视频点播）技术更可以达到因材施教、交互式的教学目的。学生也可以通过网络共享学习经验和成果。

1. 流媒体的基本概念

流媒体简单地说就是应用流技术在网络上传输的多媒体文件，而流技术就是把连续的影像和声音信息经过压缩处理后放到网络服务器上，让用户一边下载一边观看、收听，而不需要将整个文件下载到自己计算机后才可以观看的网络传输技术。

教学中流媒体播放方式一般包括单播、组播、点播与广播。

单播：在客户端与媒体服务器之间建立一个单独的数据通道，一台服务器送出的每个数据包只能传送给一个客户机，这种传送方式称为单播。

组播：组播技术构建的网络允许路由器一次将数据包复制到多个通道上。采用组播方式，媒体服务器只需要发送一个信息包，所有发出请求的客户端即可同时收到连续的数据流而无延时。

点播：点播连接是客户端与服务器之间主动的连接。在点播连接中，用户通过选择内容项目来初始化客户端连接。

广播：指的是用户被动地接收数据流。在广播过程中，数据包的拷贝将发送给网络上的所有用户，客户端接收流，但不能控制流。

普通的视频文件必须经过压缩才能变为流媒体文件，目前 Internet 上流行最广的流媒体视频文件格式主要有 ASF、RM 等。

2. 流媒体文件格式

（1）ASF 文件格式

Microsoft 公司将 ASF 定义为同步媒体的统一容器文件格式。ASF 是一种数据格式，音频、视频、图像以及控制命令脚本等多媒体信息通过这种格式以网络数据包的形式传输，实现流式多媒体内容发布。ASF 最大的优点就是体积小，因此适合网络传输，使用微软公司的最新媒体播放器（Microsoft Windows Media Player）可以直接播放该格式的文件。

（2）RM 文件格式

Real Networks 公司的 Real Media 包括 Real Audio、Real Video 和 Real Flash 三类文件，其中 Real Audio 用来传输接近 CD 音质的音频数据，Real Video 用来传输不间断的视频数据，Real Flash 则是 Real Networks 公司与 Macromedia 公司新近联合推出的一种高压缩比的动画格

式 Real Media 文件格式，它使得 Real System 可以通过各种网络传送高质量的多媒体内容。

（3）MOV 文件格式

Apple 公司的 QuickTime 电影文件现已成为数字媒体领域的工业标准。QuickTime 电影文件格式定义了存储数字媒体内容的标准方法，使用这种文件格式不仅可以存储单个的媒体内容（如视频帧或音频采样），而且能保存对该媒体作品的完整描述；QuickTime 文件格式被设计用来适应为与数字化媒体一同工作需要存储的各种数据。

3. 流媒体课件的设计与制作

随着多媒体技术和网络技术的发展，网上课程的教学课件已不仅仅局限于简单的文字和图片，学生更倾向于交互性强、内容丰富、能自主控制课程进度的课件。流媒体课件是指利用同步多媒体技术，把多种形式的教学资源结合在一起，使它们能够按照一定的次序同步播放，并能随时对播放的进度进行控制的课件。常用的教学资源有音频、视频、静态图片、教师的 PowerPoint 演示文稿、教学网页等。

为了便于观看和控制，我们通常把整个屏幕大致分为三个区：视频播放区、目录选择区、文档演示区。视频播放区用于播放教学用的视频文件；目录选择区用来显示章节目录，学生可以在该区自主选择相关的章节，自主学习；文档演示区用于和视频文件同步播放，并不断切换显示相关图片、文字等演示文档，如图 7－4－1 所示。

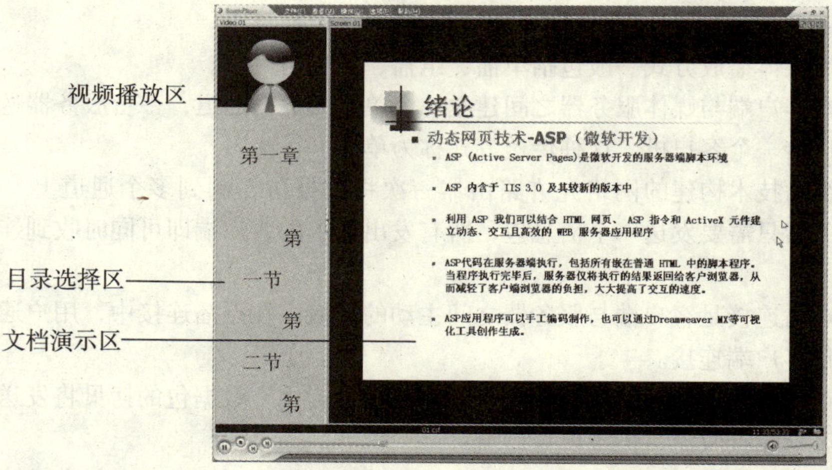

图 7－4－1　流媒体播放

同步多媒体课件的最大特点：一是能够实现多种媒体的同步播放，通过对时间顺序的设定，可以实现多种媒体的同步播放。例如，在播放教学视频文件的同时，显示相关的图片、图表、文字等演示文档，并根据视频文件的进度进行切换。这样学生就像在教室里学习一样，既可以看到教师的形象，听到教师的讲课，也可以看到教师的板书，这是学生十分乐意接受的教学形式。二是学生可以自主控制学习进度。学生可以按照自己的特点选择学习的方式和进度，实现自主学习，真正使学生成为学习的主体。这十分符合建构主义学习理论的特点。

制作流媒体课件用的视频文件不是普通的视频文件，而是流媒体文件。普通的视频文件比较大，只能下载后才能进行播放，这种形式显然不适合网上教学。流媒体技术则是将多媒体文件经特定方式压缩成一个个压缩包，由服务器向用户计算机顺序或实时传送，用户不必等整个文件下载完毕，只需经很短的启动延时，即可利用计算机上的解压设备对文件第一部分进行解压播放，在第一部分开始播放的同时，剩余部分将从服务器内继续下载，这样边下载边播放，从而大大节约了时间。

流媒体课件设计的主要内容为：

(1) 教学设计：包括确定教学目标和教学内容、分析学习者特征、选择与设计媒体信息、建立教学内容的知识结构、设计教学活动等。

(2) 系统设计：包括目录主题的显示方式、建立信息间的层次结构和浏览顺序、确定信息间的跳转关系。

(3) 稿本编写：系统设计思想、媒体信息的选择和表现方式等。

(4) 开发制作：包括材料收集、选择开发工具和制作。

(5) 测试：课件制作完成以后，应在本地和远程进行测试。

流媒体课件中必须有课件导航，如直接导航、文件结构导航、课件结构导航等，显示授课要点，供学生方便地选择学习内容。流媒体课件设计中，应和其他的网络课件一样注意课件的交互性、简易性、一致性、反馈性、容错性和图形化，屏幕页面的设计中应简洁，并遵循同一主题用同一色彩显示的基本规律。

能够制作同步多媒体课件的软件很多，有 Microsoft 的 Producer、Accordent 公司的 Presenterone、CyberLink 公司的 Streambox 等，它们各具特色，但 Producer 的应用较为广泛。Microsoft Producer 提供了大量的工具，使得创建、编辑和发布多媒体演示文稿的工作变得更为简单，它可以轻松导入各种媒体文件，例如，. WMA、. WMV、. AVI、. MPEG、. WAV 和. MP3，还可以导入 HTML 文件和 . GIF 或 . JPEG 格式的图片，保留了 PowerPoint 2002 中吸引人的动画和效果，可以快速地设置各种媒体出现的时间和顺序。它还提供了多个布局的模板以供用户选择，可以设置视频文件之间的转场效果。使用发布向导可以方便地把已完成的项目发布到硬盘，也可以复制到 Web 服务器或文件服务器上，或者刻录到 CD 上。在观看时，用户只需要一个 Web 浏览器（IE 5.0 以上）和 Microsoft Windows Media Player 就可以了。

7.4.2　Producer 软件介绍

Microsoft Producer 2003 是 Microsoft PowerPoint 2003 的一个免费插件，支持多种网络环境和媒体技术。能将视频、音频、网页、静态图片整合到 PowerPoint 演示文档中，已经越来越多的运用于教学过程中。

如果你更希望实时捕捉音频和视频，就必须从众多支持 Microsoft DirectShow API 的捕捉设备中选择一个。在捕捉文件或选择预先录制好的内容时，使用 AVI 和 WAV 这样的非压缩格式能够得到最好的效果，但硬盘需要有足够的空间。如果使用压缩文件，Producer 在发布阶段再压缩时，视频和音频内容会出现明显的人为痕迹（这是对压缩过的多媒体进行再压缩所造成的，而非 Producer 的缺陷）。

Microsoft Producer 使你能够通过拖放多媒体元素来创建丰富多彩的演示文稿，你可以预览整个演示过程，决定是不是要修改特定的幻灯片，或者某个过渡是不是应该在另一个时刻发生。Microsoft 在时间同步中采用的拖放和选择的方法使得这些工作得以极大地简化。它的向导程序甚至可以在实时播放幻灯片或图像的过程中，以宏的方式记录下你对播放时间和顺序所作的修改。

完成后的演示文稿能够在 Microsoft Internet Explorer 5.0 或更新的版本中播放，你可以在众多的模板中进行选择，以决定页面的显示形式。而且，Producer 还具备定制能力，这有助于使你的 Web 站点的外观更符合自己的需要。所保存的课件可以用于在本地观看（800 Kbps 以内），也可以放置在互联网上，在各种带宽的流媒体播放（从 300 Kbps 到 33.6 Kbps）。如果你希望将这些内容打包到一个可以自动播放的 CD 中，Producer 可以创建一个 Autorun.inf 文件，从而实现课件自动播放。

1. Producer 的功能

（1）培训讲座：教师预先录制好视音频，并与幻灯片同步，达到真人现场讲解效果；

（2）在线演示：在线多媒体演示文稿，形象生动地介绍企业产品；

（3）季度报告：外地分公司经理，不用亲自回总部，一样可以有声有色的汇报工作；

（4）会议记录：不用担心错过重要会议，通过 Producer 捕获制作的会议记录，让你重回会议现场；

（5）演讲演示：宣传产品，毕业求职等，都可以通过 Producer 制作的生动演示为自己加分。

Producer 在课件制作中可以创建吸引人的丰富多媒体演示文稿，这些演示文稿可以在 Web 浏览器中根据需要进行查看。同时，为老师提供了轻松的捕捉和同步 PowerPoint 演示文稿中音频和视频的方法。软件向导使你能够通过简单的几次鼠标点击来创建那些多媒体演示文稿。不需要使用麦克风以外的设备（如果需要，可以使用摄像机），你就可以记录音频，并使它们与你的 PowerPoint 幻灯片实现同步。Producer 中还包括了所有快速有效的、在单个演示文稿中集成视频、音频、幻灯片、图像和 HTML 所需要的特性。而且它还支持多种音频和视频文件格式；支持使用任何 Microsoft DirectShow 支持的捕捉设备进行实况捕捉；包括了引人注目的转换和视频特效；自动编写使不同的元素同步的脚本代码，使这个费时的过程实现自动化；节约时间，并提供巨大的灵活性和高质量输出。

2. Producer 支持利用的文件类型

能够在 Microsoft Producer 中进行利用的文件类型如下：

（1）声音文件：*.AVI，*.AIF，*.AIFC，*.AIFF，*.ASF，*.AU，*.MP2，*.MP3，*.MPA，*.SND，*.WAV，*.WMA

（2）HTML 文件：*.HTM，*.HTML

（3）图片文件：*.BMP，*.DIB，*.EMF，*.GIF，*.JFIF，*.JPE，*.JPEG，*.JPG，*.PNG，*.TIF，*.TIFF，*.WMF

（4）幻灯片文件：*.PPS，*.PPT

（5）视频文件：*.ASF，*.AVI，*.M1V，*.MP2，*.MPA，*.MPE，*.MPEG，*.MPG，*.MPV2，*.WM，*.WMV

3. Producer 界面介绍

运行 Producer 后，界面如图 7-4-2 所示：

说明：主工作区提供了三种视图模式进行相应的操作，这三种模式为：Media Tab（媒体卷标）、Presentation Information Tab（目录卷标）、Preview Tab（预览）。一般的操作主要在媒体视图中完成，目录视图中主要显示的是从演示文稿中添加、更改或删除的目录项；预览演示文档视图中预览即将发布的演示文档。

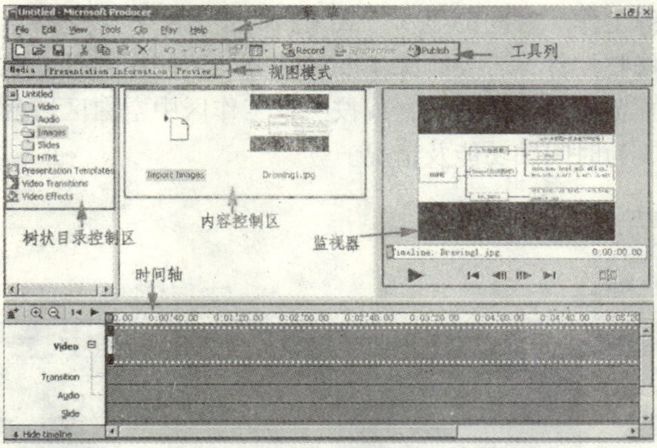

图 7－4－2　启动界面

供当前项目使用的素材有视频、音频、图像、幻灯片、网页五个文件夹，可以通过选中相应素材文件夹查看素材缩略图。

（1）媒体卷标

媒体卷标可以让你了解你目前的 Producer 项目中有哪些档案被汇入，在这个标签中，分成三个主要控制区，分别是：树状目录控制区、内容控制区、监视器（见图 7－4－2）。

树状目录控制区让你了解有哪些档案格式可以汇入，并检视目前在你的项目中有哪些档案已经汇入。或者是利用撷取精灵所撷取的声音或影像文件也会自动显示在这个架构中，不止如此你还可以看到 Producer 为你准备来美化你多媒体课件的课件模板、视频转换及视频效果，你可以自由的套用来建立专业的课件。

内容控制区主要是显示在树状目录控制区中的档案内容及通过图形的显示，让模板的样式、视频的转换、视频效果更具体的表现出来，例如当你汇入或撷取任何影像文件时，它们就把影片的内容显示出来，让你了解，不再让你盲人摸象。在这个内容控制区的帮助下，你就可以轻易地了解到每个数字档案、PowerPoint 幻灯片档案、HTML 档案的内容。

内容控制区提供的三种检阅的模式：

大图示：以 Icon（图标）的方式来显示。

详细资料：将档案中所有的信息都显示出来，例如档案的名称、经历的时间、开始时间、结束时间、尺寸、来源。让你可以充分了解档案中的属性。

缩图：在缩图的检视中，你可以一眼就看出各数字影音档案中的内容，及各个模板的样式、视频转换与效果，让你可快速的选到你所需要的结果。

使用监视器来监视个别的剪辑或整个视频档案。使用监视器，你可浏览汇入的视频文件的内容。你可使用浏览按钮浏览个别的剪辑或整个项目，或将一个剪辑分割成两个较小剪辑等功能。

（2）时间轴

Producer 2003 提供了五条时间轴，分别是视频、音频、幻灯片、网页、模板几个轨迹，不同的素材都有不同的时间线来容纳。你可以将汇入后的素材直接利用鼠标拖曳到时间轴上，使用时间表检视以检阅或修改项目的进行时间。你可以在相邻的两个视频剪辑间插入视频转换，或是视频效果。

使用时间表检视按钮可以执行包括变更项目的检视、放大或缩小项目的详细数据或调整视频与音频文件大小等工作。时间的显示方式为：时：分：秒．毫秒（h：mm：ss. hs）。当你选取剪辑时会出现修整控件，若要删除不要的部分，请使用 Delete 键即可。

你可在监视器中预览所选取的剪辑，或按一下工作区中空白区域就可预览目前项目中的所有剪辑。图 7－4－3 为时间轴功能及情况。

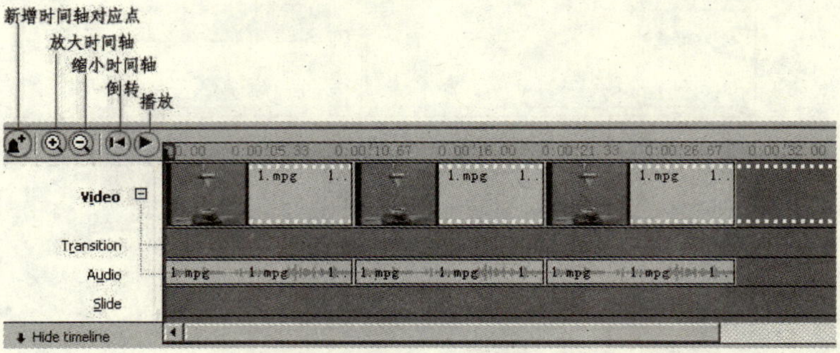

图 7－4－3　时间轴

（3）目录卷标

这个卷标中主要分成“目录”及“介绍页”两个部分，在“目录”中你可以看到你预备要发布的课件中的幻灯片、音频、视频等一些基本信息，并且也可以直接在这个窗体中新增、变更、删除目前你使用的多媒体课件目录的项目。“介绍页”则是课件发布后第一个面对页面，主要的功能在于说明这个课件的相关信息，例如：标题、演讲人、说明等，你还可以在介绍页上放上图片来强化解说的效果，如图 7－4－4。

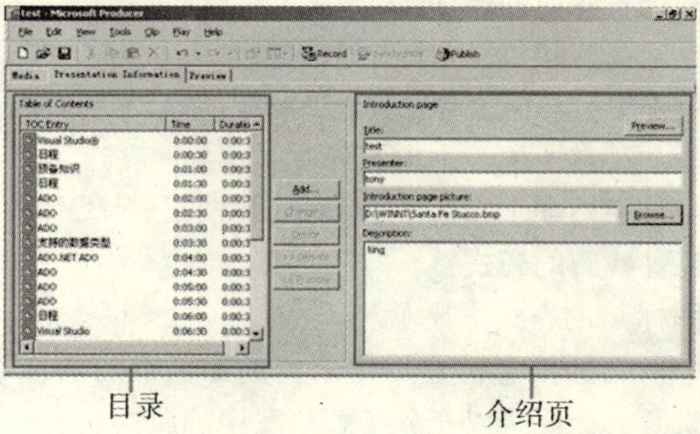

图 7－4－4　目录卷标

（4）预览课件卷标

利用预览课件卷标可以让你在发布课件前先行了解你整个项目的情况。当你选定有影音效果的模板时，可以在预览课件中看到一个监视器，并在下方有控制播放影片，及跳到下一个幻灯片或回到上一个幻灯片的按钮，你可以直接透过它们来了解整个课件运作的过程。

在预设的课件模板中你可以看到课件的目录项目以及幻灯片的内容，如果你要修改整个课件的项目时请按一下媒体卷标，通过时间轴来改变增减你的课件内容。下列图片显示使用预览课件功能及情况（图 7－4－5）。

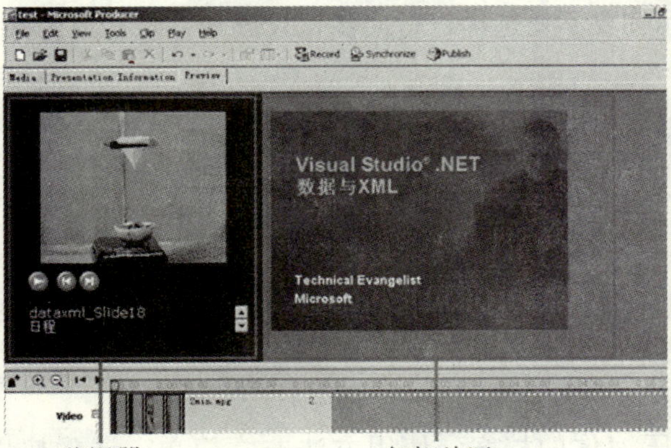

图 7－4－5　课件预览

7.4.3　如何建立 Producer 课件

在建立课件时，建立新的课件项目是你的第一步，Producer 以扩展名 *. MSProducer 的方式来储存，当你下次要重新编辑课件时，你只要开启这个档案再加以修改即可。Producer 为了让你的档案易于携带及传送，设计了“随身课件”的压缩格式，当你需要时再通过 Producer 来将之解开。

1. 新　建

启动 Producer 后，会自动建立一个以 Untitled 为档名的空白项目，你必须在 File 菜单中执行“Save”，帮你的项目取一个名字，完成保存。

2. 根据模板新建

如果你从未建立过任何多媒体课件，Microsoft Producer 提供你一个更简便的方式，只要利用根据模板新建，依循下列的步骤就可以快速整合声音、图片、影像、动画和课件：

（1）选取 File 菜单中的 New Presentation（根据模板新建）。

（2）Producer 提供了三十六种模板，请你选择一个最适合的模板。如果你不确定，你可以直接使用 Default，然后按一下“下一步”。

（3）在这儿，你可以根据自己爱好和实际需要自由改变任何字形、字号、字形颜色、背景颜色。或是接受默认值按一下“下一步”。

（4）Producer 会建立一个前导页，这是课件默认的第一页，包括：标题、课件制作者、封面影像以及课件概述。请你在这个对话框中输入这些字段内容，输入完毕后，点击“下一步”。

（5）此时，如果需要汇入幻灯片或静态图片或其他文件，请点击“Browse”按钮，选取你要汇入 PowerPoint 的文件或是图片文件或其他文件，当输入完毕后，请点击“下一步”。

说明：可以通过点击 Move up 或 Move down 来调整文件的上下位置，如果你不需要某个文件出现，可以通过 Remove 来删除。

（6）在这个界面你可以汇入视频或音频，按一下“Browse”按钮并选取视频文件或音频文件，以便汇入现存的视频。或是你要录制新的影音档时则可以直接按一下“Browse”按钮，选择任何支持 DirectShow 的装置，采集音频或视频。完毕后，请点击“下一步”。

说明：可以通过点击 Move up 或 Move down 来调整文件的上下位置，如果你不需要某个文件出现，可以通过 Remove 来删除。

（7）此时，会提示你要不要选择进行同步化投影片，默认值是要进行的，请按“下一步”按钮。

（8）此时向导完成，提示信息为：“已经准备好你的项目”，按一下“完成”，Producer将会汇入所有你选择的组件，并将相应内容新增到时间轴上。

（9）点击 Preview 后，你将看到你的课件作品成果。

3. 随身课件的建立

随身课件的建立功能使得档案从一台计算机转移到另一台计算机变得更简单，现在我们就来运用这个简便的技术。

（1）压缩

利用随身课件来压缩你的档案，使用方法非常简单，请你按以下步骤进行，点击“File”菜单执行“Pack And Go...”。

（2）保存

Producer 会帮你建立一个以 MSProducerZ 为扩展名的档案，帮你把项目档封装起来，请按一下“保存”按钮。

（3）封装

点击保存后，开始封装项目。

（4）解压

如果你要解压 Producer 随身课件封装文件，请在“File”菜单，执行“Open”就可以开始解压，请你指定一个文件夹作为解开文件存放的地方。

7.5 采用屏幕录像软件制作课件

在远程教学过程中，最基本的要求是将信息从教师端传递到远程的学生端，需要传递的信息可能是多元化的，这其中包括各种类型的数据，如视频、音频、文本、图片等。将这些资料从一端传递到另一端是远程教学需要解决的问题，而如何将这些信息资料有效地组合起来以达到更好的教学效果更是我们要考虑的重要方面。由于当前网络带宽的限制和网络教学的交互性、易操作性等要求，流式媒体无疑是最佳的选择，屏幕录制技术则是目前用于远程教学的流式媒体技术中较具优势的一种。屏幕录像技术可以把教师在投影仪屏幕上所做的一切操作步骤、过程和声音实时同步录制下来，并发布成小巧的 SWF 文件。

7.5.1 常用屏幕录制软件

CamtasiaL：是一款全程屏幕录像软件，它的特点是一帧不漏地将屏幕上所发生的一切录制下来，它能在任何颜色模式下轻松地记录屏幕动作，包括影像、音效、鼠标移动的轨迹，解说声音等等，另外，它还具有及时播放和编辑压缩的功能，可对视频片段进行剪接、添加转场效果。它输出的文件格式很多，有常用的 AVI、SWF 及 GIF 格式，还可输出为 RM、WMV 及 MOV 格式。

Macromedia Captivate：被称为动作录制软件，由 Macromedia 公司出版，它的特点是只有当操作者移动鼠标或按下按键时，才记录下此时段所发生的动作，其他时间则不录制。录制完成后，可以按帧编辑，加入 PPT 幻灯片、SWF 和 FLA 动画、AVI 影片和 GIF 动画等其他多媒体素材。可按多种格式发布，与 Flash MX 2004 整合，录制后可直接输出 SWF 格式，免去转换格式过程，当然还可以输出 SWF、EXE、DOC 等格式，很适合作演示软件。Macromedia Captivate 除了制作信息技术演示类教学课外，可制作出强大交互性的 E-Learning 教学课件，可以轻松制作选择题、判断题、填空题、简答题。

屏幕录像专家：是一款专业的屏幕录像制作工具。它使用简单，功能强大，是制作各种屏幕录像和软件教学动画的首选软件。使用它可以轻松地将屏幕上的软件操作过程、网络教学课件、网络电视、网络电影、聊天视频等录制成 Flash 动画、ASF 动画、AVI 动画或者自动播放的 EXE 动画。

7.5.2　屏幕录像专家应用

1. 屏幕录像专家的下载安装

到 http：//www. onlinedown. net/soft/3442. htm 即可下载屏幕录像专家试用版。然后直接打开文件压缩包里的“安装 . exe”的文件，按提示操作即可完成屏幕录像专家的安装。

2. 录制环境准备

为了保证录像效果，应选择在一个安静的空间制作课件以减少噪音干扰，录制课件之前要先调整设备的录音效果以保证音效质量，确认设置系统颜色 16 位色（如果使用 32 位色会占用很大的磁盘空间）。

3. 软件系统参数设置

基本设置：要指定录制内容的存放位置和文件名，应该保证指定位置有 500M 的临时空间以上的自由空间（要注意的是，如果录制的时间较长必须要保证硬盘有足够的空间来保存，否则当硬盘空间不足时录制将停止）；直接录制生成文件格式一般指定为 AVI 以便后期压缩（如果不是要制作网页嵌入式课件，可以生成 EXE 格式的单个文件）；根据需要设置是否同时录制声音和光标；录制频率设置为 2 ~5 帧/秒（以文字为主的课件设置 2 帧/秒；操作过程演示为主的课件适当加大帧数）。这里我们选择直接录制生成 EXE 格式。如图 7 -5 -1 所示。

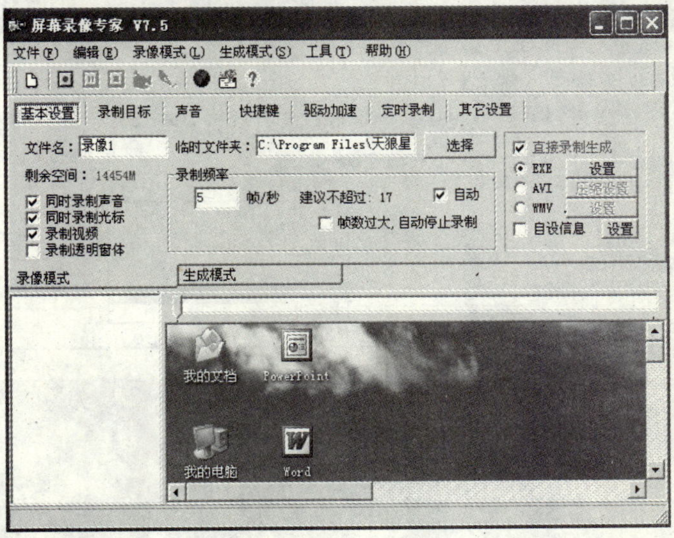

图 7 -5 -1　基本设置

录制目标：“基本设置”设置好后，就来到录制目标设置。一般分为窗口和全屏两个选项，录制时应该选择全屏以充分利用屏幕资源，在范围选项中指定屏幕录制的范围，一般选择 800 × 600 或 1024 × 768 的标准模式，如果为了整体网页课件的美观和布局可以适当切割屏蔽以达到最佳录制尺寸。选择录像时可隐藏本软件或将软件最小化。一般我们选择默认，不用再额外设置。

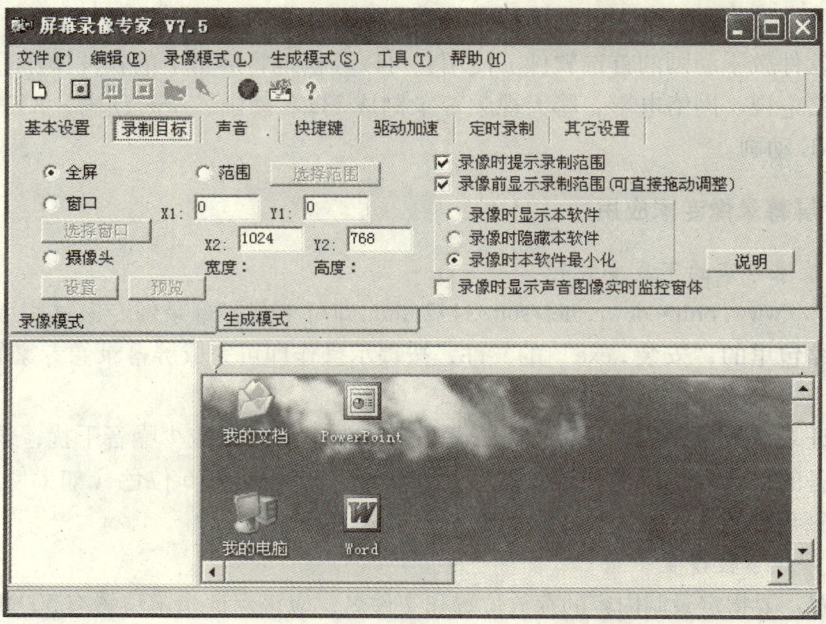

图 7－5－2　录制目标设置

声音选项：系统已经指定了默认的声音选项，可以满足大部分的课件要求，如有需要可以修改相应参数进行试录，调整到自己满意的声音效果。如我们在录制课件时要同时录入我们的讲解，请选择麦克风；同时如果想加强点击效果，也可选择增加鼠标点击声音。如图7－5－3所示。

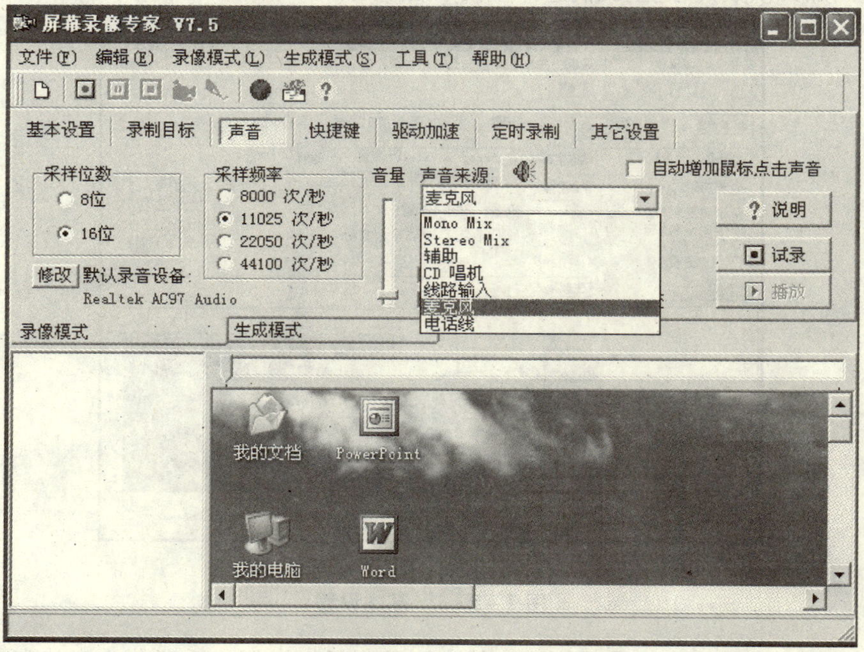

图 7－5－3　声音设置

快捷键：为了你录制方便，该软件为你提供了默认的快捷键（如图 7－5－4），当然你也可以根据自己的习惯设置快捷键，系统默认快捷键主要是熟悉这三个快捷方式：

开始/停止录制——F2；暂停/继续录制——F3；暂停时单帧录制——F4。

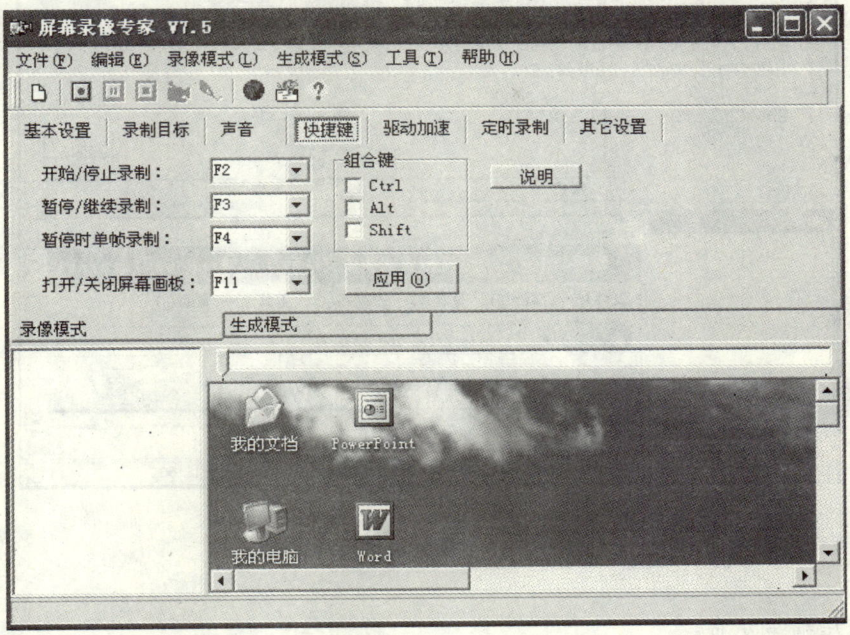

图 7－5－4　快捷键设置

4. 录制与保存

在进行了上述准备工作以后我们就可以进行课件录制了，录制的过程中要把握好语速，应用软件的切换，屏幕痕迹的标注，快捷键的使用等操作，要站在学生的学习角度来录制课件。按 F2 快捷键开始录制，这时即可按照设计好的案例一步步操作，同时注意配合讲解；在出现特殊情况需停止的时候可按 F3 快捷键，稍后再按 F3 快捷键继续录制，录制完成后按 F2 快捷键就可以停止录制，然后软件就会将录制文件自动生成在软件界面左侧空白处，或者我们也可以到文件→浏览临时文件夹中找到录制视频。如图 7－5－5 所示。

5. 视频编辑

视频课件录制完成后，还可对使用“工具”菜单下面的编辑功能对其进行后期编辑。屏幕录制专家的编辑功能主要有四个：

（1）支持后期配音和声音文件导入，使录制过程可以和配音分离。

（2）支持合成多节 EXE 录像。录像分段录制好后再合成多节 EXE，播放时可以按顺序播放，也可以自主播放某一节。

（3）支持 EXE 截取、EXE 转成 LX、LX 截取、LX 合成、AVI 合成、AVI 截取、AVI 转换压缩格式、EXE 转成 AVI 等功能。

（4）支持 EXE 录像播放加密和编辑加密。播放加密后只有密码才能够播放，编辑加密后不能再进行任何编辑，有效保证录制者权益。

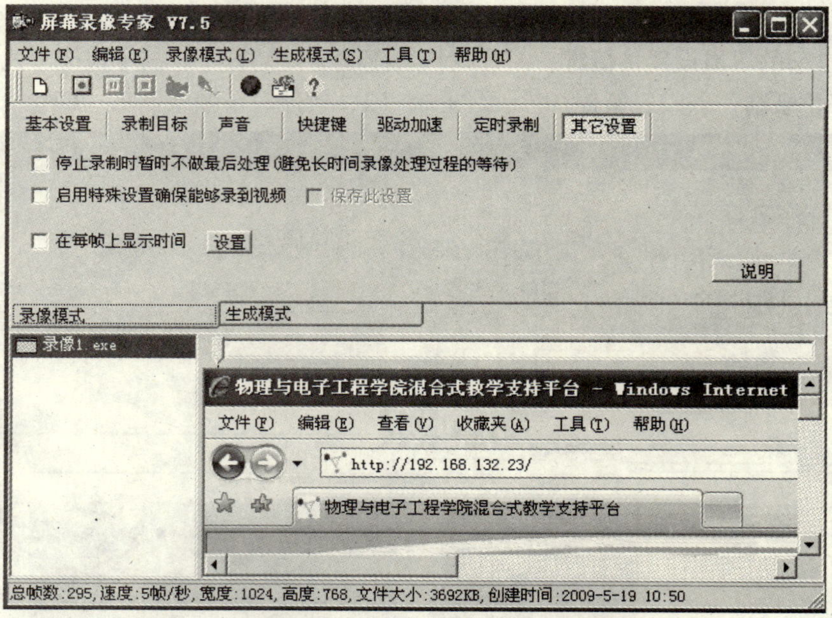

图 7-5-5　视频课件录制完成

6. 视频压缩与发布

录制完成的课件，其格式为 EXE 格式，根据你的需要可以使用“工具”菜单下面的转换功能，转换成你需要的格式保存。

7.6　WebQuest 探究式教学网站设计

7.6.1　WebQuest 概述

WebQuest 中文译为“网络主题探究”，由美国圣地亚哥州立大学伯尼·道格（Bernie Dodge）和汤姆·马奇（Tom March）于 1995 年创立。目前全球已有数以千计的教师运用 WebQuest 建立了自己的课程网站，并在课堂教学中广泛开展了实践。

WebQuest 是一种基于网络的“主题探究”式活动，遵循了建构主义“抛锚式”教学模式，它是“以项目为中心的学习”和“以问题为中心的学习”相结合的一种学习方式。WebQuest 网站都经过了精心设计，它赋予学习者明确的方向，给学习者一个有趣且可行的任务，并提供必须的、能够指导他们完成任务的网络信息资源列表，还告诉他们评价的方法，以及概括和拓展学习的方式。一个优秀的 WebQuest 设计能把支持研究的理论与因特网的有效使用结合起来，以改进和提高可能的教学实践。

WebQuest 课程学习以探究为取向，学习者使用的信息大都来源于互联网。相对于收集信息而言，WebQuest 关注的重点是信息的使用，注重学生在“分析、综合和评价”级别上的思考，这在布卢姆教育目标分类学（知识、领会、运用、分析、综合、评价）中处于最高的位置。在 WebQuest 设计中，往往直接给出“预设资源”或“相关资源”，而把设计重点放在探究过程、评价等要素上。

7.6.2　WebQuest 模块结构

WebQuest 遵循建构主义学习理论设计，通常由导言、任务、过程、资源、评价和结论六大模块构成。

1. 导　言

创设一种让学生知道将要学习的是什么的情境；通过各种方式引起学生的学习兴趣；可以引出任务驱动中的问题。情境的创设遵循维果斯基“最近发展区”理论，从学生现有的认知水平出发，创设合适的情境：即与学习者过去的经验相关；与学习者未来的目标相关；具有吸引力，看起来很有趣。

2. 任　务

任务驱动是对学习者将完成的所有事情提出的要求。任务不仅仅是让学生回答问题，而是要求学生通过更高级的思维技能来解决问题或作出决策，这些高级思维技能包括创造、分析、综合、判断和问题解决等。任务的最终结果可以是一件作品，或者是口头报告，也可以包括编纂、复述、判断、设计、分析等，或是这些任务不同程度的综合。

3. 过　程

所谓 WebQuest 的过程就是学习者自主探究的过程，即教师将完成任务的过程分解成循序渐进的若干步骤，并就每个步骤向学习者提出了短小而清晰的建议，其中包括将总任务分成若干子任务的策略。并对每个学习者要扮演的角色或者合作学习视角进行描述等。此外，教师还应该为如何学习和组织讨论等提供指导。

4. 资　源

WebQuest 的资源是一个由教师研制的（或者是选定的）有助于学习者完成任务的网页清单，而且还包括有明确的指导性说明，其中教师预先制作的部分网页大部分资源是包括在文件中作为超链接指向万维网上的信息。提供给学生的资源主要在探究过程中引用，也能够用来帮助创设情境等。资源并不局限于网上的发现，也包括与他人面对面的访谈、录像带、书籍等。

5. 评　价

WebQuest 主要采用评价量表来考查学生作品的不同方面。评价人员既可以是教师，也可以是家长或同学。根据学习者学习任务的不同，评价的形式也可表现为书面作业、多媒体创建、网页和其他类型。

6. 结　论

为总结学习内容和经验，鼓励学生对整个学习过程进行反思，以及对学习成果进行拓展和推广。同时，也可为教师提供在课堂讨论中使用的新问题和进一步探究的建议。

7.6.3　WebQuest 的适用范围

WebQuest 不适用于学习那些已成为事实的内容，也不适用于记忆概念、定义和简单的过程。例如它不适用于记忆学习乘法表、元素周期表等。即使你发现 WebQuest 有时也会涉及这方面的内容，但它绝不仅限于事实的讲授。

它适用于学习没有既定答案，或有多种解决途径的问题等不确定的内容。这样才能够引起学生的兴趣和探究欲望。

7.6.4　WebQuest 的分类

按学习时间分类，可以将 WebQuest 分为下面两类：

（1）短期的 WebQuest：专门为 1～3 课时的课程单元设计，其教学目标是知识的获得和整合、思维的发展。

（2）较长期的 WebQuest：典型的较长期 WebQuest 一般可以持续 1 周到 1 个月，其学习目标是知识的拓展和提炼、智慧的发展；完成学习以后，学习者对知识体系有了深入的分析，能够将知识进行某种方式的转换，并要求他们通过制作一些可供他人在线或离线交互的多媒体作业来证明自己对这些知识的理解。

7.6.5 WebQuest 制作实例

WebQuest 从技术层面上说，制作不复杂，只要使用 FrontPage、Dreamweaver 等网页制作软件的基本功能，即可完成制作。另外也可以直接在 Word 完成，然后另存为网页格式即可。唯存教育网（http：//www. being. org. cn/webquest/）等一些网站还提供了各种类型的模板，可下载使用。下面是武汉大学附属小学吴向东老师设计的地震研究实例。

地震研究

适用于小学高年级至初中中学“科学”学科

设计者：吴向东　武汉大学附属小学

导言 | 任务 | 资源 | 过程 | 评价 | 结论 | 扩展 | 教学指南与教学反思

导言：

地震带给人类的损失是巨大的。1556 年陕西关中地区发生的 8 级大地震，伤亡 80 余万人；1976 年唐山的 7.8 级大地震，死亡 24 万多人，整个城市变为废墟；1999 年台湾南投县集集发生的 7.6 级大地震，死伤 1 万多人。1949 年以来，100 多次破坏性地震袭击了中国 22 个省市区，其中东部地区涉及 14 个省份，造成 27 万余人丧生，占全国各类灾害死亡人数的 54%，地震成灾面积达 30 多万平方公里，房屋倒塌 700 多万间。地震的破坏力如此之大，使各个国家都非常重视对它的研究。现在请你以一个科学家、政府工作人员或社区工作人员的身份，对地震进行研究，并写出一个有价值的研究报告来，引起政府相关部门或研究机构的重视，为人民作贡献。

任务：

有关地震的研究涉及很多方面，如果一个人去做会比较困难。你们可以几个人一起自由组合为一个小组，每位小组成员以不同的角色，如作为科学家、作为政府工作人员或者作为社区工作人员，分别对地震进行研究，最后用自己的语言形成一个统一的研究报告。为了使你的报告更容易让别人看懂，请多用图片和动画来表达报告内容。如果研究报告中有动画文件，建议用 PowerPoint 或 FrontPage 等工具来完成制作。

1. 作为科学家，你的研究将为政府工作人员和社区工作人员的研究提供依据，请注意多与他们交流，告诉他们你的研究进展。你的研究任务是：弄清地震的成因，关注研究地震的科学方法；地震预报技术以及它的可靠程度；结合本地区地质情况，研究发生地震的可能性。

2. 作为政府工作人员，你的任务是研究房屋建筑的抗震标准和建筑抗震的法规，以及执法措施。你的研究成果可以减少甚至避免人员伤亡，因为人员伤亡大多是由于房屋的破坏引起的。

3. 作为社区工作人员，你的任务是搜集并总结地震防护和灾难救护的知识经验，向社区群众宣传并组织演练。你的工作直接关系到灾难发生时，居民们能有能力保护自己和救护他人。

资源：

综合网站	1. 中国地震科技网 http：//www. eq – csi. ac. cn 2. 北京市地震局 http：//www. bjdzj. gov. cn 3. 佛山防震减灾网 http：//www. fskw. gov. cn/earthquake/foshan/ 4. 地震模拟展馆 http：//www. kepu. net/gb/earth/quake/ 5. 地震知识 http：//www. cpus. gov. cn/zlg/dz/dz1. htm 6. 变脸的大地 http：//www. gl. ntu. edu. tw/lab_ liutk/921/921. htm 7. 纪念唐山大地震 25 周年 http：//dailynews. sina. com. cn/z/tsquake/ 8. 921 台湾集集地震 http：//www. naphm. ntu. edu. tw/921/921index. htm
地震成因与预测	1. 全球重大地震目录（ –2150 ~ 2002） http：//210. 72. 124. 4/ngdccat. html 2. 地震信息 http：//dzsm. diy. 163. com/dzxx. htm 3. 地震成因与分布 http：//news. yn. cninfo. net/yunnan/kejiao/2001/2001 – 10/2001 – 10 – 28/1004266171_ 2/ 4. 地震成因 http：//61. 153. 234. 30/web/hyjy/teacher/syXXXjs/dz/new_ page_ 6. htm 5. 台湾 921 集集大地震地貌变化 http：//www. csrsr. ncu. edu. tw/newsite/921. htm 6. 地震专家解释台湾地震成因 http：//dailynews. sina. com. cn/china/1999 – 9 – 22/16612. html 7. 中国地震局分析预报中心 http：//www. seis. ac. cn/index. htm 8. 人类能预测地震吗 http：//www. sdinfo. net. cn/zhishi/zaihai/a99931. htm
关于湖北武汉的地震资料	1. 湖北地震信息网 http：//www. eq – hb. ac. cn 2. 湖北省地震历史记录 http：//www. eq – hb. ac. cn/fz2. htm 3. 武汉向东南漂移 http：//www. morningpost. com. cn/company/morningpost/A/011028d2. htm 4. 台湾发生地震武汉高楼“有感觉” http：//www. cnhubei. com/aa/ca53869. htm
有关地震的法律法规	1. 中华人民共和国防震减灾法 http：//www. shanweisti. net. cn/earthquake/dzb – p. htm 2. 法制办就《地震安全性评价管理条例》答问 http：//law. china. com/zh_ cn/yjdt/lf/10001656/20011127/10157982. html 3. 湖北省工程建设场地地震安全性评价管理办法 http：//www. eq – hb. ac. cn/fz1. htm
社区工作	1. 湖北省防震减灾宣传教育提纲 http：//www. eq – hb. ac. cn/fz3. htm 2. 地震模拟展馆 http：//www. kepu. net/gb/earth/quake/ 3. 纪念唐山大地震 25 周年 http：//dailynews. sina. com. cn/z/tsquake/ 4. 921 台湾集集地震 http：//www. naphm. ntu. edu. tw/921/921index. htm

如果这些资料还不能满足你研究的需要，建议你到下面的搜索网站查询：

http：//www. baidu. com/ 可以搜索关于地震的 Flash 动画

search. sina. com. cn 可以搜索到许多关于地震的图片

www. google. com

cn. yahoo. com

dir. sohu. com

为了尽快搜索到更准确的信息，建议用下列关键词词组查询：地震　成因；地震预报；地震　分布；地震　法律　法规；地震　减灾　救护；地震　抗震。

过程：

各小组成员首先进行角色分配，明确各自的任务，约定联系方式，便于随时交流。

说服父母，取得他们的支持和帮助，别忘了感谢他们为你所做的一切。

在准备上网搜集资料前，先在电脑里新建一个文件夹，把你即将搜集到的有用资料都放入这个文件夹中。再打开一个你熟悉的图文处理软件，如 Word 等，把它作为一个记录本。当在网上找到对你的研究有价值的文字和图片时，把它们复制、粘贴到这个图文处理软件中，以便写报告时引用。对于网上下载的动画，最好单独放到这个文件夹中。

时常核对一下你的研究任务所需的资料是否齐备、证据是否正确充分。搜集资料的工作做好了，撰写研究报告时就会更顺利。

小组讨论交流，形成统一的研究报告。特别注意的是，要能提出你自己的见解和意见。

班级交流。在交流过程中，对别人的报告要认真听、多思考，提出有价值的质疑，在争论中完善对地震的认识。

下面是针对不同的角色所做的一些提示，供你研究时参考。

1. 科学家

（1）了解地震时发生的现象，如震动持续的时间、次数、声音，地震后地貌的改变，由此推断地球内部可能出现了什么情况。

（2）地震现象的类比实验：用力把一个小枯树枝折断，这时你听到什么？手有什么感觉？

（3）研究地层运动，地震与地层运动的关系。

（4）查阅本地区地层情况，作出是否有可能发生地震的分析。

（5）地震预报技术发展状况，我国在这方面的研究。

（6）用搜集到的图片和动画来制作有说服力的报告。

2. 政府工作人员

（1）搜集资料，在地震中什么样的建筑最易损坏，什么样的建筑不易损坏。

（2）建筑物抗震标准和法律法规的制定情况，执行情况。

（3）你的见解。

3. 社区工作人员

（1）统计地震发生频率、死亡人数、财产损失情况等。

（2）搜集整理地震灾害预防与自救的知识经验。

（3）如何向居民宣传地震救护知识。

（4）在居民区、社区和学校开展地震灾难救护演练的计划。

评价：

请根据下面的评价表，对自己的情况做自评、小组评或老师评，以改进自己的研究工作。

评价内容	很 好	还 行	要努力	评 价
参与讨论	充分理解主题，有观点	对主题有些理解，问到时才表示观点	不理解主题，问到时也说不出观点	
分工合作完成任务	明确自己和小组的任务，善于合作	对自己和小组的任务有些不太清楚，时常要人提醒	感到不知道要做什么，如何去做，也没有主动地去问同伴	
搜集资料的丰富准确性	资料丰富，包括大量的重要事实和科学证据	搜集了一些资料，但证据不多，还缺少一些重要的事实	资料少，很难完成任务	
问题的解释与证据的引用	对问题的解释有根有据，证据的引用正确，突出主题	对问题的解释不太清晰，证据的引用还不能清晰地突出主题	对主题的解释不清晰，缺乏证据	
报告撰写	文字通顺，图片和动画能很好地表达主题	文字表达还需要修改，图片和动画不多、或者没能突出主题	文字表达不清，图片动画太少，主题不突出	
提出的见解	提出的见解有创见，有说服力	提出了见解，但说服力不够	没能提出自己的见解	
总评				

结论：

通过这个研究活动，你将发现关于地震的研究是多么复杂，而这些研究成果对于我们自己将是多么重要，科学能够帮助我们更好地应对地震灾害。同时你将体会到如何以科学的方法去研究问题，以及证据对于我们研究的重要性。

扩展：

为了积累更多的经验，请继续深入研究有关台湾地震的各个方面的问题，并形成研究报告。

教学指南与教学反思：

台湾地震的网上资料非常丰富，但大多是繁体字，如果你在阅读时感到困难，请下载NJWIN Internet Viewer南极星中日韩阅读平台软件来解决。

推荐搜索网站：cn. yahoo. com　　关键词：台湾地震

7.7 物理画板

7.7.1 软件介绍

“物理画板”软件是由浙江省萧山中学谢继鸿开发的，是一套基于微软Word、方便物理教师制作试题教案课件等的软件，该软件的主要功能有：

（1）利用该软件可以方便的插入或生成各种物理符号图形。

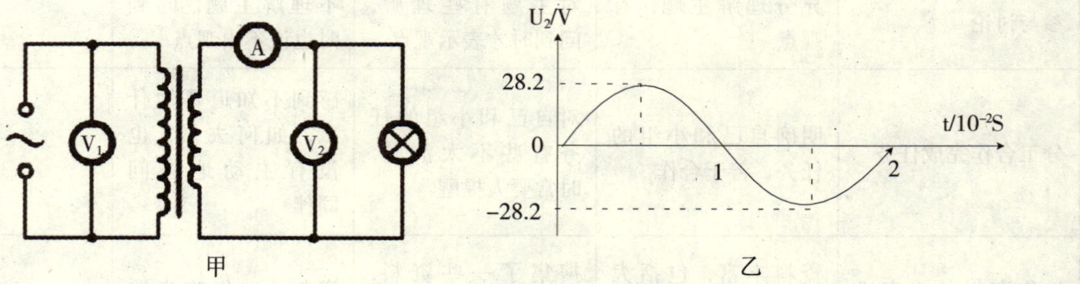

图 7－7－1　物理画板图形符号实例

（2）可以将 Word 文档中的任意选定内容添加到系统工具栏上，并可以自动生成图标。

（3）利用软件的输入窗可以快速输入物理文章中的一些不太复杂的公式，生成的公式可以随文字设置字体大小颜色等，方便制作课件。

（4）利用辅助输入窗可以直接生成金排题库王格式，而且在输入时可以实现自动排版。

（5）可以将网上的试题轻松转化为题库格式。

用鼠标双击物理画板，屏幕上显示如下。

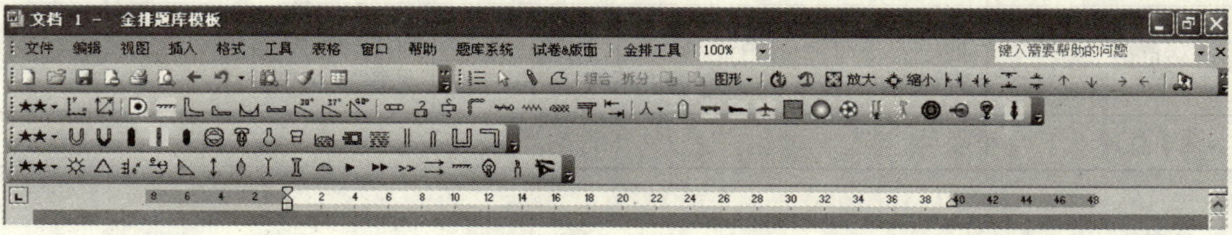

图 7－7－2　物理画板界面

标尺上方三排工具都是由“物理画板”软件提供的，其中如光学、热学、力学等。

7.7.2　操作说明

（1）第一次操作说明：启动 Word，修改 Word 宏安全性设置。位置在工具→宏→安全性。设宏保护设置为“中”或“下”即可，关闭 Word。重新启动“物理画板”，在 Word 出现宏对话框，则点击启用宏就可以使用了。在 Word 界面上即出现如图 7－7－2 所示的工具条。

（2）使用方法：用鼠标单击所需要的图形，在 Word 编辑窗口中即可出现相应的图形，然后根据需要可对该图形缩放、旋转、平移、拖放、线条粗细、填充颜色、线条色等种种操作。将图形的各个部分拖放至合适位置，将其“装配”即可。

7.7.3　图形操作

（1）旋转：选中所要旋转的图形，利用本软件提供的旋转按钮，根据需要将其旋转到合适的角度（有文字的图形不能旋转）。

（2）平移：选中所要平移的图形，然后可以上下、左右的平移，平移移动单位是像素，可确保图形移动到所需要的位置。

（3）缩放：选中所要缩放的图形，按动“放大”或“缩小”按钮，即可缩放。也可用鼠标直接拖放。

（4）装配：就是将屏幕上的所有图像组合成一幅图片。

（5）线条、填充颜色的改变：请使用 Word 原有功能。

7.7.4　各工具栏目介绍

（1）“力学”栏目：提供 40 种力学常用的仪器与器材。

（2）“热学”栏目：提供 23 种热学器材。

（3）“电学”栏目：提供 32 种电学器材。

（4）“光学”栏目：提供 20 种光学器材。

（5）“实验”栏目：提供 20 种实验器材，“连线”按钮可自由绘制曲线，在实验器材间连线，线条粗细、颜色可以更改。

（6）“仪表”栏目：提供各种仪表的读数。

①AV 表：字母 A、V 数值可改动，指针可旋转。

②静电计：指针可旋转。

③螺旋测微器：螺旋刻度部分可拖动，数值可改动，如果改动螺旋的细刻度，可对螺旋部分进行“撤销组合”操作，然后移动刻度就可以了。

④秒表：秒表中的二指针可自由转动。

⑤电阻箱：六个指针均可自由旋转。

⑥游标卡尺：主尺、游尺可自由移动。

（7）“人物”栏目：提供 14 种人体动作。

（8）“物体”栏目：提供 17 种生活中的器材。

7.7.5　作图实例

下面以两个图为例介绍一下作图的过程。

（1）作图 7－7－3：

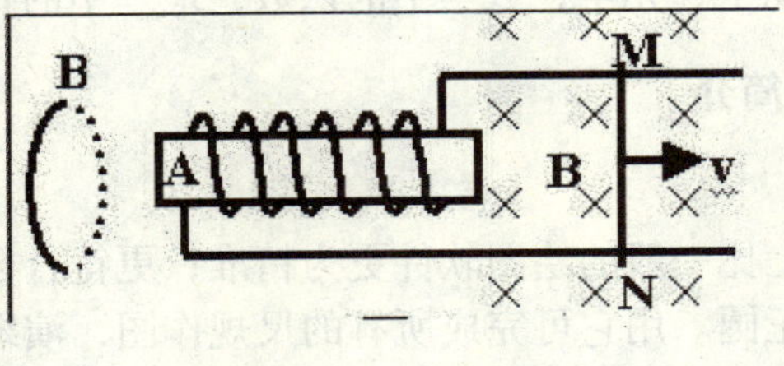

图 7－7－3　实例 1

①用物理画板提供的工具作出磁场、通电螺线管、圆环。

②用 Word 工具栏中的直线工具作出导线框和金属棒；箭头工具作出箭头。

③用文本框为图形添加文字。文本框应设置为无线条色，无填充色。

④用键盘上的上、下、左、右键调整它们的位置，必要时同时按住 Ctrl 进行微调。

⑤按 Ctrl + Shift + P，用鼠标选择想抓的区域。

⑥屏幕上显示图 7 – 7 – 3，按存盘命令，输入文件名称，你画的图就以该文件名存盘。

（2）作图 7 – 7 – 4：

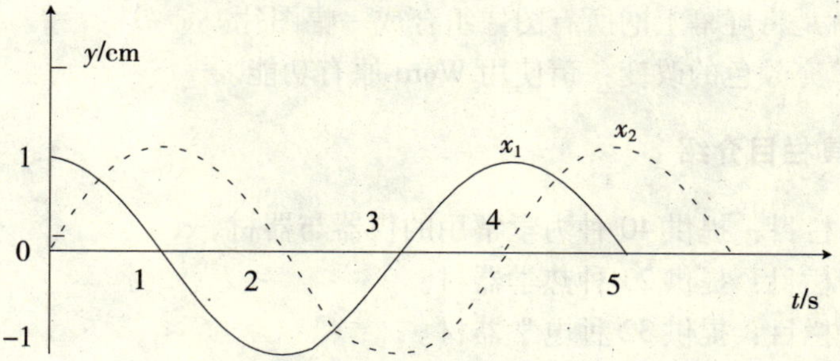

图 7 – 7 – 4　实例 2

①用物理画板提供的工具作出直角坐标系、两正弦波（初始角度和终止角度不同）。

②用文本框为图形添加文字。文本框应设置为无线条色，无填充色。

③用键盘上的上、下、左、右键调整它们的位置，必要时同时按住 Ctrl 进行微调。

④按 Ctrl + Shift + P，用鼠标选择想抓的区域。

⑤按存盘命令，输入文件名称，你画的图就以该文件名存盘。

7.8　几何画板

随着计算机在中学教学中的应用与发展，各种计算机软件相继推出。“几何画板”作为其中的佼佼者得到越来越多有识之士的青睐。几何画板“The Geometer's Sketchpad”是美国优秀的教育软件，由人民教育出版社汉化并独家出版发行，命名为“几何画板——21 世纪的动态几何”。它也是教育部优先推广的教育软件之一。它的特点是数形结合的准确度高，动态演示功能强，非常适合数学教学使用。另外，“几何画板”还能进行其他学科的动态演示，如物理中的力学、运动学、光学，数学中的认数，地理中的行星运动等等。

7.8.1　几何画板功能简介

1. 画线、画圆工具

几何画板在图形绘制上比一般的绘图软件更为精准，更符合数学的严格要求。线可分为线段、射线和直线；圆为正圆。用它可完成所有的尺规作图，演绎欧几里得几何。要绘制平行线、垂直线等常用图形，可打开“构造”菜单，直接点中所需图形即可。

2. 图形变化

通过几何画板中的工具箱，可按指定值、计算值或动态值任意旋转、平移、缩放原有图形，并在其变化中保持几何关系不变，从而更有助于研究图形的运动和变化等问题。

3. 测量和计算功能

几何画板可测算线段长度、各种角的角度等，并对测算出的值进行多种计算，包括四则运算、幂函数、三角函数等等。

4. 绘制多种函数图像

在中文版的坐标系功能下，使用者可绘制各种复杂的函数图像。并可通过参数变化，更深入地了解函数曲线。

5. Windows 应用程序中的众多功能

可为文字选择字体、字号；为图形添色；用剪贴板与 Windows 中其他程序交换信息，如给几何画板加一幅图画和一段声音，或把所画图形插到 Word 编辑的数学试卷中。

6. 制作复杂的动画

虽然不能直接制作，但几何画板能将较简单的动画和运动通过定义、构造和变换，得到所需的复杂运动。使用便捷的轨迹跟踪功能，能清晰地了解目标的运动轨迹。

7. 制作脚本

几何画板可随时记录几何图形的绘制过程，并用复原和恢复进行浏览。不仅如此，脚本还可以把整个绘制过程用语言记下来。

8. 保持和突出几何关系

保持几何关系是几何画板的精髓。画板中的几何图形无论如何变化，它们之间定的几何关系都不变。这恰恰是几何学的实质，即在不断变化的几何图形中，研究不变的几何规律。几何画板还可以突出重要的几何关系，如把图形中不重要的部分隐藏起来或变成虚线，把重要的部分加上颜色或加大字符。

7.8.2　“几何画板”特色

1. 便捷的交流工具

由于每个画板都可以被用户按自己的意图修改并保存起来，它特别适合用来进行几何交流、研究和讨论。人们由此把它称之为“动态黑板”。它还是教师布置作业、学生完成作业的理想工具。

2. 优秀的演示工具

它完全符合 CAI 演示的要求，能准确地、动态地表达几何问题。一旦与大屏幕投影仪等设备配合，演示效果更完美。另外，“几何画板”还能进行其他学科的动态演示，如物理中的力学、运动学、光学，数学中的认数，地理中的行星运动等等。

3. 有力的探索工具

“几何画板”为探索式几何教学开辟了道路。可以用它去发现、探索、表现、总结几何规律，建立自己的认识体系，成为真正的研究者。它将传统的演示练习型 CAI 模式，转向研究探索型。

4. 重要的反馈工具

“几何画板”提供多种方法帮助教师了解学生的思路和对概念的掌握程度，如复原、重复；隐藏、显示；建立脚本等，轻而易举地解决了这个令所有教师头疼的难题。

5. 简单的使用工具

“几何画板”功能虽然强大，但使用起来却非常简单。总之，它为我们创设了一个数学实验室，提供了一个理想的做数学的环境。学生可以从“听”数学转变到“做”数学，即以研究者的方式，参与包括发现、探索在内的获得知识的全过程。它打破了传统的用尺规教学的方法。具有动态直观、数形结合、色彩鲜明、变化无穷的特点，能极大地增强学生的学习兴趣，是一根点石成金的金手指。

7.8.3　几何画板简介

1. 运行几何画板程序（4.06 中文增强版），即进入到操作界面（如图 7－8－1）

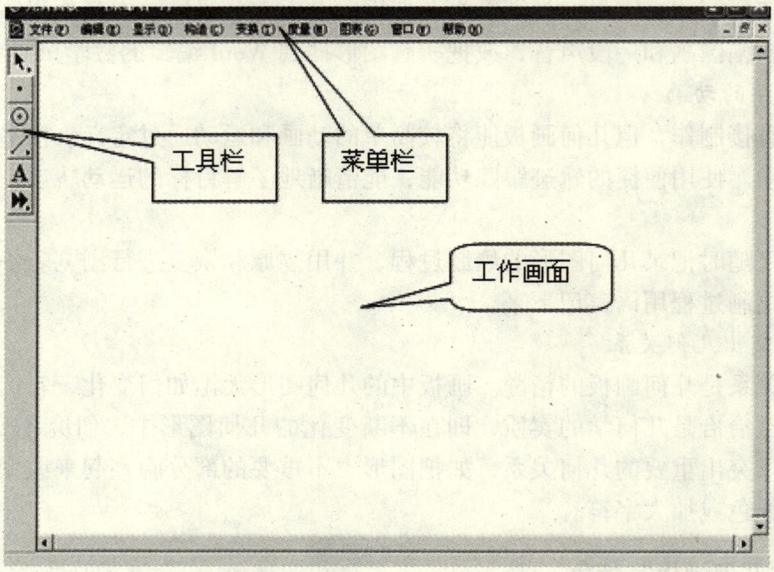

图 7－8－1　几何画板界面

菜单栏——文件、编辑、显示、构造、变换、度量、图表、窗口、帮助。
工具栏——选择、画点、画圆、画线、文本、自定义。
工作画面——制作内容的地方。

2. 画简单的图形

（1）应用工具栏中的工具即可画出各种图形（如图 7－8－2）。

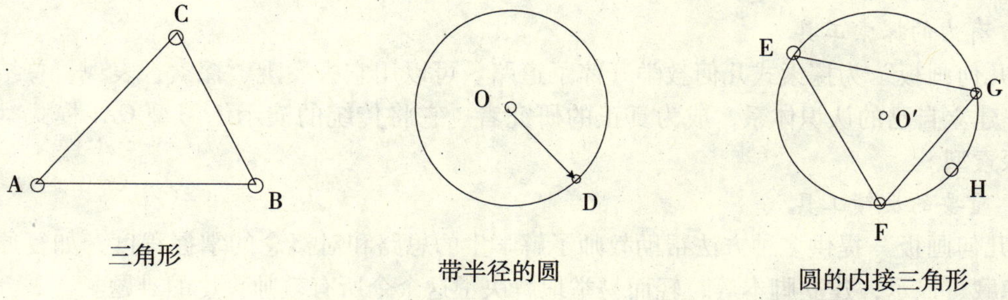

图 7－8－2　绘制简单图形

（2）使用文件中的保存命令保存文件。

3. 选择与移动

(1) 选择(选取“选择工具”):

A. “选择”一个图形(单击)。

B. “选择”多个图形(连续单击)。

C. 用鼠标拖出一个选择框选择对象。

(2) 移动:用鼠标拖动选定的图形。

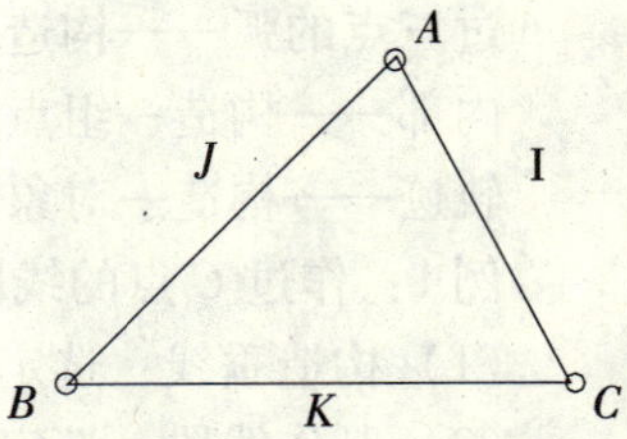

图7-8-3　标注和说明

4. 为几何图形加标注和说明——文本工具(如图7-8-3)

(1) 加标注。单击几何图形,就得到了相应的标注字母。

再次单击几何图形,就隐藏了相应的标注字母。

双击标注出现一个对话框,在“标签”内填上合适的标注,可改变标注。

(2) 加说明(选中“文本工具”)。用鼠标在画面的空白处拖动,得到一块文本区可以输入文字说明。

5. 设置对象的属性——显示菜单

线型——设置线型对象的“粗线”、“细线”、“虚线”等。

颜色——设置图形对象的颜色。

文本——设置标签、注释、度量、表格中文字的字体特征。

隐藏对象——隐藏当前选中的图形对象或文字对象。

显示所有隐藏——显示所有隐藏过的图形对象或文字对象。

显示标签——显示图形对象的标签。

标签——更改图形对象的标签。

追踪——设置将图形对象运动的轨迹显示出来。

擦除追踪踪迹——将图形对象运动的轨迹擦除。

7.8.4　用作图菜单命令构造图形

在几何画板的工具栏内有画圆工具和画线工具,相当于是我们平常画图时用的圆规和直尺。根据平面几何中尺规作图的原则,已经可以作出非常多的图形。为了减少作图时不必要的重复,并使作图准确、合理,几何画板中设置了一个“构造”菜单。下拉构造菜单,可以看到如下一些命令:

对象上的点——在选定的对象上构造一个点

中点——构造选定线段的中点

交点——构造两个对象的交点

线段——构造过两个或更多的点的线段

射线——构造过两个或更多的点的射线

直线——构造过两个或更多的点的直线

垂线——构造过一点与一条直线型对象垂直的直线

平行线——构造过一点与一条直线型对象平行的直线

角平分线——构造顺序选定的三个点构成角的平分线

以圆心和圆周上的点画圆——构造以圆心和圆周上的点(两个点)的圆

以圆心和半径画圆——构造以一点为圆心某线段为半径的圆

圆上的弧——构造过圆上选定的两点的弧

过三点的弧——构造过选定的三个点的弧

内部——构造一组点、一个圆、一条弧内部

轨迹——构造一对象随路径上的点运动的轨迹

例1：作过 C 点的线段 AB 的垂线（如图7-8-4）

（1）构造垂线：选定线段 AB→选定点 C→选“垂线”；

（2）制作线段：选定 C、D 两点→选“线段”得到线段 CD；

（3）隐藏垂线：选定垂线 CD→选“隐藏”（注：不能删除）。

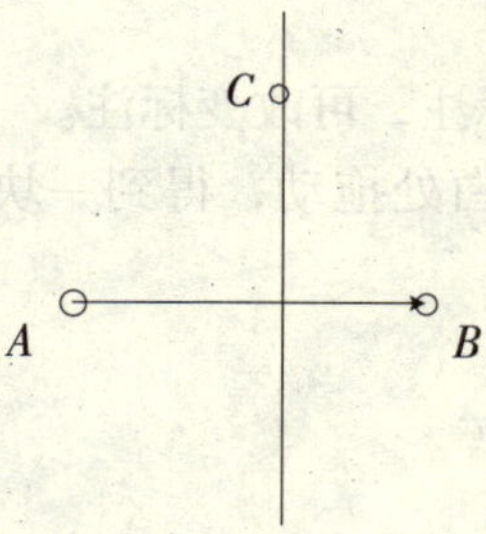

图7-8-4　过定点作线段垂线

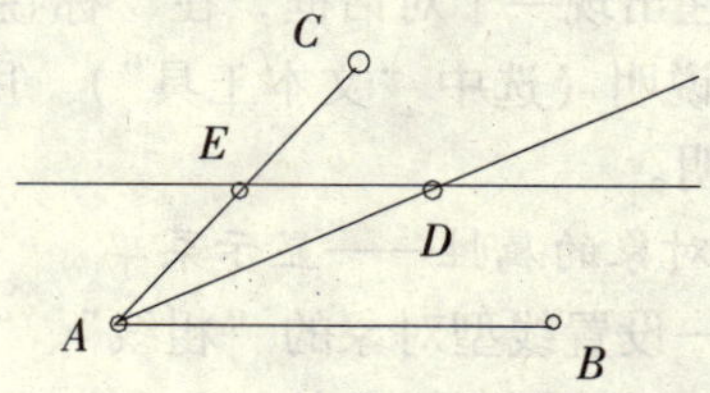

图7-8-5　作角的平分线

例2：作∠BAC 的平分线，在平分线上取一点 D，过 D 作 BA 的平行线交 AC 于 E（如图7-8-5）。

解：（1）用画点工具在画面内画三个点，分别用标注工具定义它们为 A、B、C；

（2）分别选中 A 点、B 点与 A 点、C 点，用构造菜单中的“线段”功能，作出线段 AB 和 AC；

（3）依次选中 B 点、A 点、C 点，用构造菜单中的“角平分线”功能，得到角 BAC 的平分线；

（4）选中角平分线，用构造菜单中的“对象上的点”功能，得到一个点，命名为 D，用鼠标拖动 D 点到合适的位置；

（5）选中 D 点和线段 AB，用构造菜单中的“平行线”功能，得到过 D 点平行于 AB 的直线；

（6）选中这条平行线与线段 AC，用构造菜单中的“交点”功能得到交点 E；

（7）整理整个图形，如用前面所讲的方法使平行直线变成线段。

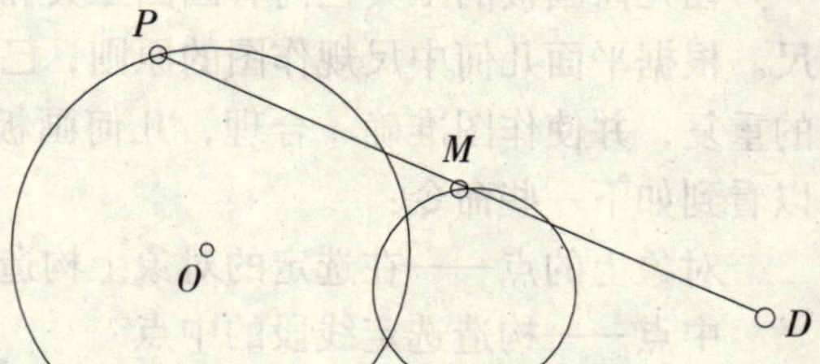

图7-8-6　过定点作线段垂线

例3：作圆的割线中点的轨迹（如图7-8-6）。

解：（1）在画面上画一个圆 O 和圆外一点 D；

（2）选中圆 O，用构造菜单中的“对象上的点”功能得到一个点 P；

（3）作线段 DP，选中它，用构造菜单中的“中点”功能得到 DP 的中点 M；

（4）先后选中 M 点和 P 点，用构造菜单中的“轨迹”功能，得到一个轨迹，轨迹为一个圆。

这个轨迹是当 P 点在圆 O 上运动时，线段 DP 的中点 M 的轨迹。运用轨迹功能一定要注意，动点 P 应是由路径（圆 O）上用“对象上的点”功能得到的，轨迹上的点 M 应是由动点 P 与其他条件联立得到的，这样就可以使用“轨迹”功能了。

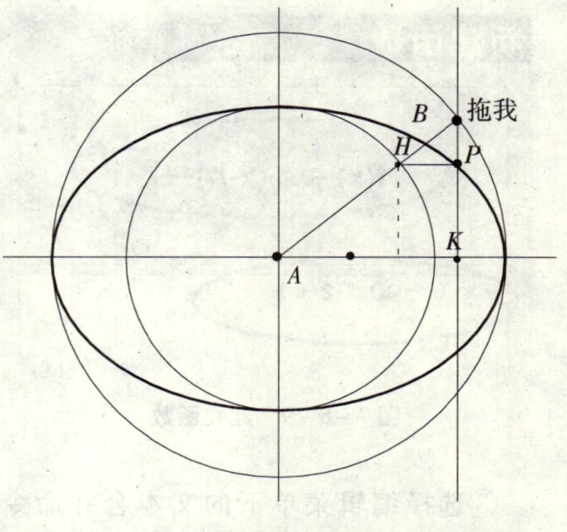

图7－8－7　椭圆的另一种画法

例4：椭圆的另一种画法（如图7－8－7）

（1）作两同心圆，作过圆心的直线 l

（2）作外圆的半径 AB 交内圆于 H

（3）过 B 作 l 的垂线 k

（4）过 H 作 k 的垂线交 k 于 P

（5）拖动 B 点观察 P 点的轨迹

（6）设置 B 点动画跟踪 P 点看轨迹

（7）选中 P 点和 B 点“构造”“轨迹”

例5：抛物线的一种画法（如图7－8－8）

（1）画出 X 轴和 Y 轴

（2）画出准线 L 和焦点 P

（3）在准线 L 上取一点 A，过 A 点作准线 L 的垂线

（4）连接 AP 并作 AP 的垂直平分线交 L 于 B

（5）选中 B 和 A，构造轨迹

（6）也可设置 A 在 L 上动画，并设置跟踪点 B

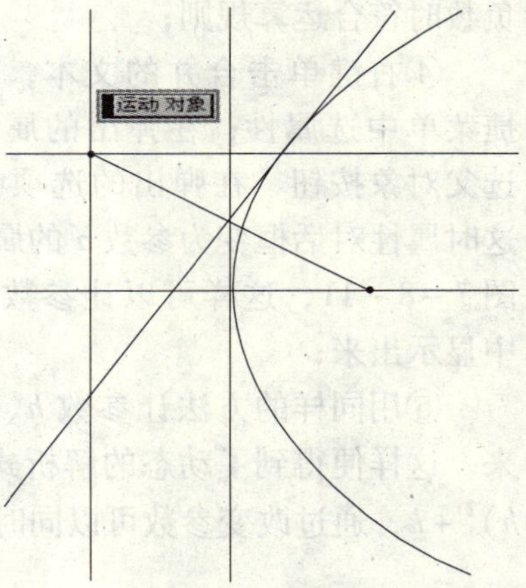

图7－8－8　抛物线的一种画法

例6：用参数构造动态解析式

用参数构造的函数解析式，可以通过参数的改变来控制解析式的改变，进而控制函数图像的改变。动态解析式的实现生动直观的揭示了函数的性质以及函数图像的变化规律，在教学实践中取得了非常好的效果。下面我们以用参数构造动态解析式 $y=a\ (x-h)^2+k$ 为例，来看看动态解析式是如何通过参数来实现的。

（1）新建三个参数 a、h、k

（2）画函数的图像

①选择图表菜单的绘制新函数命令，弹出新建函数计算器。

②依次点击工作区中的“$a=\cdots\cdots$”、计算器上的“＊”、“（”、“x”、“－”、工作区中的“$h=\cdots\cdots$”，移动光标到括号外，再点“^”、“2”、“＋”、“k”。

③这时你的计算器中的显示如图7－8－9，单击确定。这时工作区中会出现函数的图像和坐标系，如图7－8－10。

这时改变参数 a、h、k 的值，抛物线的形状进行相应的改变。

（3）动态解析式的建立

①用“文本”工具，在工作区中依次输入：“$y=$”、“［$x-$（”、“）］2＋”，共三个文本，注意：每一部分是独立的一块；

②用“选择”工具依次选取“$y=$”、“$a=\cdots\cdots$”、“［$x-$（”、“$h=\cdots\cdots$”、“）］2＋”、“$k=\cdots\cdots$”；

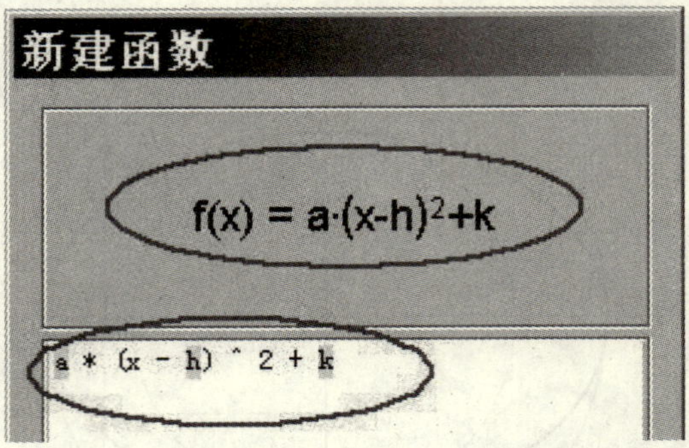

图 7-8-9　建立函数

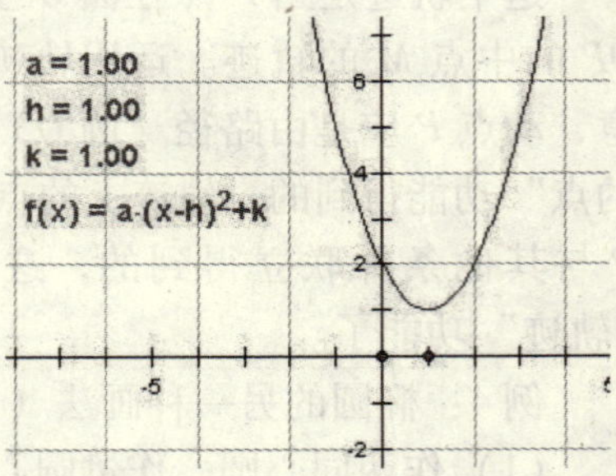

图 7-8-10　生成图像

③选择编辑菜单下的文本合并命令，该命令可以把几个文本合并成一个解析式，有些地方加上小括号，是为了当参数变成负数时符合运算规则；

④右键单击合并的文本，在弹出的快捷菜单中选属性；在弹出的属性对话框中选父对象按钮，在弹出的选项中选参数 a；这时属性对话框变为参数 a 的属性，改动如图 7-8-11，这样可以让参数 a 在工作区中显示出来；

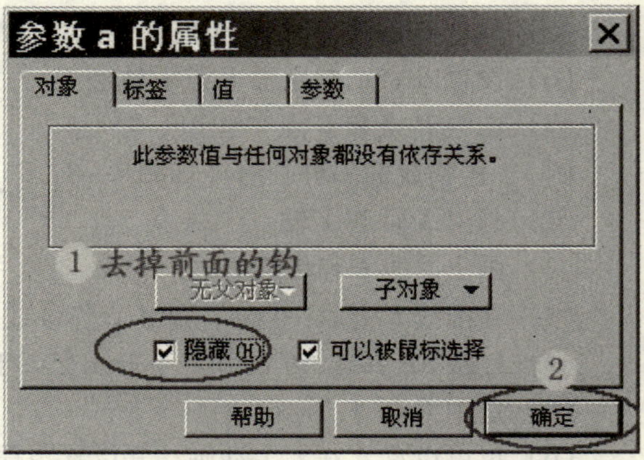

图 7-8-11　参数属性设置

⑤用同样的方法让参数 h、k 也显示出来。这样便得到了动态的解析式 $y=a(x-h)^2+k$，通过改变参数可以同时控制解析式及其图像的变化。

第 8 章　信息化教学设计与评价

学习了现代教育技术的相关理论和课件制作技能，如何把理论和技术整合到课堂教学中去，是学习教育技术的最终目的，信息化教学设计就是为了理论与技术相结合的桥梁。本章介绍了教学设计和信息化教学设计的含义及设计过程模式，并给出了如何评价信息化教学设计的参考指标。最后提供了一个信息化教学设计案例供参考。

学完本章后，你应该能够

1. 掌握教学设计和信息化教学设计的含义及设计过程模式。
2. 知道如何评价信息化教学设计。
3. 能够设计一份信息化教案。

学习活动建议

结合专业背景，自选中学某章节内容，利用相关理论和技术，参考教材所给案例，编写一份信息化教学案例。

8.1　教学系统设计

8.1.1　教学系统设计的含义

教育教学是人类社会特有的一种活动，教育教学活动的特点就是要有明确的目的、要系统化、要循序渐进，并且要可控制等。因此，教育教学活动必须排除盲目性和随意性，必须事先对教学活动进行安排。从这个意义上讲，教育教学活动需要设计。而教学是一个由教师、学生、教学内容、教学目标、教学媒体和教学方法等多个要素构成的动态的、复杂的系统。为了整体地、全面地把握这些要素之间的关系，就要用系统科学的思想来指导教学系统设计，对教学中的多种要素进行整体的、综合的规划和安排。

事实上，每个教师在上课之前都要自觉或不自觉地对教什么、怎样教做一番“规划和安排”。通常把这种工作称之为“备课”。从某种意义上说，“备课”是一种“教学系统设计”，但这种“教学系统设计”往往是以教师个人经验为主，有较大的随意性。由于受教师个人经验的影响，这种“教学系统设计”又有较大的个体差异。另外“备课”也较容易将重点放在教学内容上，忽略了影响教学的其他因素的考虑，不能把所有教学要素进行整体的、系统的考虑，有很大的局限性。

所谓教学系统设计，通常也叫教学设计，是以教学理论、学习理论和传播理论为基础，运用系统方法分析和研究教学需求，设计解决问题的方法和步骤，形成教学方案，并对方案实施后的效果做出价值判断的规划和操作程序，其目的是优化教学过程，提高教学效果。

教学系统设计为实施教学活动提供了最佳的方案和措施，使教学工作更加科学化。通过教学系统设计，可以解决教什么和学什么的问题，解决教学资源的问题，解决教学效果的问题，对整体教学系统进行设计。

8.1.2　教学系统设计的一般过程模式

教学设计模式是一套程序化的步骤，不同的教学设计模式包含的步骤会有所不同，但一般教学设计模式都包括一些基本的要素。这些共同特征要素可以构成一般的教学设计过程模式，如表8－1－1所示。其中学习者、目标、策略和评价构成教学设计的四大基本要素。教学设计过程的一般模式如图8－1－1所示。

表8－1－1　教学设计的基本组成部分

基本要素	基本描述
学习需要分析	制定教学目标，确定学生学习完以后能够做什么。教学目标制定的依据可以来自很多方面，比如根据一些已有的目标、需求评估的结果、实践证明学生有学习难度的内容、实际工作的需要分析结果或者其他对教学的新需求。
学习内容分析	确定教学目标以后，就要分析学生如何才能够逐步达到这些目标，确定学生的先决技能，也就是学生需要什么样的知识、技能和态度才能进行学习。可以建立一张图表来表示在这个分析过程中所涉及的相关知识、技能、态度之间的关系。
学习者分析	进行内容分析的同时，还需要对学生进行分析，了解学生当前的知识、技能和态度水平，以及学生学习风格等特征，确定教学的起点。
学习目标的阐明	基于教学分析，确定教学起点以后，就可以陈述学习目标，这些学习目标将描述学生通过教学以后，在何种条件下，能够达到的学习行为标准。
教学策略的制定	基于前面的几个步骤，接下来就可以制定达成具体学习目标的教学实施的策略，包括教学前、信息呈现、练习和反馈、测试、教学结束后等环节的策略。教学策略应当以当前的学习理论和学习研究成果、教学媒体特征、教学内容以及学生特征等为依据。
教学材料的选择和利用	利用教学策略来创作教学。主要包括学生学习手册、教学材料（包括教师指导、学生、幻灯片、录像带、计算机多媒体材料、用于远程学习的网页材料等）和测试材料。开发什么样的教学材料取决于学习的类型、相关材料的可获得性，以及那些用于教学材料开发的资源是否可以获得。
教学设计成果的评价	制定了一个教学设计的草案以后，就需要收集并分析一些数据来对教学设计的成果进行评价和修改。主要包括形成性评价和总结性评价两种方式。形成性评价可以对之前的教学分析、学生分析、教学起点分析等的有效性进行再检验。总结性评价主要是实施教学设计方案后对教学设计成果的一个最终评价，可以为后续的教学设计提供借鉴。

在实际设计工作中，要从教学系统的整体功能出发，保证“学习者、目标、策略、评价”四要素的一致性，四个要素间相辅相成，产生整体效应。

另外还要清醒地认识到教学系统是开放的，教学过程是个动态过程，涉及的如环境、学习者、教师、信息、媒体等各个因素也都是处于变化之中，因此教学设计工作具有灵活性的特点。

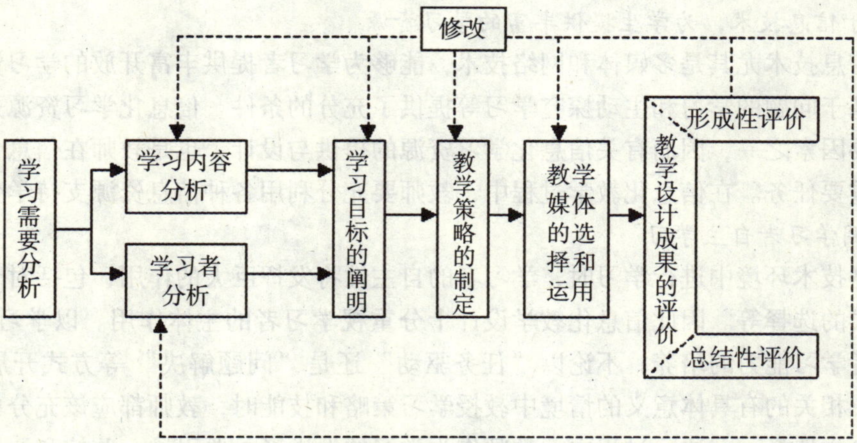

图 8-1-1　教学设计过程的一般模式

8.2　信息化教学设计

8.2.1　信息化教学设计的定义

所谓信息化教学，是与传统教学相对而言的现代教学的一种表现形态。这种教学形态，一方面是以信息技术的支持为显著特征，另一方面是以现代教育/教学理念为指导。

所谓信息化教学设计是在综合把握现代教育/教学理念的基础上，充分利用现代信息技术和信息资源，科学安排教/学过程的各个环节和要素，为学习者提供良好的信息化学习条件，实现教学过程最优化的系统方法。其目的在于培养学生的信息素养、创新精神、实践能力和综合能力，从而增强其学习能力，提高学业成就，并使他们最终成为具有信息处理能力的、主动的终身学习者。

8.2.2　信息化教学设计的基本原则

信息化教学是一种充分利用信息技术手段进行基于资源、基于合作、基于研究、基于问题的教学与学习，因而信息化教学设计的根本目的是使学习者在意义丰富的情境中主动建构知识。通过对多种信息化教学实践模式的研究，可以总结出以下几条信息化教学设计的基本原则。

1. 充分利用现代信息技术，营造优化的学习情境

信息化教学设计强调学生的积极参与，而活动的参与需要一定情境的支持，通过信息技术的作用，可以为学生创设多种学习情境。教师要选择和组合各种信息技术创设“一个学习者可以互相合作和支持的地方，在那里他们使用许多工具和信息资源参与问题解决的活动，实现学习目标，而不是创设一个学习只能单独孤立进行，不重视知识的实际运用的场所”。(Wllson，1995) 例如，可以将信息技术整合到物理的学习环境，作为学习环境综合体

系中的一部分，以支持新理念下的教学。让学生的学习总是与一定的社会文化背景（即情境）相联系，在实际情况下学习，使学生利用自己原有认知结构中的有关经验赋予新知识以某种意义。

2. 基于信息技术，为学生提供丰富的学习资源

现代信息技术尤其是多媒体和网络技术，能够为学习者提供丰富开放的学习资源，也为有效开展基于问题的学习和主动探究学习等提供了充分的条件。信息化学习资源是信息化教学中的重要因素之一，因而有关信息化学习资源的提供与设计，也是教师在信息化教学设计中的一项重要任务。在信息化教学过程中，教师要充分利用各种信息资源支持学生的学习。

3. 强调学习者自主学习

在信息技术环境中进行学习时，学习者的自主性将发挥巨大的作用，包括对于学习内容和学习方式的选择等。因此信息化教学设计十分重视学习者的主体作用。以学习者为中心，注重学习者学习能力的培养；不论以“任务驱动”还是“问题解决”等方式开展学习或研究活动，在相关的有具体意义的情境中教授学习策略和技能时，教师都应该充分尊重学生的主动性和自主选择。在这一过程中，教师作为学习的促进者，要引导、监控和评价学生的学习过程，帮助学生掌握主动学习的技巧，使学生能够更好地开展自主学习。同时学生通过信息技术，也可以找到更多的高素质“隐性教师”。

4. 突出开放性

开放性是信息化教学设计的一个特征，也是以上所提到的学习环境、学习资源等信息化教学要素的重要特征。开放包含了丰富和多样，信息技术本身也为开放性提供了可以实现的条件。信息技术也为教师和学生提供了形式多样的沟通方式和内容呈现形态，如同步与异步的一一对话，一对多广播与多对多讨论等，这些都为学生开放的学习方式创造了可能性。就学习指导者而言，除了教师，各行各业的专家都可以对学习者的学习予以指导和帮助。

8.2.3 信息化教学设计过程

1. 信息化教学设计过程概述

信息化教学设计的过程基本上可以分为单元教学目标分析、教学任务与问题设计、信息资源查找与设计、教学过程设计、学生作品范例设计、评价量规设计、单元实施方案设计、评价修改八个步骤。在整个教学设计过程中，对于各步骤的分析和操作通常是按照这样一个顺序进行的，但必要时也可以跳过某些步骤或重新排序。

就整个教学过程而言，首先要经过分析确定单元的教学目标，即确定通过教学以后学生应该达到的水平和获得的能力。目标的实现需要有效而适合的教学方法或策略，方法和策略的选择在每个学习单元中都应各有侧重。这种选择需要相应的技术工具和资源的准备，要查找和设计信息资源。在信息化教学中比较注重任务驱动或是基于问题的教学，这样的教学需要根据教学目标，精心设计和准备真实任务和针对性强的问题。之后根据任务和问题、学生的学习水平确定资源的提供方式，例如让学生自主探索，还是教师事先收集和整理等。在教学过程中，由于信息技术的介入，学生的学习成果也要求通过一定的电子作品来体现，这样，教师还要事先提供电子作品的范例及相应的评价标准。另外，在教学设计和整个教学实施的过程中，评价与修改必须始终贯穿于其中，作用于教学设计和教学实施的各个环节。不断地评价与修改能够保证整个信息化教学设计的开放性和动态性。

2. 信息化教学设计过程的特点

应该说，信息化教学设计很大程度上延续教学设计的程式，包括确定目标、过程设计、评价等。但是在过程设计上，信息化教学设计又体现出以下的特点。

(1) 更注重教学方法的选择

信息技术应用于教学，为教师应用更多样的教学方法创造了可能，包括问题学习、探究学习等。因此，信息化教学设计更凸显了教学方法选择的重要性。

(2) 更重视课程教学资源的支持

在信息化教学设计的过程中，教师对于支持性的学习资源更为关注。教师要注意通过评估来选择和收集信息化学习资源，并根据学习者的学习需求，对这些信息化学习资源作进一步的整理加工。学习资源的设计也成为信息化教学设计过程中不可或缺的环节。

(3) 凸显了评价与教学过程的整合

在信息化教学设计的过程中，评价、修改是随时进行的，伴随整个教学设计过程的始终。在信息化教学活动进行前要提出评价标准，选择和收集学习资源时，要通过评价来进行。另外还要认真设计针对学生的电子作品的结构化的评价工具（如量规），以提高评价的可操作性和准确性。

8.2.4 信息化教学评价

一个信息化教学设计是否成功，主要或者说至少应从以下几个方面进行评价：

1. 是否有利于提高学生的学习效果

(1) 学习目标是否明确，表述是否清楚。

(2) 是否所有的学习目标都符合相关的教学大纲要求。

(3) 教学设计中是否考虑到学生的个体差异，并明确说明如何调整成效标准以适合不同的学习者。

(4) 教学设计是否能激发学生的兴趣，符合学生的年龄特征，并有利于学生的学习以及高级思维能力的培养，是否有利于学生在信息处理能力方面的培养。

(5) 是否以学为中心，注重学习者学习能力的培养。教师是作为学习的促进者，引导、监控和评价学生的学习进程。

(6) 是否以“任务驱动”和“问题解决”作为学习和研究活动的主线，在相关的有具体意义的情境中确定和教授学习策略与技能。

2. 技术与教学的整合是否合理

(1) 技术的应用和学生的学习之间是否有明显的关联。

(2) 技术是否是使教学计划成功必不可少的一部分。

(3) 把计算机作为研究、发布和交流的工具是否有助于教学计划的实施。

(4) 是否充分利用各种信息资源来支持学习。

(5) 是否强调“协作学习”。这种协作学习不仅指学生之间、师生之间的协作，也包括教师之间的协作，如实施跨年级和跨学科的基于资源的学习等。

3. 教学计划的实施是否简单易行

(1) 教学计划是否可以根据具体教学情况的差异很容易地进行修改，以便应用到不同的班级。

(2) 教师是否可以比较轻松地应用教学计划中涉及的技术，并获得相应的软硬件支持。

4. 是否能够有效评价学生的学习

（1）教学计划中是否包括一些评价工具，用于务实的评价和评估。

（2）学生的学习目标和学习成果评估标准之间是否有明确的关系。

（3）强调针对学习过程和学习资源的评价。

8.3　信息化教学设计案例

《周总理，你在哪里》

《周总理，你在哪里》在协商学习型多媒体网络教室的环境下，采用“基于‘教师为主导—学生为主体’的教学设计”模式，以先进的教育思想和认知学习理论为指导，以多媒体计算机网络为辅助手段，以培养和发展学生多方面的能力为目标。在实施教学的过程中，力求做到使学生“运用电脑，构建知识，培养能力，陶冶情操”。

1. 分析教学目标

本课的教学内容依据初中语文教学大纲的要求选定，教学对象为初中三年级学生，教学时间为2个课时。根据实际情况，教学目标包括以下几个方面：

（1）利用软件创设情境，提供阅读材料，让学生深刻体会周总理鞠躬尽瘁为人民的高贵品质以及亿万人民怀念周总理的深厚感情。

（2）利用软件，引导学生自己发现问题、分析问题和解决问题，让学生理解本诗巧妙的构思，体会反复、拟人修辞手法的表现力。

（3）学习周总理无私奉献的精神。

2. 确定设计思路

基于教师为主导—学生为主体的教学设计，以建构主义学习理论作为指导，强调学生在教学过程中的主体地位，教师在整个教学过程中起组织者、指导者、帮助者和促进者的作用，利用情境、协助、会话等学习环境要素充分发挥学生的主动性、积极性和首创精神，最终达到使学生有效地实现对当前所学知识的意义建构的目的。

在协商学习型多媒体网络下实施整个教学活动，它与单机教学（即综合电教室）有明显的区别。首先，在协商学习计算机网络教室进行教学，学生可以通过网络进行讨论问题、协作学习，即协助、会话；其次，学生还可以利用教学软件，自己在计算机上学习；再次，教师可利用网络的监听、监视功能及时了解学生的学习情况，并能及时接受学生的反馈，给予辅导和调整教学方法。单机教学不能很好地实现以上的活动，网络教学模式则能更好地实现建构主义思想，达到使学生“运用电脑，构建知识，培养能力，陶冶情操”的目的。因此，在进行教学设计时要注意处理好以下几方面的问题：

（1）注重阅读教学情境的创设。

（2）重视对学生阅读兴趣的培养和阅读过程的引导。

（3）充分利用教学软件的功能组织学生协作学习和探索发现学习。

3. 设计教学过程

课堂教学的结构流程图如图8－3－1所示。

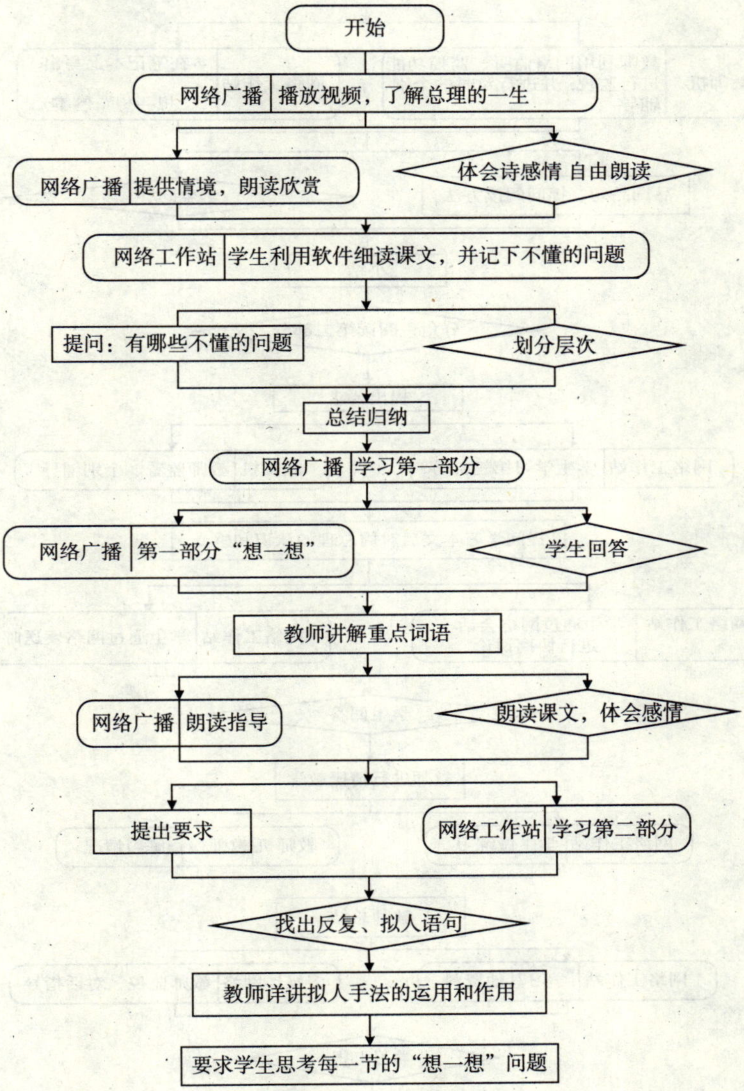
开始
网络广播
播放视频，了解总理的一生
网络广播
提供情境，朗读欣赏
体会诗感情 自由朗读
网络工作站
学生利用软件细读课文，并记下不懂的问题
提问：有哪些不懂的问题
划分层次
总结归纳
网络广播
学习第一部分
网络广播
第一部分“想一想”
学生回答
教师讲解重点词语
网络广播
朗读指导
朗读课文，体会感情
提出要求
网络工作站
学习第二部分
找出反复、拟人语句
教师详讲拟人手法的运用和作用
要求学生思考每一节的“想一想”问题

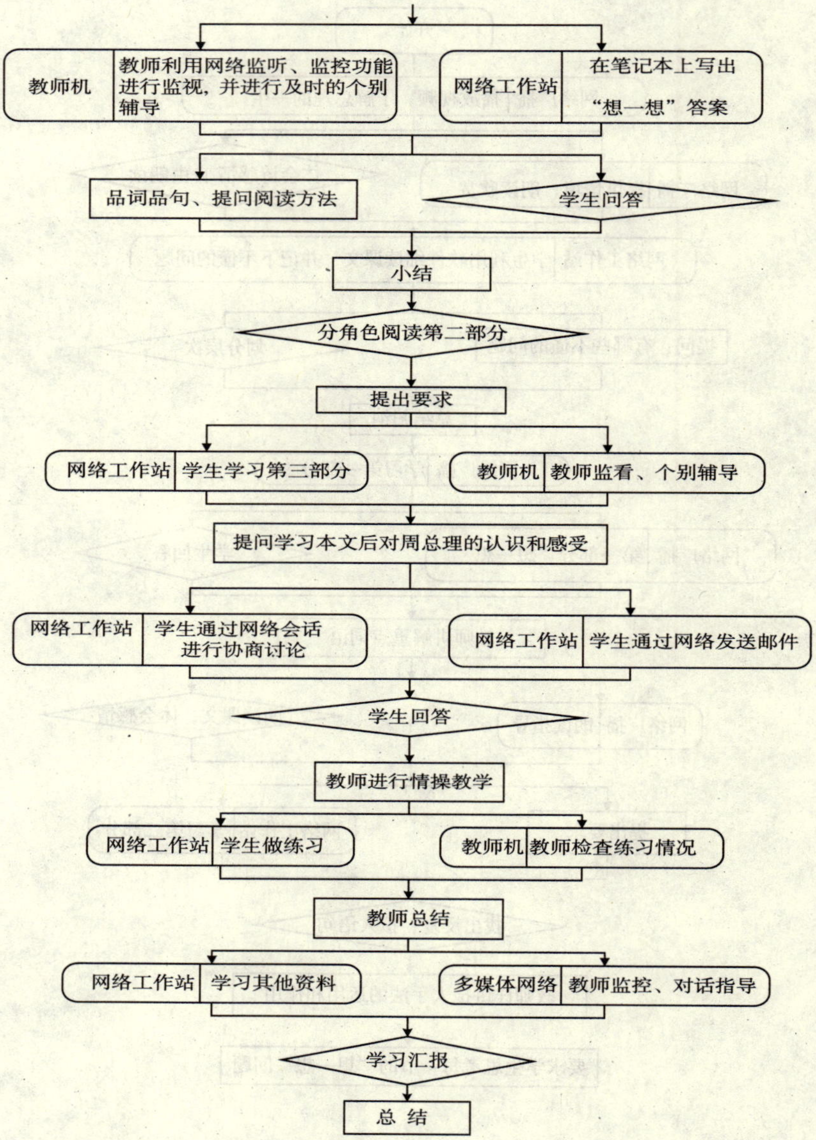

图8－3－1 《周总理，你在哪里》教学过程结构流程图

参考文献

1. 张剑平．现代教育技术——理论与应用．北京：高等教育出版社，2001.
2. 杨平展，等．现代教育技术概论．湖南：湖南大学出版社，2000.
3. 李诚忠，王序荪．教育控制论教程．长春：东北师范大学出版社，1991.
4. 南国农，李运林主编．电化教育学（第二版）．北京：高等教育出版社，1998.
5. 南国农．信息化教育概论．北京：高等教育出版社，2004.
6. 李芒．现代教育技术．长春：东北师范大学出版社，1999.
7. 尹俊华．教育技术学导论．北京：高等教育出版社，1996.
8. 李克东，谢幼如．多媒体组合教学设计．北京：科学出版社，1992.
9. 乌美娜．教学设计．北京：高等教育出版社，1997.
10. ［美］巴巴拉·西尔斯，丽塔·里奇．教学技术：领域的定义和范畴．乌美娜，刘雍潜等译．北京：中央广播电视大学出版社，1999.
11. 辽宁师范大学现代教育技术网络课程．http：//wlkc. lnnu. edu. cn/xdjyjs/index. htm.
12. 白凤翔，罗滨．现代教育技术技能教程．北京：中国铁道出版社，2007.
13. 张剑平．现代教育技术——理论与实践．北京：高等教育出版社，2006.
14. 李克东．新编现代教育技术．上海：华东师范大学出版社，2002.
15. 全国高等学校教育技术协作委员会．教育技术理论导读——信息时代的教学与实践．北京：高等教育出版社，2002.
16. 祝智庭．现代教育技术——走进信息化教育．北京：高等教育出版社，2001.
17. 李玉斌．现代教育技术实用教程．北京：高等教育出版社，2006.
18. 黄河明．现代教育技术．北京：高等教育出版社，2004.
19. GoldWave 入门教程．http：//www. onegreen. net/Article_ Show2. asp？ArticleID = 325.
20. 巧用搜索引擎检索基础教育资源．http：//gd1688. blog. 163. com/blog/static/.
21. 黎加厚．Blog 与教育：体验生命历程共享．信息技术教育，2004（2）.
22. 张正国．Blog：承载我们的教育理念．信息技术教育，2004（2）.
23. 齐伟．探索 Blog 在教育中的应用．信息技术教育，2004（2）.
24. 初探 Blog 在教育教学中的应用．http：//www. studa. net/.
25. 安徽师范大学现代教育技术精品课程．http：//210. 45. 192. 19/kecheng.
26. 湖南工业大学现代教育技术精品课程．http：//61. 234. 243. 251/ec/c5/kc/index. htm.
27. 缪亮．Flash 对媒体课件制作实例教程．北京：清华大学出版社，2007.
28. 李克东．新编现代教育技术．上海：华东师范大学出版社，2002.
29. 祝智庭．现代教育技术——走进信息化教育．北京：高等教育出版社，2001.
30. 李龙．教学过程设计．呼和浩特：内蒙古人民出版社，2001.
31. 井冈山大学现代教育技术精品课程．http：//teach. jgsu. edu. cn/C112/Asp/Root/Index. asp.
32. 薛庆文．现代教育技术．北京：科学出版社，2007.
33. Photoshop 抠图教程．http：//www. foreweb. com/Article/Special/pskt/.